El viento de las circunstancias

GUILLERMO GASIÓ
(INVESTIGACIÓN Y EDICIÓN)

GABRIELA GARCÍA CEDRO
(ESTUDIO PRELIMINAR)

El viento de las circunstancias

Materiales sobre literatura y otras expresiones culturales argentinas en el Buenos Aires de 1926

El viento de las circunstancias : materiales sobre literatura y otras expresiones culturales argentinas en el Buenos Aires de 1926 / edición a cargo de Guillermo Gasió ; con estudio preliminar de Gabriela García Cedro.- 1a ed. - Buenos Aires : Teseo, 2011.
    374 p. ; 20x13 cm. - (Ensayo)

    ISBN 978-987-1354-93-1

    1. Sociología de la Cultura. I. Gasió, Guillermo, ed. II. García Cedro, Gabriela, est. prelim.
    CDD 306

© Editorial Teseo, 2011
Buenos Aires, Argentina

ISBN 978-987-1354-93-1
Editorial Teseo

Hecho el depósito que previene la ley 11.723

Para sugerencias o comentarios acerca del contenido de esta obra, escríbanos a: **info@editorialteseo.com**

www.editorialteseo.com

Breve noticia preliminar

En el curso de una investigación sobre el proceso político argentino de la década de 1920, que tuvo como protagonista central a Hipólito Yrigoyen, el historiador Guillermo Gasió, autor de este relevamiento de fuentes, se ocupó de ir fichando paralelamente material e información de la época con la idea de que algún día pudiera servir para estudiosos de la literatura argentina.

Tiempo después, Gasió fue parte de un proyecto inconcluso de una edición temática sobre la literatura argentina en el año 1926. De allí surgió una serie de textos inéditos de Ricardo Güiraldes que han comenzado a publicarse bajo su edición literaria.

Aquellos materiales quedaron inactivos en la base de datos de la computadora del autor hasta que, enterado de su existencia, Octavio Kulesz, el creativo editor e incansable difusor de textos mediante tecnologías innovadoras, creyó de utilidad e interés su publicación.

El autor solicitó a Gabriela García Cedro el estudio preliminar, por considerar muy valiosos los aportes que ya ha realizado sobre temas relacionados con esta investigación.

Este libro se corresponde con *Que sean libros en blanco. En torno a una encuesta del diario* Última Hora *sobre "El libro nacional y su venta" (febrero a junio de*

1926), por el mismo autor, el mismo sello editorial y la misma especialista a cargo del estudio preliminar.

Por otra parte, el tema central de *El viento de las circunstancias* se relaciona con otra obra del autor, titulada *El más caro de los lujos. Primera Exposición Nacional del Libro. Teatro Cervantes, septiembre de 1928*, también publicada por Teseo, con presentación y conclusiones a cargo de Florencia Abbate.

Estudio preliminar
Victoriosos, derrotados y neutralizados:
debates culturales en 1926

Por Gabriela García Cedro

Antologías de poesía: campos de batalla simbólicos

La necesidad de historizar contribuye a dar cierta sensación de ordenamiento: poner cada cosa en su lugar tranquiliza. Hacia el primer centenario, Ricardo Rojas acomete la empresa de organizar una lectura de la literatura argentina. Este gesto fue reformulado, imitado o mejorado, desde entonces hasta hoy. Y si bien no me propongo hacer una lectura de las historias de la literatura, encuentro más de una arista compartida al pensar en las antologías. En ambas empresas hay –como mínimo– un recorte, una selección basada en una concepción determinada de la literatura y una intención de trascendencia. De modo más beligerante: son batallas simbólicas por la consagración y la permanencia.

En 1926 aparecen la *Antología de la poesía argentina moderna* de Julio Noé, el *Índice de la nueva poesía americana* compilado por Alberto Hidalgo y, ya en 1927, la *Exposición de la actual poesía argentina* preparada por César Tiempo y Pedro Juan Vignale. Tres declaraciones de guerra, que tuvieron su repercusión inmediata no sólo en reseñas y comentarios, sino también en respuestas concretas, a cargo de Francisco Soto y Calvo: *Los poetas maullantinos en el arca de Noé*; *Exposición de zanahorias de la actual poesía argentina*; y el *Índice y fe de (er)ratas de la nueva poesía americana*.[1]

En dos años se publican tres (o seis, según el lugar que se le atribuya a esas lecturas paródicas) antologías que se ocupan de escritores que están produciendo, que están ingresando al circuito literario. Los protagonistas tienen la posibilidad de "defenderse" o al menos opinar sobre el lugar en el que son ubicados u omitidos. Y esas críticas tendrán los matices que correspondan según el prestigio del antólogo y el reconocimiento del crítico.

Noé, un joven patriarca de las letras

Julio Noé, apenas seis años mayor que Jorge Luis Borges y dos años menor que Oliverio Girondo, se ubica en la generación anterior; se siente parte del entorno de la revista *Nosotros*. Noé no se autodefine como "un joven belicoso", sino "un joven pacífico", tal como dictaminará Gálvez en sus memorias, años más tarde.[2] La falta de agresividad de Noé se manifiesta en el recorte que propone para su antología, a quiénes decide dar espacio y a quiénes deja a un lado.

Los ochenta y siete autores que incluye quedan distribuidos en cuatro partes muy desiguales. Una primera parte dedicada íntegramente a Leopoldo Lugones, quien pasa a funcionar como piedra angular de la poesía moderna. Noé ve en él a "la personalidad más fuerte entre los jóvenes poetas de los comienzos

---

[1] No voy a extenderme en la lectura de estos textos, pero los menciono para acentuar la trascendencia inmediata que tuvieron las antologías. Soto y Calvo, marginal y casi desconocido, asume la voz de los que siempre estuvieron marginados del círculo literario.

[2] Cfr. Gálvez, Manuel, *En el mundo de los seres ficticios*, Buenos Aires, Hachette, 1961. Especialmente, los capítulos: "Jóvenes pacíficos" y "Jóvenes belicosos" (pp. 231-262).

de esta centuria", y le reconoce la influencia que ha tenido y sigue ejerciendo aún en 1926 (Noé 1926: 6). A continuación, un apartado con nueve autores pertenecientes a la generación del novecientos, entre los que están Ricardo Rojas, Alberto Ghiraldo y Manuel Ugarte. La tercera parte es la que incluye mayor número de autores, cuarenta y cinco. Son poetas cuya obra se publica entre 1907 –año en que aparece *Nosotros*– y principios de los años 1920. Según Noé, estos poetas denunciaron un nuevo estado de la cultura argentina, aunque no propusieron romper con el orden establecido. Pocos años después, explicará: "Si de algo protestábamos era del ambiente, pero respetábamos cuanto el pasado nos había legado. [...] Nos solidarizábamos con los viejos y admitíamos su dirección" (Noé 1932: 134). La "homogeneidad entre lo recibido y lo propio" se verifica en el modo de hacer crítica que tuvieron estos poetas. Como señala Salazar Anglada (2007), estos poetas representan un momento decisivo del proceso de profesionalización de la actividad intelectual en Argentina, especialmente gracias a su actividad crítica, como es el caso de Giusti, Bianchi, el mismo Noé. Entre los nombres de esta sección están Rafael A. Arrieta, Mario Bravo, Juan Pedro Calou, Arturo Capdevila, Evaristo Carriego, Pablo Della Costa, Baldomero Fernández Moreno, Manuel Gálvez, Ezequiel Martínez Estrada, Álvaro Melián Lafinur, Pedro Miguel Obligado, Alfonsina Storni. Por último, la cuarta parte se compone de treinta y dos autores, "los poetas más jóvenes y los que expresan una novísima orientación del gusto y de las normas poéticas". Aquí aparecen los nombres de varios martinfierristas como Francisco Luis Bernárdez, Jorge Luis Borges, Luis Cané, Eduardo González Lanuza, Oliverio Girondo, Ricardo Güiraldes, Leopoldo Marechal, Conrado Nalé Roxlo, Horacio Rega Molina, Pedro Juan Vignale.

Julio Noé sabe que esta antología no es una obra cerrada; ya en la advertencia que la precede abre la posibilidad a futuras ediciones. Pero pese a haber aumentado la presencia de los poetas "más jóvenes" en la reedición de 1931, continuó enfatizando el valor literario de la generación en la que él se ubica.

Esta presentación de la literatura moderna argentina generó varias críticas. Pedro Henríquez Ureña la señala como "una obra indispensable en su especie" (1960: 304), aunque le hace unos breves señalamientos sobre lo que "sobra y falta" en este trabajo de clasificación. Por su parte, Jorge Luis Borges se muestra entusiasta (y agradecido por haber sido antologado por primera vez). Consciente de no compartir el criterio de Julio Noé, se permite una velada crítica al hablar de su inclusión: "De cualquier modo, la generosidá nunca estorba. Y si a mí no me entusiasma la inclusión de Jorge Obligado, de Pablo Suero y de Atilio García y Mellid, seguramente a ellos les indigna la mía, con lo cual quedamos a mano" (2007: 289). Y respecto de sus compañeros vanguardistas, Borges toma distancia y denuncia moderadamente la decisión de Noé: "La visión de la poesía argentina que hay en sus páginas es detallada y justiciera y es gratísimo comprobar que la cuarta parte –la de los muchachos, la nuestra– es la de aire más respirable, la menos cursilona, la más atropelladora y sin trampas. Nuestro agradecimiento a Julio Noé" (2007: 289).

Borges va perfilando su lugar, incluso en aquellas primeras incursiones. El posesivo plural que emplea para hablar de su generación se irá singularizando años después.

Con más espíritu de grupo, aunque anónimamente en las páginas de *Martín Fierro*, un representante de esta generación *limitada* en la antología responde con una dura crítica. Le recriminan a Noé su criterio parcial, que impide que la antología se convierta en un "documento verdadero", cosa que se habría conseguido "presentando a los escritores en igualdad numérica de composiciones o páginas" (*Martín Fierro*, mayo de 1926). El resultado es una antología del gusto personal de Noé, incompleta y desigual.

Queda claro que la disputa radica en no haber conseguido el lugar que estos jóvenes colaboradores de las revistas vanguardistas sienten merecer. Lo que se pone en juego, en realidad, no es tan sólo una cuestión "de cartel", sino además una concepción de literatura que se divide entre cierto conservadurismo por parte de Noé y cierta pretensión rupturista por parte de estos nuevos poetas.

El acusador índice de Hidalgo

También en 1926, aparece el *Índice de la poesía americana*. Si bien los nombres de Borges y Huidobro acompañan al de Alberto Hidalgo, es el peruano radicado en Buenos Aires quien asume la responsabilidad de la compilación. Vicente Huidobro no parece haber respondido al pedido explícito de un prólogo para la ocasión, por lo que Hidalgo publica un texto ya editado del poeta chileno. Borges, por su parte, le entrega un breve artículo sobre la poesía actual que queda incluido como tercer prólogo. Así, Hidalgo asume la necesidad de presentar y explicar el volumen. Los sesenta y dos poetas que reúne representan nueve países. Sin embargo, la distribución es llamativamente desigual: Colombia, Nicaragua y Venezuela aparecen con un solo poeta; Ecuador, con dos; Uruguay con tres. México sube a siete nombres. Pero serán Argentina, Chile y Perú los que tengan más representatividad, al menos en cuanto a cantidad (un promedio de quince nombres para cada país). Las nacionalidades de los prologuistas indican qué países tendrán mayor peso. Pese a que Hidalgo defienda su antología en términos tajantes e irónicos:

> Louis Aragon dice que toda antología es obra de conciliación. Ésta viene a desmentirlo. Yo no me caso con nadie, lo cual es bastante lógico en un hombre que ya no es soltero. Aquí no sobra ningún mal poeta y es probable que no falte ninguno bueno. Mas confieso que para hacer menos estruendosa la presencia de los mejores, he dilatado el vacío de los pésimos (399).

Si la antología de Julio Noé había sido criticada por responder a un gusto personal, el índice de Hidalgo corre igual suerte. Un claro ejemplo de sus arbitrariedades lo constituye la ausencia de Oliverio Girondo, poeta que condensaba los presupuestos martinfierristas y trabajaba de manera intensa por estrechar lazos con otros vanguardistas latinoamericanos.[3] Aunque en realidad, esa ausencia es tan explicable como su interés en resaltar los tres países.

Hidalgo abre el prólogo con una frase que resulta clave: "Dejo aquí asesinadas las distancias". En esas *distancias muertas*, Perú –con el simplismo de Hidalgo– se acerca al Sur: al Chile del creacionista Huidobro y a la Argentina del ultraísta Borges. Tres precursores en cuanto a movimientos vanguardistas son quienes están llamados a renovar la poesía americana.

Las críticas a propósito del *Índice de la nueva poesía americana* repudian, con mayor o menor virulencia, la ambición de Hidalgo. Tan sólo en el puneño

---

[3] Para profundizar sobre la relación con Girondo, confrontar artículos en la compilación de Sarco (2006).

boletín *Titikaka* se rescata la obra.[4] En Buenos Aires, Emilio Calímano, desde la revista *Nosotros*, afirma:

> Hidalgo ha lapidado cinco o seis poetas de verdad [...] al colocarlos al lado de los cincuenta y tanto restantes, que andan a la misma altura de los tres o cuatro mil versificadores producidos por Hispano-América, tierra fértil en la venturosa época de nuestro romanticismo para maestras de escuela (citado en Sarco 2006: 241-242).

Y no sólo la generación de Julio Noé rechaza la propuesta de Hidalgo; también los jóvenes de *Inicial* sienten el agravio:

> Casi trescientas páginas contiene este volumen y en las sesenta y tantas firmas que junta no hemos hallado, en verdad, un índice de la nueva poesía americana. [...] Ciertamente, el volumen ha sido realizado con un criterio fanático. Alberto Hidalgo es, literalmente, un escritor extremista. Y este volumen parece una justificación de su obra (*Inicial* 2003: 802-803).

El gesto de Alberto Hidalgo resulta comparable al de la *Antología de la poesía argentina moderna*. Sin la autoridad que la labor crítica y la cercanía a *Nosotros* le habían dado a Julio Noé, Hidalgo *indica* cuál es el lugar que quiere ocupar, cuál es la concepción de la nueva poesía que él tiene.

De manera correlativa, puede situarse otro emprendimiento cultural liderado por Alberto Hidalgo: la *Revista Oral*. Casi todos los martinfierristas participaron de estas tertulias que se llevaban a cabo en las mesas del *Royal Keller*. Varios "mayores" también. Algunos como Macedonio Fernández o Ricardo Güiraldes se divertían con las ocurrencias de estos

---

[4] "Libro de múltiples pétalos con valores definitivos en algunos países. Es labor que Hidalgo acometió y que ha salido en gran parte admirable". Reseña de Alejandro Peralta, citada en Sarco (2006: 241).

díscolos muchachos. Otros, como Alberto Gerchunoff o Leopoldo Lugones, debieron comparecer *in absentia* para ser juzgados por la nueva generación. Esta revista oral, decididamente lúdica en su propuesta y su metodología, funcionaría como una versión parlante de *Martín Fierro*. Y en su envés, es la apuesta y el fracaso de Hidalgo. Tanto en esta empresa como en la antología, él se propone como instigador y responsable. Su principal rival, Oliverio Girondo, cumple un rol –en cierta arista– homologable en la revista de los jóvenes de Florida: redactor del manifiesto aparecido en el número 4, representante de la publicación en su viaje latinoamericano y sostén económico en varias ocasiones.

Pese al recuerdo entrañable que evocan los concurrentes sobre la *Revista Oral*, Hidalgo no puede conquistar el ingreso esperado en el campo cultural porteño. Incluso, ya en 1927, queda excluido de la *Exposición de la actual poesía argentina*, compilada por César Tiempo y Pedro Juan Vignale. Finalmente, el rechazo a las pretensiones de Hidalgo se verifica tanto en la recepción de la crítica como en el lugar marginal que el poeta peruano terminó representando dentro de la vanguardia argentina.

Ni antología ni índice, exposición

Ya en 1927, los jóvenes vanguardistas argentinos pueden dar su respuesta más eficaz a las antologías mencionadas. Pedro Juan Vignale y César Tiempo organizan la *Exposición de la actual poesía argentina (1922-1927)*. Desde el título, dan cuenta de un recorte y un objetivo distintos. Frente a esa indiferencia respecto de la nueva producción poética mostrada por Noé y a la arbitrariedad con que Hidalgo trató a muchos poetas argentinos, ellos se proponen exhibir, explicar, revelar la "actual poesía". En la "Justificación", aclaran que no se trata de una antología crítica, porque ésta "siempre clausura una época o cierra una escuela, desempeñando [...] función de balance final, al recoger lo estable y efectivo de una retórica transitoria". Ellos esperan que el "lector avisado" pueda "desglosar varias maneras, modalidades y empaques líricos". Ese propósito crítico responsable queda facilitado por la publicación del libro, el carácter "panorámico e imparcial" de la exposición, la selección de autores y la inclusión de una anecdótica nota autobiográfica.

La organización del volumen resulta curiosa: a la "Justificación" le sigue un apartado titulado "Situación del lector"; dos secciones con los autores elegidos (división justificable por quienes habían publicado un libro y los que aún no lo habían hecho); un anexo en el que incluyen algunos personajes marginales; la sección "Asteriscos". Y por último, una serie de informaciones: las antologías que precedieron a ese libro, las revistas en las cuales han colaborado los poetas seleccionados y un índice de colaboradores gráficos.

Nuevamente, la selección propuesta por la *Exposición*, con su original estructura, está trasmitiendo un modo de leer las producciones literarias de los jóvenes poetas. Teniendo en cuenta los trabajos de Noé y de Hidalgo, Vignale y Tiempo se ubican en un cauteloso lugar intermedio: entre el acatamiento de la palabra consagrada y el gesto de ruptura belicoso. Y esta equidistancia funciona como una clave para comprender los comportamientos de los vanguardistas porteños.

Lejos de renegar de toda tutela, aunque sin incluirlos como parte de los poetas expuestos, los organizadores abren la "Situación del lector" con un texto de Leopoldo Lugones, corroborando el lugar central que

Noé le otorgara en su antología. Y también convocan a Julio Noé para que ayude a situar la lectura. Junto a ellos, los entusiastas animadores del martinfierrismo: Evar Méndez y Ricardo Güiraldes. Pero también el polémico Roberto Mariani, con sus reparos ante la labor de *Martín Fierro*. El mayor intento parece ser sumar, incorporar.

De hecho, en este afán acumulativo y pretendidamente imparcial, son los únicos que consideran a Álvaro Yunque y Juan Guijarro como poetas dignos de participar en una antología de estas características. Esta inclusión expande la *endogamia martinfierrista*. Y no sólo por los nombres que incluyen sino también por los temas que proponen, como es el caso de "Asteriscos", donde problematizan la noción de *lo nacional*: "A los problemas tácitos de la poesía, se ha agregado aquí, y podríamos asegurar que en América, el problema de lo nacional" (Vignale y Tiempo 1927: 245). También agregan otro: el folklore. Sin profundizar sobre estos aspectos, los dejan planteados, los señalan. Y esto también habla de una sensibilidad respecto de los problemas que se estaban discutiendo en esos momentos; si bien las polémicas parecen producirse sólo dentro del ámbito urbano, la discusión sobre el criollismo y lo nacional excede ampliamente los alcances del *Don Segundo Sombra* y *Zogoibi*. Vignale y Tiempo, entonces, abren el horizonte de la poesía a otras manifestaciones populares. Se insertan –y con ellos, a los poetas que forman parte de la exposición– dentro de la tradición literaria y cultural argentina.

El trabajo de Vignale y Tiempo pone en escena al menos tres discusiones insoslayables. La primera tiene que ver con la relación de esta nueva generación con las anteriores, sus herencias reconocidas y sus distancias; las concesiones y los enfrentamientos abiertos. La segunda polémica ya es intrageneracional: la inclusión de dos poetas del grupo de Boedo reabre la discusión sobre los "dos bandos de la literatura argentina" en esos años. Por último, la *Exposición*... ofrece un punto de partida para cuestionar algunos temas que fueron desdeñados.

La *eterna* polémica entre Boedo y Florida

El consenso de la crítica especializada señala que el punto de partida de la discusión fue el artículo de Roberto Mariani: "Martín Fierro y yo".[5] En realidad, las palabras de Mariani ratificaron la existencia de dos posiciones encontradas que venían acentuando sus diferencias esenciales. Lo que alimentó este malentendido sobre el origen se debe, en realidad, a la actitud de Evar Méndez, que personaliza las disidencias y constituye al autor de *Cuentos de la oficina* como portavoz del grupo de Boedo. El cruce de respuestas parece terminar en el número 10, con el "llamado a silencio" de Mariani.

Sin embargo, volver a aceptar esta limitada visión sobre la polémica empobrece la lectura porque sólo se está tomando en cuenta lo que se dice desde *Martín Fierro*, o se discuten los argumentos que los martinfierristas deciden discutir. Al releer las lecturas críticas, se corrobora la confusión original, se cristaliza esa interpretación de la polémica y se acallan las verdaderas objeciones, argumentos, distancias y reproches de los escritores de Boedo, en tanto grupo opuesto a Florida. Uno de los críticos literarios más sagaces para leer este enfrentamiento, en el mismo momento en que se desarrollaba la polémica, fue

---

[5] Mariani, Roberto, "Martín Fierro y yo", *Martín Fierro*, Núm. 7, Buenos Aires, 1924.

Salomón Wapnir.[6] Su sagacidad reside en invertir los términos y dejar a un lado la postura "floridocéntrica" para pasar a leer las producciones de los jóvenes de Florida desde una concepción de la literatura relacionada con el compromiso social. La lectura de materiales de este tenor puede ayudar a una relectura del conflicto generacional en su conjunto.

La polémica soslayada

Este silenciamiento por parte de la crítica especializada merece ser revisado. Y no porque la polémica no se hubiera planteado, sino porque hay un trasfondo que queda soslayado. El mencionado artículo de Mariani pone cuatro puntos que funcionarán como eje de la polémica y que reaparecerán en cada ofensiva y contraofensiva: a) La relación derecha e izquierda y literatura; b) la relación con Leopoldo Lugones; c) la ubicación respecto de Martín Fierro, personaje de Hernández; y d) la disputa por el "ser argentinos" versus la acusación de inmigrantes, y por lo tanto, sin derecho a proponer una literatura nacional.

La respuesta aparentemente definitiva de *Martín Fierro* sólo indica un silencio, una pausa para que su interlocutor comience su turno en el diálogo. Ya no será Mariani sino *Los Pensadores* quien les hará frente. Tras un par de silenciosos meses, los ataques desaparecen y comienza la verdadera polémica entre los dos grupos. *Los Pensadores* no siempre es tomada en cuenta cuando se habla de las revistas de vanguardia del período. Incluso en más de una ocasión, sólo *Claridad* –englobando dentro del nombre de la editorial de Zamora, sin discriminar, las distintas

---

[6] Ver fragmentos de sus opiniones en esta edición.

publicaciones– se menciona como "la rival" de *Martín Fierro*.

Del mismo modo en que lo hacen en *Martín Fierro*, exponen claramente sus propósitos, pero aquí aparece la primera diferencia: la apelación al lector. Lejos de provocarlo o ir decantando entre los lectores para que sólo un grupo de elegidos pueda compartir ese *goce estético*, el objetivo de *Los Pensadores* será mejorar en función de la opinión de sus lectores, escuchar la voz de los destinatarios, ver qué consideran correcto, acertado, productivo. Aunque esto haya funcionado sólo como declaración, la posición alternativa frente a *Martín Fierro* es clara. Y como complemento de esa declaración de principios, contestan con una acción directa a las agresiones que se habían ido publicando en la revista de Evar Méndez. Este primer número es la respuesta más firme que le dan a los martinfierristas: no sólo los escritores de Boedo pueden aspirar a la consagración literaria, sino que, a su vez, tienen derecho a opinar críticamente sobre literatura, arte, realidad política. Y en este sentido, debe reconocerse que la empresa de Zamora fue mucho más consecuente y perdurable en el tiempo. Si bien en la etapa de *Claridad*, la intencionalidad sobre la intervención política fue más marcada, no dejó completamente de lado la preocupación por la literatura, a diferencia de la dimensión política borrada hasta casi desaparecer en *Martín Fierro*, tras la publicación del manifiesto.

Esta aclaración me parece fundamental para comprender otro aspecto de la disputa con el grupo de Florida: ambos ven en el escritor a un ser superior, a una elite. Boedo, sin desconocer ni negar la coyuntura histórico-social, propone que realicen una tarea de guía, de maestros, de *denuncialistas*. Florida, con la misma distancia, verá en los escritores a un grupo selecto que puede existir apelando a la comprensión de unos pocos elegidos. En ambos casos, el escritor no forma parte del común de la gente, aunque su función se plantee de manera opuesta: Boedo mirará hacia las masas tratando de guiarlas; Florida simulará darles la espalda.

Este punto, entonces, marca una de las zonas en las que ambos grupos coinciden y se distancian en igual proporción. La literatura es definitivamente una actividad superior, pero los fines de esa excepcionalidad no coinciden en absoluto.

Una de las pocas definiciones por lo afirmativo que hace el grupo de Boedo se da cuando reivindican la imperfección formal, la acidez, la provocación al gusto burgués. Y en esa afirmación resultan eficaces para oponerse con más argumentos a los martinfierristas: hablan de "sensibilidad" y de "epidermis", palabras que remiten al manifiesto del número 4 pero, al no mencionarlo, ganan en la declaración de principios. Incluso con la humorada del cierre: la mención al "cisne de la poesía fifí" alude a los resabios modernistas de varios poetas considerados por la crítica y que, desde la perspectiva de *Los Pensadores*, ya han cumplido su ciclo. El problema, entonces, no es que no haya una poesía argentina, sino que las condiciones de circulación y reconocimiento no están dadas para que se conozca esta nueva poesía masivamente. Mercado y literatura, una vez más.

Opuestos y complementarios, vuelven a coincidir en la denuncia ante la mediocridad del ambiente (medida también en términos de mercado) y en la necesidad de un nuevo público y un nuevo ambiente. Pero mientras que para *Los Pensadores* es una lucha con consecuencias sociales, para *Martín Fierro* tendrá réditos individuales o ceñidos a un campo cultural despegado de las otras esferas sociales.

Desde una postura triunfalista, *Martín Fierro* revierte todos los argumentos esgrimidos desde *Los Pensadores*. La importancia de la publicación de Evar Méndez fue percibida antes por sus detractores que por sus protagonistas, y las críticas revelan que quienes los acusan continúan en un pasado cultural que debe ser superado. Ellos son la "vanguardia", desde Boedo habla la "retaguardia". Pero si bien Evar Méndez rescata la idea de renovación estética y el juvenilismo propio del discurso de vanguardia, desconoce o ignora los puntos de contacto con sus oponentes. Ubica al grupo de Boedo en un atraso generacional falaz, porque los juzga desde presupuestos estéticos. Incluso, él mismo se reconoce como seguidor de una forma "añeja" pero se reivindica como impulsador de una renovación. En un punto, es la misma actitud que se da desde Boedo: condenar a quienes disputan el espacio emergente dentro del campo intelectual que ya debe quedar en el pasado.

La acusación sobre "la falta de estilo" de Boedo (reproducida casi hasta el hartazgo por cierta zona de la crítica) funciona –por esos años– del mismo modo que la de *Martín Fierro* respecto de las cuestiones políticas; ambos esgrimen una razón de especificidad. No interesa la política / No interesa ser leído por una elite. En este punto, si se aceptan los argumentos martinfierristas, no deben desdeñarse los boedistas. Y van más lejos, porque si uno de los flancos sobre el que dispara *Martín Fierro* alude al pobre manejo de la lengua, *Los Pensadores* responderá que el idioma en sí no vale nada. Diferencia y distancia fundamental que explica –entre otras cosas– la marginalidad en la que se mantuvo la revista de Zamora cuando estalló la polémica sobre el meridiano intelectual.

Esta última aseveración debe ser destacada porque Boedo pone el valor de la literatura, de la producción literaria, en algo "externo" pero previo e indispensable: el sujeto que escribe, más precisamente, la inteligencia del literato. Y como la inteligencia "no puede concretarse" pero "trasciende por encima de las palabras como un fluido magnético", el escritor *de raza* seduce no por su léxico sino por la emisión de la inteligencia. Argumento muy discutible, puesto que apela a cierto esencialismo (con el riesgo de caer en la categoría de "elegido"), pero permite delimitar las distintas tomas de posición y los núcleos de la polémica.

Respecto de la presencia inmigratoria y el "ser argentinos sin esfuerzo" es preciso hablar de la idea de nacionalidad que se pone en juego en cada grupo. Si a mediados de 1924 Mariani invoca la figura de Martín Fierro para señalar las contradicciones del grupo martinfierrista, en septiembre de 1925 el resto de los boedistas siente que no hay rescate posible. Y sus argumentos plantean una coherencia mucho mayor al cuestionar la idea de nacionalidad que se pregona a partir del rescate de este gaucho hernandiano. Como se verá más adelante, este aspecto reaparece cuando la literatura "regional" reclama un lugar dentro del circuito literario.

El enfrentamiento deja de ser sólo porteño

Pero antes de pasar al interior del país, una breve reflexión sobre los lazos que se fueron trazando con otras corrientes artísticas y políticas a nivel internacional. Resulta fácil distinguir en qué frente se ubica Boedo y en cuál queda situado Florida. Pero el planteo ahora es salir de Buenos Aires, internacionalizarse.

Y no en el mismo sentido que lo esbozaron desde *Martín Fierro*, con la gira *promocional* de Girondo, sino adscribiendo a las concepciones de otros movimientos coetáneos que sí tienen como preocupación la política –nacional e internacional–, como es el caso de la revista peruana *Amauta* o los escritos de Diego Rivera sobre la pintura muralista en México.

Sobre las artes plásticas puede decirse casi lo mismo que sobre la literatura. Para el caso argentino, basta con revisar cuáles son los artistas plásticos rescatados desde las páginas de *Martín Fierro* (Pettoruti, Xul Solar) y cuáles merecen destacarse para los boedistas (Guillermo Facio Hébequer, Abraham Vigo). Incluso en su relación con los maestros de la generación anterior como Ernesto de la Cárcova, Fernando Fader, entre otros.

Si el arte en sí mismo no vale nada y no puede ser juzgado únicamente desde un punto de vista estético, Boedo asume de manera muy explícita uno de los presupuestos vanguardistas al equiparar arte y vida. No hay separación posible, y en este punto, la coherencia de Boedo se verifica en los itinerarios posteriores de sus integrantes. Lejos de renegar de este pasado, en sus memorias exasperan la importancia de estos años como punto de partida de una corriente que –dentro de la esfera artística– se ha ido desarrollando.[7] Cabe señalar que los martinfierristas tomarán esta etapa como "un juego de muchachos", la minimizarán y harán a un lado los presupuestos

---

[7] Ver el capítulo que Leónidas Barletta le dedica al tema en *Boedo y Florida, una versión distinta*, donde rescata continuadores de la línea comenzada por Boedo hasta el momento de la edición de ese libro, a finales de los años 1960.

de esos años en sus producciones posteriores.[8] Otros, como Raúl González Tuñón, se radicalizarán durante los años 1930 y plantearán una ecuación intermedia entre el martinfierrismo y Boedo.[9]

Lo nacional y el folklore

Vignale y Tiempo perciben la necesidad de mencionar una discusión que se está dando durante esos años: el "problema de lo nacional". Con sagacidad pueden establecer las limitaciones del caso al preguntarse qué es lo nacional y quién lo hace: "Nacional es 'Martín Fierro', pero no es una aspiración nacional el gaucho. Nacional es Carriego, pero tampoco será una cardinal el suburbio" (Vignale y Tiempo 1927: 245). Esta definición sintetiza tempranamente la concepción de literatura nacional que primará con el correr de los años, desde los años 1920 en adelante. Para no abundar: el Martín Fierro ratificado por Lugones y devenido poema épico, y el suburbio borgeano mitológicamente aceptado como fundante de la literatura nacional. Este ademán visionario se corrobora en el párrafo final del primer asterisco: "Creemos que el error, entre nosotros, ha sido y es de pretender seguir en las dos corrientes señaladas el espíritu de los tipos y no el de los creadores; el espíritu del gaucho, simple y superficial, y no el de Hernández, constructor." (Vignale y Tiempo: 246).

---

[8]   Cfr. las memorias de Córdova Iturburu, González Lanuza. Asimismo, es relevante destacar la decisión de Jorge Luis Borges de no reeditar los libros de ensayo aparecidos durante esa década. O recordar el "gran y último epitafio" martinfierrista que dedica Leopoldo Marechal a su generación en *Adán Buenosayres*.

[9]   Cfr. *Contra. La revista de los francotiradores* dirigida por González Tuñón en 1933 y la participación que tuvo durante la Guerra Civil Española (1936-39).

La literatura nacional, entonces, surgirá desde cierto sector (el de los constructores) y serán ellos los que puedan dar cuenta de la *simpleza* y *superficialidad* de los tipos nacionales. Y si con el suburbio y el gaucho tienen esta actitud, cuando evalúan las posibilidades de lo folklórico, las conclusiones son aun más preocupantes, tal vez incluso, agraviantes. El folklore es "otro horizonte de lo nacional" que aún permanece inédito. Según lo que se expresa en este segundo asterisco a la *Exposición...*, todavía no ha aparecido el "artista de comprensión profunda y de grande talento" que pueda elevar lo popular a categoría. Y rematan:

> Se ha tentado hacer arte guaraní, quechua, incásico, rematando en lo infantil y casi siempre en lo tristemente ridículo, carnavalesco y anacrónico. Son respetables por el momento y por esta misma crisis, aquellos que ensayen una poesía "en" popular dentro de cada provincia, pero con cierto sentido consciente de lo puramente artístico, por lo mismo que preparan y facilitan la tarea del que habrá de construir con ello una obra orgánica y definitiva (Vignale y Tiempo: 247).

La nueva generación asume la responsabilidad de reordenar y clasificar las producciones literarias de esos años; el recorte que hacen privilegia considerablemente la poesía urbana. La disputa que libran por "lo nacional" se desarrolla dentro de los límites impuestos por Buenos Aires, esa ciudad que cuenta con cines, automóviles y hasta aeroplanos que la sobrevuelan. El suburbio es admitido en su condición de subordinado a la urbe, al límite que la ciudad misma le impone; el gaucho ingresa una vez que ha devenido en símbolo estereotipado, sin carnadura, y mucho menos rebeldía. Lo folklórico, en tanto producción del pueblo, no entra siquiera en consideración; es una tarea *a realizar* por alguien que pueda dar cuenta del *espíritu* de cada terruño.

Las reacciones que fueron generando las antologías de Noé, Hidalgo y Vignole y Tiempo deben leerse dentro de este contexto de reconfiguración de una literatura nacional. Los desplazados, como Francisco Soto y Calvo, pueden expresar su desacuerdo pero no son tomados en cuenta. La literatura nacional pasa por la ciudad. Y en ese sentido, Vignale y Tiempo se comportan con mayor ecuanimidad al incluir a Álvaro Yunque y Juan Guijarro que, si bien pertenecían a las filas de Boedo y planteaban una poesía con *compromiso social*, lo hacían desde un ámbito urbano que merecía ser rescatado.

Las respuestas que se van dando frente a *lo nacional* irán variando, pero los debates que quedan planteados en esta etapa constituyen sus nudos centrales. Incluso el tema del lenguaje será protagonista de una acalorada polémica en 1927, cuando los madrileños pretendan imponer la capital de España como meridiano intelectual de América Latina. Nuevamente, pese a las diferencias constatables entre los escritores de Florida y de Boedo, todos asumen la necesidad de defender la originalidad de la literatura argentina, que nunca deja de ser literatura porteña.[10]

De todos modos, se va poniendo de manifiesto la verificación de una imagen proyectada hacia el exterior: el tango, el arrabal y el gaucho como marcas distintivas que fueron perdiendo peso propio para devenir símbolos de una nacionalidad *for export*.[11]

---

[10] Para tener mejor idea de las respuestas que se dieron frente a la provocación española se pueden revisar los últimos números de *Martín Fierro*.

[11] Ver en este mismo volumen la referencia a las bandas de tango que tocaban en el exterior, cuyos integrantes debían vestirse de gauchos "para que supieran que eran argentinos".

Pero al mismo tiempo, hacia el interior, se verifica una nueva configuración del campo intelectual en la que los lugares centrales ya estaban designados.

Continuidades de una polémica que excede el plano literario

Insisto, una vez más, en la necesidad de profundizar los aspectos polémicos que tuvo la literatura porteña en los años 1920. No sólo en cuanto a concepciones de la literatura, sino también porque de ella deriva la responsabilidad del escritor / intelectual.

Una de las mayores discrepancias entre los grupos de Boedo y Florida se va definiendo cada vez más en la dicotomía revolución versus conservadurismo; tanto en arte como en política. La producción artística no puede desligarse del contexto en el que es producida, y el intento de leerla borrando los matices ideológicos sólo responde a una ideología conservadora que intenta borrar las marcas de otro modo de pensar y leer la realidad. Y la ideología se superpone, previsiblemente, con la cuestión de clase. Van reapareciendo otros tópicos de la discusión: proletarios / burgueses; escribir para ganar el pan / escribir para ganar fama; escritores pobres / escritores ricos; "proletarios de la pluma o el taller / elementos de la burguesía o la burocracia". Y la posición de *Los Pensadores* sigue siendo una apuesta de fe en la humanidad; ellos escriben para cualquiera que tenga "oídos para oír", sin importar a qué clase pertenezca.

Coincidente con el desprecio martinfierrista hacia un público *hostil* y que no comprende, *Los Pensadores* asume la tarea pedagógica. Su propuesta no termina en la descalificación sino que apuestan por el cambio. Y la idea de transformar hasta el *gusto del público* tiene un matiz tan o más revolucionariamente vanguardista que apelar al hecho de ser entendidos por unos pocos.

De manera paradójica, los augurios destinados a los martinfierristas se cumplieron para los escritores de Boedo: se les ha cuestionado la existencia en tanto grupo (desde los mismos protagonistas de esta polémica hasta críticos literarios décadas más tarde), se los acusa de no tener talento para escribir y, en más de una ocasión, se minimiza el esfuerzo del grupo como un "error de los años mozos".

Los *nuevos ricos de la literatura*,[12] envanecidos por su ingreso a los círculos literarios, se oponen a los escritores que trabajan. Mariani, tan amigo de las dicotomías, vuelve a explicar en términos de oposición las diferencias y vuelve a ubicarse del lado de los pobres y de los trabajadores. Y augura que la generación siguiente, una vez que agote la lectura de tanto "documento ultraísta", sentirá la necesidad vital de algo profundo, fuerte, orgánico y completo. Entonces, entrarán a las filas de la futura izquierda, donde Mariani los imagina "en la inevitable revisión de valores, reparando las injusticias que se están cometiendo hoy".

El caso de Roberto Mariani resulta ejemplificador porque demuestra cómo, existiendo una polémica irreconciliable entre dos posturas opuestas, y habiendo tomado partido por una de esas posiciones ideológicas, continúa moviéndose en el mismo circuito de "la nueva generación", que incluye a todos. De hecho, siguen apareciendo colaboraciones suyas en *Martín Fierro* y es el único escritor de la colección "Los Nuevos" que es elogiado por los martinfierristas.

---

[12] Aludo al artículo de Roberto Mariani con el mismo nombre, en *Los Pensadores*, Núm. 119.

Es decir, la vanguardia porteña estaba dividida, pero ambos bandos, por los cruces y porosidades que presentan, deben leerse como parte de un mismo proceso.

Una conclusión que debe revisarse

Si Florida funciona como el epicentro de la nueva sensibilidad y es una síntesis de la ciudad de Buenos Aires, que a su vez, es la síntesis del país, *Martín Fierro* se autoproclama síntesis de la nueva literatura argentina. La ratificación de *Martín Fierro*, coherente con el tono altivo y desdeñoso que lo caracteriza, va unida a la autocomplacencia.

Y si bien la lectura cristalizada de la crítica continúa sosteniendo el proyecto de *Martín Fierro* como el emergente más notorio de la vanguardia hasta su cierre en 1927, quienes leyeron con más sagacidad su "acta de defunción"[13] un año antes fueron sus oponentes del grupo de Boedo. En el número 21 de mayo de 1926, Leónidas Barletta publica "Renovarse o morir", anunciando el cierre de *Los Pensadores*:

> Los que hacemos esta revista hemos decidido clausurarla – con un número extraordinario "contra la guerra"–, de común acuerdo y en el momento más próspero de su existencia. En su lugar aparecerá CLARIDAD, que tratará de reunir a los escritores de la izquierda en una sola familia y tratará de cumplir más ajustadamente su finalidad social.[14]

Si *Martín Fierro* ha dicho su última palabra respecto de la función de la literatura y lo que ellos consideran renovación en el ambiente intelectual, *Los Pensadores* asume la inutilidad de la discusión y

---

[13] Literalmente, *Los Pensadores* publica un acta de defunción invitando a darle el último adiós a la revista *Martín Fierro*. Cfr. *Los Pensadores*, Núm. 118.
[14] "Renovarse o morir", *Los Pensadores*, Año V, Núm. 121, mayo de 1926.

renuevan su apuesta y su programa. La literatura no puede concebirse fuera de la esfera social.

Barletta continúa el balance: además de los libros editados y la continuidad de su órgano de difusión, enfatiza la sinceridad con que se ha realizado la labor y, en consecuencia, la independencia ganada, "que es la mejor garantía de rectitud e imparcialidad de nuestras opiniones". Reconoce, de manera autocrítica, que hubo algunos errores "de forma", ciertos excesos en los juicios hacia algunos literatos, como es el caso de Luis Cané ("que fue sin motivo incluido entre malos poetas").

Ya en 1926, entonces, los caminos entre *Martín Fierro* y *Claridad* se van distanciando; sin llegar a ser paralelos, se alejan rumbo a direcciones distintas, pese a algunos puntos de contacto.

Diferentes abordajes, el mismo planteo

Lejos de atenuar las discusiones y los acalorados debates que se fueron desarrollando en la década de 1920, el material reunido en este libro (y los textos a los que he ido aludiendo que lo complementan) permite trazar un mapa sobre el campo cultural de esos años.

La selección que propone el presente volumen demuestra que la disputa por los espacios dentro del campo cultural excedió la porteña polémica entre Boedo y Florida, y que fue más allá del ámbito estrictamente literario. Otras áreas fueron reactualizando y complementando los núcleos centrales de ese *gran debate*. La pintura y la escultura, con matices, insisten en los mismos planteos que se dan en el plano literario; planteos que, incluso, son abordados en las publicaciones de ambos grupos barriales.

Cine para todos

El gran impacto del cinematógrafo sobre la cotidianeidad cultural tiene su correlato en la inclusión de este tópico en poemas y narraciones de escritores pertenecientes a todo el espectro que va desde Florida a Boedo, pero también en notas periodísticas que señalan la repercusión de este nuevo y controvertido *arte* en el público.

Desde la Rusia revolucionaria, *El acorazado Potemkin* provoca elogiosos comentarios: por su temática, por su técnica fotográfica, por sus actores no profesionales, por su compromiso y mensaje políticos; siempre dependiendo del medio en que aparezca la crítica, el acento se pondrá en uno u otro aspecto. De todos modos, la invitación a ver la película rusa es unánime y resulta una apuesta a este nuevo medio de comunicación.

La producción fílmica nacional apuesta a conciliar la nueva técnica con temáticas populares. Dos claros ejemplos son *Juan Moreira* y *La vuelta del Toro Salvaje*. La primera película lleva a la pantalla a un personaje conocido y aceptado masivamente. Nacido como folletín y, más tarde, con su versión teatral, Juan Moreira apunta a un público determinado y familiarizado con esta versión del gaucho rebelde. En una vertiente similar aunque sin origen literario, el boxeador Luis Ángel Firpo (Toro Salvaje) es el protagonista de otra película de gran repercusión. Esta vez la aceptación popular pasa por el deporte y la magnitud alcanzada por el pugilista.

Moreira, Firpo y también numerosas "milonguitas" surgidas de las letras de tangos van poblando los argumentos cinematográficos. El cine, de este modo, constituye el lugar en el cual confluye uno de los signos más palpables de la modernización con los elementos más arraigados de la cultura popular.

El tango es otro aspecto muy importante a tener en cuenta durante esta década. Como se observa en los textos compilados, en 1926 se estrenaron tangos que cubren casi todos los temas recurrentes: el abandono de la mujer, el lamento por el pasado perdido, los duelos, los barrios, las ilusiones disipadas. Pero más que la proliferación de tópicos que serán incorporados con mayor o menor fortuna al repertorio histórico del tango, me interesa señalar las notas que comentan la participación de las orquestas de tango en París y en Nueva York. Como señalé hace unas páginas, se trata del avance de lo popular trasmutado, higienizado e incorporado a una imagen deseable de la cultura argentina. Imagen que permanece tensionada con las versiones locales.

Fragmentos para seguir armando

Los textos compilados en este libro son fragmentos de una totalidad, imposible de reconstruir en estas páginas. Los pasajes citados que fueron apareciendo en 1926, en pleno esplendor del gobierno de Marcelo T. de Alvear enmarcado entre las dos presidencias de Hipólito Yrigoyen, dan cuenta de un proyecto cultural. En realidad, de más de un proyecto en pugna por sobresalir e imponerse. Más de ochenta años después, la discusión permanece abierta: no sólo para quebrar lecturas cristalizadas, sino también para repensar cómo se discute desde hoy, desde este ahora, la constitución de una literatura, una cultura nacional, a quiénes abarca, quiénes ingresan, qué se gana y qué queda olvidado.

Bibliografía

Borges, Jorge Luis (2007), *Textos recobrados. 1919-1929*, Buenos Aires, Emecé.
De Torre, Guillermo (1927) "Veinte años + cinco de poesía argentina", *La Gaceta Literaria*, Madrid, Año I, Núm. 1, 1° de enero.
Henríquez Ureña, Pedro (1960), "Poesía argentina contemporánea" (1926), en *Obra crítica*, México / Buenos Aires, Fondo de Cultura Económica.
Índice de la nueva poesía americana. Prólogos de Alberto Hidalgo, Vicente Huidobro y Jorge Luis Borges (1926), Buenos Aires, El Inca.
Inicial. Revista de la nueva generación (1923-1927) (2003). Estudio preliminar: Fernando Diego Rodríguez, Bernal, Universidad Nacional de Quilmes.
Méndez, Evar (1927), "Doce poetas nuevos", *Síntesis*, Año I, Núm. 4, septiembre.
Noé, Julio (1926), *Antología de la poesía argentina moderna. 1900-1925*, Buenos Aires, Nosotros.
Noé, Julio (1932), "Una generación se juzga a sí misma", *Nosotros*, año XXVI, Núms. 279-280, pp. 129-138.
Salazar Anglada, Aníbal (2007), "Julio Noé y la *Antología de la poesía argentina moderna* (1926): un punto de inflexión en la práctica antológica en Argentina", *Anales de Literatura Hispanoamericana*, Vol. 36, pp. 171-197.
Sarco, Álvaro (Edición, notas y compilación general) (2006), *Alberto Hidalgo, el genio del desprecio. Materiales para su estudio*, Lima, Talleres tipográficos.
Schwartz, Jorge (2002), *Exposición Las vanguardias latinoamericanas. Textos programáticos y críticos*, México, Fondo de Cultura Económica.
Sin firma (1926), "*Antología de la poesía argentina moderna* por Julio Noé", *Martín Fierro*, Año III, Núms. 27-28, mayo.

Soto y Calvo, Francisco (1926), *Los poetas maullantinos en el arca de Noé*, Buenos Aires, Gleizer.
Soto y Calvo, Francisco (1927), *Índice y fe de (er)ratas de la nueva poesía americana*, Buenos Aires, sin datos.
Soto y Calvo, Francisco (1928), *Exposición de zanahorias de la nueva poesía argentina*, Buenos Aires, Minerva.
Vignale, Pedro-Juan y Tiempo, César (1927), *Exposición de la actual poesía argentina (1922-1927)*, Buenos Aires, Minerva.

EL VIENTO
DE LAS CIRCUNSTANCIAS

Investigación y edición por Guillermo Gasió

Era una fiesta

Sobre la importancia del año 1926 para la literatura argentina, vale evocar algunas sucesivas referencias pertinentes:

(1) Las observaciones de César Fernández Moreno centradas en las experiencias de las vanguardias: "Alrededor de 1926, el núcleo (martinfierrista) había logrado repercusión americana y vínculos europeos. Al ganar en extensión, había perdido en comprensión; al ampliar su plantel originario de escritores y público había ido delineando las cualidades que conformaron su personalidad inicial, y fundiéndose en la corriente central de la poesía argentina. La publicación de *Don Segundo Sombra* y la muerte de Güiraldes (1927) precipitan la disolución ultraísta". [César Fernández Moreno, "La poesía argentina de vanguardia", *Historia de la literatura argentina*, Rafael Alberto Arrieta (dir.), Tomo IV, Buenos Aires, Peuser, 1949].

(2) El comentario de Adolfo Prieto al presentar una antología de los grupos de Boedo y Florida: "La literatura se difunde, se discute, se toma en cuenta como nunca; los escritores jóvenes, usufructuarios directos de la feliz coyuntura, se ocupan de sí mismos y de sus obras con un desenfado sin precedentes. Manifiestos, programas, revistas orales, exposiciones radiofónicas, reportajes periodísticos. Día tras día la nueva literatura se define ante el público, se endosa en rótulos más o menos llamativos, se encrispa en rivalidades de escuela, se ahueca en cálidos elogios de camaradería". [Adolfo Prieto (Prólogo y selección), *Antología de Boedo y Florida*, Córdoba, Universidad Nacional de Córdoba, 1964].

(3) La observación de Noé Jitrik, ya en pleno *boom* latinoamericano: "Lo notable, para la literatura argentina, es que la obra que cierra el ciclo rural y la que abre de manera indiscutible el urbano aparecen en el

mismo año como cediendo una a la otra un conjunto de atributos apreciables o reconocibles por el público. Es en 1926 y las obras son *Don Segundo Sombra* y *El juguete rabioso*". [Noé Jitrik, "1926, año decisivo para la narrativa argentina", *El escritor argentino. Dependencia o libertad*, Buenos Aires, Del Candil, 1967; Noé Jitrik, "Bipolaridad en la historia de la literatura argentina", *Ensayos y estudios de literatura argentina*, Buenos Aires, Galerna, 1970].

(4) Y, desde las páginas de *Clarín*, las palabras de Jorge B. Rivera referidas al carácter de 1926, en ocasión de cumplirse el cincuentenario del año en que "la literatura argentina era una fiesta... [...] Ese año de 1926 [...] es especialmente pródigo para la literatura, como ya lo ha señalado la crítica. Pródigo por la cantidad de lo publicado y en especial por la aparición de algunos de los nombres y obras más significativas de la literatura argentina de la primera mitad del siglo". [Jorge B. Rivera, "1926: la literatura argentina era una fiesta... Cincuentenario de un año clave en nuestra literatura", *Clarín*, 16 de enero de 1976].

El Instituto Bibliográfico de la Facultad de Humanidades y Ciencias de la Educación de la Universidad Nacional de La Plata publicó el *Anuario Bibliográfico. Letras, Historia, Educación y Filosofía, Tomo I, correspondiente al año 1926* (La Plata, 1927). Ricardo Levene señala en la "Advertencia": "Recorriendo las páginas de este primer volumen, nadie abrigará la ingenua convicción de que con este único elemento se puedan proyectar reflexiones acerca de los problemas de la cultura humanística en el país. No habría modo de indicar su nivel ni sugerir su rumbo. Será necesario esperar los volúmenes siguientes, completando un ciclo de evolución dentro del cual se acusan los síntomas reveladores de la cultura."

Como expresión de las optimistas perspectivas de la realidad argentina al promediar el período presidencial del radical Marcelo T. de Alvear, podrían citarse dos ejemplos: (1) el libro de gran formato y cuidada edición titulado *Argentina* (605 páginas más índice), por la Sociedad de Publicidad Sud-Americana Monte Domecq y Cía. Ltda. (con sede en Florida 251, Buenos Aires), con motivo de la visita del Príncipe de Gales al país:

"Estuvo de moda un tiempo cohonestar los progresos de la República Argentina sosteniendo que había enorme desproporción entre sus conquistas de orden económico y las de orden intelectual y artístico. Los que tal sostenían olvidaban que las producciones del intelecto no se pueden relacionar con el número de ovinos o equinos alimentados en las praderas, sino con el número de cerebros humanos que actúan en campos y ciudades.

"Y cabría afirmar, hoy como ayer, que hasta dentro de las ineludibles y respectivas equivalencias, fue siempre extraordinaria, vecina de lo anormal, la producción de caracteres intelectuales. Desde tiempos ya remotos, la prensa diaria, las revistas, los libros, las conferencias, los cursos dictados por sabios y técnicos, la amplitud de la enseñanza primaria y secundaria, la perfecta organización de gabinetes y laboratorios en colegios y universidades, etc., han contribuido a formar un ambiente de cultura superior y que no desmerece en nada comparándola con los de tradiciones milenarias.

"¿Cuántos son, en efecto, los países con diez millones de habitantes, o las capitales con dos millones cuatrocientos mil, que ostentan un servicio periodístico, no ya superior sino igual al que ofrecen diarios como *La Prensa, La Nación, La Razón*, etc., de Buenos Aires? No hay hipérbole en decir que ninguno de los órganos de publicidad editados en Europa o América aventaja en calidad y cantidad de material de lectura a los grandes rotativos argentinos.

"¿Y la ciudad porteña, la capital de la Federación, no es acaso un verdadero milagro de crecimiento, de actividad social, comercial y artística? De cuatrocientos mil habitantes que contaba cuando la conoció el rey Jorge (V de Inglaterra) (hace cuarenta años), ha pasado a albergar dos millones cuatrocientos mil, en sólo un período de cuarenta años. Y sus únicos hoteles de entonces, el *Royal* y el *Frascatti*, tienen ahora como competidores centenares de soberbias mansiones con el *confort* y los refinamientos de las más renombradas del orbe. ¿Y los teatros? ¿Y los cinemas? ¿Y los café-conciertos? ¿Y las mil y mil salas de espectáculos que inundan la urbe trepidante e infatigable?

"¿Dónde, en qué parte del globo, se expiden, como en Buenos Aires, permisos municipales para levantar habitaciones que en espacio de dos años corresponden a doscientos cincuenta mil pobladores?"

(2) El folleto *Argentina. Presente y porvenir*, a cargo de la Confederación Argentina del Comercio, de la Industria y de la Producción, y la Unión Industrial Argentina (texto publicado bajo la dirección de Alejandro Bunge, Carlos Correa Luna, Enrique M. Nelson, Augusto S. Mallié, y Clodomiro Zavalía. Editor: Guillermo Kraft, 1926), en el cual se afirma en el "Prefacio":

"En 1859, Martín de Moussy finalizaba el Prefacio de su admirable *Description Geographique et Statistique de la Confédération Argentine* con una significativa alusión a *la profunda fe* de los nativos *en el porvenir de un país, que tal vez* –decía– *algún día ha de asombrar al mundo por el espectáculo de su fuerza y de su grandeza.*

"No han transcurrido aún setenta años de la interesante profecía de M. de Moussy, y he aquí que la evolución de nuestro destino económico e histórico se ha encargado de realizarla. El millón y quinto de criollos, mestizos, indios, negros y mulatos, merced al formidable aporte de inmigración europea, se ha convertido en diez millones de hombres de raza blanca, los cuales no sólo producen y comercian en un día tanto como aquéllos en un año; no sólo para abastecer a otros países con el excedente de su productos, poseen puertos y elementos de navegación por valor de 475 millones de pesos; y no sólo, además de contar con inmensas reservas territoriales, cultivan 24 millones de hectáreas, y anualmente transportan en 37.000 kilómetros de líneas férreas, más de 40 millones de toneladas y más de 129 millones de pasajeros, sino que su energía productora y su potencia circulatoria de la riqueza, equivalen a las de una población superior en más del doble a la verdadera cifra demográfica de la República."

Rafael Calzada refiere este episodio protagonizado por Einstein: "Hallándose aquí accidentalmente el eminente pensador Albert Einstein, autor de la famosa teoría revolucionaria de la relatividad, escribió en el álbum de autógrafos de mi esposa, el siguiente, que transcribo (traducido del alemán), por su alusión al medio social argentino: *'En este mundo todas las cosas son de origen humilde, pero llamadas a evolucionar: las plantas, los animales de todas las clases, y sin duda, también los pueblos. Aquí –en la Argentina– es donde por primera vez se me presenta el resultado de tal proceso, resultado que, con plena razón, puede caracterizarse cual un noble snobismo. – A. Einstein. – 1925.'"* [Rafael Calzada, *Obras completas, Tomo V: Cincuenta años de América. Notas autobiográficas, Vol. II*, Buenos Aires, Librería y Casa Editorial de Jesús Menéndez, 1927].

Las posibilidades aún casi vírgenes del espíritu americano

Ricardo Rojas asume en 1926 el rectorado de la Universidad de Buenos Aires, hecho que pauta su prestigio intelectual y a la vez el avance del reformismo en los claustros. [*Discursos pronunciados por los doctores José Arce y Ricardo Rojas en la transmisión del Rectorado, el 1º de marzo de 1926*, Imprenta de la Universidad, 1926. "Transmisión del Rectorado de la Universidad", en *Archivos de la Universidad de Buenos Aires (Boletín informativo de la Revista de la Universidad)*, Director: B. Ventura Pessolano, Año I, Tomo I, abril de 1926. El discurso de Arce está en pp. 1-2; el de Rojas, en pp. 2-5].

En una alocución dirigida a los bachilleres del Colegio Nacional de Buenos Aires, titulada "La época actual", dijo el Rector de la Universidad, Ricardo Rojas, el 12 de agosto de 1926, aniversario de la fundación del Colegio: "El momento internacional se define hoy por una vertiginosa mutación de las instituciones y de las ideas. [...] Los viejos centros de cultura universal hállanse en crisis, y acaso sean los pueblos como el nuestro los que están más obligados a la empresa heroica de los deberes de una probable sucesión."

Acerca de Buenos Aires, apuntó Rojas: "Necesito mostraros el panorama no menos peligroso de la ciudad que habrá de ser el centro civil de vuestro destino. [...] A fuerza de crecer materialmente, Buenos Aires ha borrado la visión del agua, de la tierra y del cielo, perdiendo la familiaridad de su río magnífico, de su pampa inmensa y de su firmamento suavemente azul, fuentes de emoción cívica estética y religiosa, en que los argentinos de otro tiempo aquí se nutrieron. Ved, en cambio, cómo la población actual de Buenos Aires parece a ratos la muchedumbre atareada de un barco mercante y a ratos la de un transatlántico de turistas sensuales. Alejados de la naturaleza, para ganar dinero o para exprimir todo su gozo a las sensaciones efímeras, hemos perdido la emoción del idioma, que es flor de la cultura, hasta que, como índices de nuestro aturdimiento colectivo, hemos visto en salones que se dicen tradicionales, entrar juntos, como dos hermanos ebrios, el tango, ese arte de los lenocinios, y el lunfardo, esa literatura de las cárceles. Contra esto y contra aquello necesitamos reaccionar, si no queremos vernos arrastrados a la decadencia o aplastados por el cataclismo."

Concluye Rojas: "La guerra fue una catástrofe financiera y una crisis sangrienta: al día siguiente del armisticio, los beligerantes se vieron en la desesperación y la pobreza: la izquierda obrera buscó una salida por medio de la dictadura comunista y esto engendró la reacción de las dictaduras burguesas, sacrificando entre ambas al parlamento y al liberalismo. Todo ello, en sus causas económicas, en sus instituciones militares y en sus repercusiones ideológicas, obedece a un proceso geográfico, racial y político, que data de siglos y que es ajeno a nuestra propia evolución americana. Nuestra Argentina, aunque nacida de la expansión colonial europea, no ha soportado en su territorio la última carnicería con sus consecuencias morales; su economía ha mejorado durante años que para otros pueblos fueron funestos; su estado no pertenece a ningún sistema de alianzas ni de equilibrios continentales; su democracia pacífica debe al liberalismo su origen y al parlamento la totalidad de sus instituciones civiles; y nada nos impide, por nuestros propios caminos, *promover el bienestar general*, que es uno de los propósitos enunciados en el preámbulo de nuestra Constitución. Ante esa evidente disparidad, que es la diferencia entre Europa y América, la discreción aconseja estudiar los males de Europa, aislándolos filosóficamente por profilaxis mental para no contagiarnos, y disciplinar la introspección de nuestra propia conciencia colectiva, para despertar las posibilidades aún casi vírgenes del espíritu americano. Puestos en esa actitud, las ideas se clarifican. Lo que Spengler ha llamado *la decadencia de Occidente*, se nos aparece apenas como una crisis local de Europa, análoga a otras que Europa ha superado en más de veinte siglos de civilización; y acaso a esas antiguas sociedades sacudidas por el cataclismo de una guerra aleccionadora, les interesa que estas nuevas sociedades en gestación, ensayen, autonómicamente, otros tipos de cultura y otros métodos de justicia.

"Jóvenes del Colegio Nacional de Buenos Aires: la Universidad y la patria esperan vuestras hazañas. Al venir a hablaros hoy en vuestra casa histórica, he creído que era de mi deber, ante vuestras familias y vuestros maestros, hablaros de las posibilidades y de los riesgos que os aguardan, no para ensombrecer la fiesta con fatales presagios, sino al contrario para señalar a la voluntad juvenil, tendida hacia el futuro como una aguda flecha, el dilatado ámbito de vuestra esperanza." [Ricardo Rojas, *Deberes de la juventud*, Buenos Aires, Imprenta de la Universidad, 1926. Incluido en: *Universidad de Buenos Aires. Actos públicos 1926-1930. Discursos del Rector don Ricardo Rojas*, Imprenta de la Universidad, 1930].

Un texto que da cuenta del impacto reformista: Federación Universitaria de Buenos Aires, Publicaciones del Círculo Médico Argentino y Centro de Estudiantes de Medicina, *La Reforma Universitaria*. Lleva como subtítulo: *Juicio de hombres de la nueva generación acerca de su significado y alcances (1918-1926) con una noticia explicativa de los propósitos y formas de esta publicación* (por Gabriel del Mazo). Buenos Aires, Imprenta Ferrari, 1926. Tomo I, sobre "no menos de cinco volúmenes" anunciados.

Tras referirse a "la conquista de la Universidad por los estudiantes" –Córdoba (1918), Buenos Aires (1918), Santa Fe (1919), La Plata (1919-1920), Tucumán (1921), extendida a

Lima (1920), Cuzco (1920), Santiago de Chile (1920), México (1921)-, señala del Mazo: "Es así que si bien esta vasta y fecunda actividad continental de los jóvenes desenvuelve sus primeras manifestaciones en la Universidad, lejos de quedar circunscripta a ella, ha operado y opera como agente causal de otros movimientos no menos significativos, que traducen también necesidades sociales. Ya fue dicho en un manifiesto liminar que desde el punto de vista nacional la obra de la nueva generación está destinada a resolver el estado de crisis porque atraviesa nuestra organización económica, política e intelectual, para el afianzamiento de la libertad y de la justicia en todos sus órdenes. Del mismo modo, en lo internacional, puede afirmarse que el vínculo cada vez más estrecho que se ha establecido entre los hombres de una misma generación en un mismo Continente, movidos y hermanados en los afanes de una misma lucha en la alborada de un mundo nuevo, ha creado, por convergencia de energías afines, una fuerza coherente y dispuesta. Múltiples actividades de la juventud conducen hoy a creer que toda esta empresa de renovación es a su vez precursora de otra gran cruzada, que ya se inicia: por la unión de los pueblos para la liberación económica de nuestra América; por su autonomía espiritual; por la nuevas formas de su derecho público."

Otro promotor del reformismo, Florentino V. Sanguinetti, en "Por la divulgación de la Reforma Universitaria Argentina", conferencia pronunciada en Montevideo, el 21 de agosto de 1926, señala: "Pero la guerra, que fue el gesto póstumo del Estado burgués, ha demostrado la ineficacia de los correctivos cuando se dan layas a los problemas, sin resolverlos, y la conciencia pública pide una superación del actual régimen, exigiendo cambios definitivos en la estructura del Estado. Tal vez los argentinos encontrarán satisfecha esta superación, tomando como modelo la constitución transaccional votada en Weimar, que ha fijado un sistema político, económico, ético y cultural a la vez y cuyos puntos centrales son: la limitación de la propiedad privada particular, considerándola como derecho, y también como deber obligatorio en beneficio de los demás y de las garantías concedidas al derecho sindical, creando organismos técnicos de carácter económico para colaborar al lado del Reichtag, el antiguo colegiado del linaje político."

Rafael Bielsa publica *La autonomía de las universidades y otras cuestiones de política y docencia universitarias*, con el sello Lajouane.

En la revista reformista titulada *1918*, Carlos Sánchez Viamonte publica "La oligarquía en la Universidad Nacional de La Plata"; y Manuel A. Seoane, "Las universidades en Perú y Bolivia" (Núm. 2, septiembre). Y en el número 3, noviembre-diciembre, se incluye por Julio R. Barcos, "Organización social de la cultura".

En *Revista de Filosofía*, se publica la nota de José Carlos Mariátegui, "La revolución y la inteligencia" (Núm. 4, julio), en la cual, el gran peruano señala: "La revolución más que una idea es un sentimiento. Más que un concepto, es una pasión. Para comprenderla se necesita una espontánea actitud espiritual, una especial capacidad psicológica. El intelectual, como cualquier idiota, está sujeto a la influencia de su ambiente, de su educación y de su interés. Su inteligencia no funciona libremente. Tiene una natural inclinación a adaptarse a las ideas más cómodas, no a las ideas más justas. El reaccionarismo de un intelectual, en una palabra, nace de los mismos móviles y raíces que el reaccionarismo de un tendero. El lenguaje es diferente; pero el mecanismo de la actitud es idéntico."

En el número siguiente de la *Revista de Filosofía* (Núm. 5, septiembre), Carlos Sánchez Viamonte, en "Maquiavelo y Mussolini", critica la tesis presentada por Benito Mussolini para optar al título de doctor *honoris causa* ofrecido por la Universidad de Bolonia, publicada en la *Revista de la Facultad de Derecho y Ciencias Sociales* bajo el título "Preludio a Maquiavelo", traducido por Mariano de Vedia y Mitre [Publicado también en *Revista Jurídica y de Ciencias Sociales*, Año XLIII, julio-octubre; y en *Sagitario*, Núm. 7, octubre-noviembre].

En 1926, el Instituto de Literatura Argentina de la Facultad de Filosofía y Letras de la Universidad de Buenos Aires, bajo la dirección de Ricardo Rojas, publica *Orígenes del teatro nacional. Sección de documentos. Primera serie. Tomo II: Textos dramáticos en verso*, Imprenta de la Universidad, 1926, que incluye:

I. *Molina. Tragedia en cinco actos*, por Manuel Belgrano (sobrino del creador de la bandera). Noticia de Ricardo Rojas.

II. *El poeta. Drama en cinco actos y en verso*, por José Mármol. Noticia de A. Giménez Pastor.

III. *El cruzado. Drama en cinco actos y en verso*, por José Mármol. Noticia de Narciso Binayán.

IV. *Don Tadeo. Comedia*, por Claudio Cuenca. Noticia de Narciso Binayán.
V. *Muza. Drama*, por Claudio Cuenca. Noticia por B. V. Pessolano. [Nélida Salvador, *Ensayo de bibliografía de Ricardo Rojas*, Separata de la *Revista de la Universidad de Buenos Aires*, V época, Año III, Núm. 3, Universidad de Buenos Aires, Departamento Editorial, 1957].

En este orden de ideas, cumple evocar la conferencia de Carlos Molina Massey, pronunciada en la Facultad de Filosofía y Letras, el 6 de octubre de 1926, titulada: "Nueva religión de Estado y nuevo idioma para Indo-América" [*La Razón*, 7 de octubre de 1926].

Las mejores son las de los generales

El año 1926 tuvo cambiantes alternativas para Leopoldo Lugones. M. Gleizer le publica su primera y única novela: *El ángel de la sombra*. Consta de cien capítulos, sin título, con numeración romana.

En el capítulo XLV se lee: "Luisa aprovecha con ingenio la situación creada por su mal. Desde el primer momento exigió una reserva absoluta, hasta de Adelita con Toto, pues contaba segura su mejoría. El episodio pasó así como un fuerte resfriado, y la pronta reaparición de la joven, más animada todavía por la proximidad del esperado regreso, bastó para comprobarlo.

"Prohibida la costura, tomó a su exclusivo cargo las compras del taller, en las que distraía sus tardes con Adelita o con doña Irene; o sola algunas veces que iba discretamente multiplicando. Y suspendida asimismo la lectura, ideó para compensarse la continuación de las lecciones que la ausencia de Suárez Vallejo suspendiera, al limitado objeto de conversar en francés...

"Cada día iba siéndole más llevadero el martirio que la postró, al doble poder de su tortura y del esfuerzo para ocultarla. Una especie de orgullo doloroso enaltecía su amor. Había sido digna de él sin un desfallecimiento, sin una duda.

"Ante la proximidad de la dicha, y para que la hallase más linda también como él lo quiso, ya no lloraba. Pues noche a noche, en la soledad, ante las estrellas amigas de su infancia, que volvían a asomar por la reja, había renovado al ausente el llorado juramento de amor que llamaba ella misma la oración de las lágrimas. ¿No era otro argumento de poema, como aquel tesoro escondido del poético adiós?...

"Y alguna vez, con ironía melancólica, sorprendióse todavía llorando. Pero éstas eran ya las tiernas lágrimas que es dulce derramar en la sombra dichosa del alma y de la noche, cuando bajo la plenitud estelar, en copa de fragancia cuaja el misterio del rocío."

Sin firma, se publica en *La Nación* del domingo 27 de junio, este comentario: "Con un gran valor intelectual, el autor se atreve con un gran prejuicio, y con frase que no excede nunca los límites de la corrección, plantea y resuelve impávidamente un grave problema de la nueva sociedad.

"Acaso el lector premuroso no se dé cuenta del significado íntimo de esas intervenciones, pero sabrá apreciar con deleite las cualidades de estilo, que hacen de Lugones un autor de fuerza excepcional, riquísimo en expedientes de estilo y extraordinariamente fecundo en la escogencia de símiles nuevos y efectos de contraste. En ocasiones, las rápidas descripciones del paisaje o el somero diseño de un rostro o de una vestidura recuerdan los primeros hallazgos de su vena poética, tan rica en colores, tan natural y espontánea, y a un mismo tiempo tan personal y tan nueva.

"No es raro que su estilo desconcierte todavía a los mandarines de las letras y que algunos fieles de los nuevos cenáculos formulen sensaciones de extrañeza tratando de analizarlo. Lugones, que ha cambiado de sentir en puntos fundamentales de filosofía política y de ética social, conserva su estilo de siempre, en que la fuerza y el color son las cualidades dominantes. No es el estilo español en el sentido que solemos darles a estas dos palabras juntas. La lengua es española sin duda y muy bella, pero el estilo procede de otros modelos y de su vigoroso temperamento de escritor. Al comparar el estilo de Lugones con el de los viejos clásicos españoles, o el de algunos escritores modernos, acude inevitablemente la imagen del cambio de tonos. La diferencia que media entre uno y otro es la misma que existiría entre una bella composición musical del tiempo antiguo puesta en otro tono por un compositor moderno."

En aquel año, Gleizer publica nuevas ediciones de *Paisajes* y del *Lunario,* y BABEL (Glusberg), de *Crepúsculos.*

Lugones era un asiduo colaborador de *La Nación.* Puede comprobarse, a modo de ejemplo, con las siguientes notas: "De la libertad" (2 de enero); "Del Parlamento" (11 de enero); "De la fuerza" (11 de julio); "De la servidumbre" (22 de agosto); "De la fatalidad" (24 de octubre); "El ocaso colectivista" (12 de diciembre).

En "De la antiestética" (26 de diciembre), afirma Lugones: "La antiestética rebelde es tan perniciosa como la estética conservadora. Pues lo malo de uno y otro caso es la subordinación de la belleza al procedimiento. Hacer lo bello sistemático equivale a hacer lo feo por sistema."

El 7 de junio, el Poder Ejecutivo firmó dos decretos aprobando los veredictos dictados por los jurados respectivos para otorgar los premios de Letras y Ciencias. Por el primero de ellos, se le otorgaba el primer premio, de $ 30.000, a Leopoldo Lugones, por su obra *Estudios helénicos*; se declaró desierto el segundo y se le concede el tercer premio, de $ 10.000, a Pedro Miguel Obligado, autor de *El hilo de oro.* [*La Nación*, 8 de junio de 1926].

Última Hora (8 de junio de 1926) publica una caricatura del escritor con este epígrafe: "Por decreto de ayer se ordena pagar al Sr. Leopoldo Lugones los 30.000 pesos del premio que todos los años se le asigna como autor del mejor libro. El de este año se llamará *Las Helenas,* o cosa así."

A los pocos días, comienza en Lima la vista pública del proceso al poeta José Santos Chocano, apologista del dictador Leguía, por el homicidio del intelectual de vanguardia Edwin Elmore.

Al respecto, Luis Alberto Sánchez enseña que a Chocano, en 1922, la Municipalidad de Lima lo había nombrado "Poeta

Nacional", distinción que seguramente habrá que vincular con su relación con el presidente Leguía. Aquel año fue el del lanzamiento de su libro *Idearium tropical. Las dictaduras organizadoras* (Lima, Imprenta La Opinión Nacional, 1922). En 1924, con motivo del centenario de Ayacucho, se contó entre quienes apoyaron a Lugones tras su célebre discurso conocido como "La hora de la espada". José Vasconcelos se contaría entre los calificados intelectuales del continente que arremeten contra ambos: firma en Constantinopla una nota contra Lugones y Chocano, titulada "Poetas y bufones". Ese texto se ubica en el enfrentamiento de los controvertidos poetas con el ambiente universitario y da pie a otros numerosos manifiestos, entre cuyos autores se contaron José Carlos Mariátegui, John A. Mackay, Manuel Beltroy, Eloy Espinosa, Luis Alberto Sánchez. Uno de los firmantes fue el joven ensayista Edwin Elmore Letts, a quien Chocano mata de un balazo en la sede del diario *El Comercio* de Lima (octubre de 1925). Chocano fue detenido en el Hospital Militar, por especial concesión del presidente Leguía, y recibió condena a dos años, de la que fue amnistiado por el Congreso. Durante su proceso publicó el periódico *La Hoguera* en el que atacaba virulentamente a los firmantes del manifiesto, incluyendo a su víctima y al padre de su víctima, fallecido tiempo atrás. Ni el gobierno ni la justicia hicieron nada para impedir que un procesado se dedicara a injuriar a su víctima. [Luis Alberto Sánchez, *La literatura peruana. Derrotero para una historia espiritual del Perú. Tomo VI. Naturalistas, ideólogos y modernistas*, Asunción del Paraguay, Guarania, 1951].

La Comisión Nacional Provisoria pro Monumento al teniente general D. Julio A. Roca, presidida por el coronel Teófilo T. Fernández, publicó el folleto *La personalidad del general Roca. Conferencia dada en el Prince George's Hall, el 31 de mayo de 1926, por los señores general de brigada don Alonso Baldrich y capitán de guardias nacionales don Leopoldo Lugones* (Impreso en Kraf, 1926).

Dijo en aquella oportunidad Lugones: "Cuando Roca terminó su segundo gobierno, algunos de sus partidarios afirmamos que había concluido la última de las grandes presidencias. Queríamos decir aquellas que realizaron la construcción orgánica de la nacionalidad. Ello, sin mengua de nadie, porque las presidencias de la República son de dos clases: las históricas y las cronológicas. Estas últimas se reducen a dos fechas: un 12 de octubre... y otro 12 de octubre. Y esto parece ser lo mejor que puede darnos la democracia. No hay, entonces, por qué exigirle más; pero el hecho reviste importancia considerable.

"Aquellas grandes presidencias no fueron perfectamente democráticas. Más que la soberanía del pueblo, representaron la soberanía de la nación; y nadie duda ya que lo hicieron a maravilla. Es que ello constituye a su vez un hecho importante que en este momento define la orientación histórica de los pueblos de nuestra raza: lo esencial no es la democracia, sino la nación. El pueblo, como persona política, es una de las entidades de la nación; pero no está sobre ella, sino dentro de ella, y al solo objeto de constituirle gobierno para el triple servicio de esta institución: conservar el orden, garantir la seguridad exterior y promover el bienestar general. Triple servicio que se debe a todos los habitantes de la nación, sean o no pueblo político. El gobierno se define, pues, no por su origen, sino por su objeto. Y de esta suerte, el mejor gobierno es el que mejor sirve al país, no el que fue el mejor electo. Si las elecciones correctas producen gobiernos perjudiciales o inútiles –y todos los presentes saben que no es una mera suposición– sacamos en consecuencia que dicho sistema de formar gobierno es malo."

Añade Lugones: "En las cinco primeras de aquellas grandes presidencias, cuatro corresponden a otros tantos generales. Sarmiento inclusive; más que por su competencia militar, por su decisión orgullosa de completarse como hombre de mando. De las tres que siguen, las dos civiles se malograron en conflictos sangrientos. En las ocho, pues, y en todas hasta el presente, las mejores son las de los generales. La primera construcción de Roca es precisamente una obra militar. La Conquista del Desierto fue la integración territorial del país, dividido por entonces, por deprimente y peligrosa capitulación, con el imperio de las tribus salvajes."

Concluye: "¡La estatua de Roca! Qué cosa más hecha sobre el pedestal del medio país reintegrado por su espada, y en el bronce de aquel cañón de la patria con que asentó el subteniente de Cepeda sus primeros martillazos de constructor.

"Así, en la persona de ese contemporáneo, se verá que la cepa de Mayo retoña siempre vivaz. Padres de la Patria y Constructores de la Nación, todos proceden de igual linaje. A él pertenecerá igualmente el que esperamos. El que nos dé la patria limpia y hermosa del orden y de la fuerza. El extirpador de demagogos. Y conforme la exigencia de esta hora histórica, el nuevo jefe, *el otro general.*"

En "El discurso de Ayacucho", resonante proclama lanzada como cierre de las celebraciones realizadas en Perú con motivo del centenario de aquella gran batalla por la independencia de América del Sur, Lugones se refirió al general Agustín Pedro Justo, a la sazón Ministro de Guerra, allí presente, como "la más competente, limpia y joven espada del comando argentino", agregando: "Por supuesto que sin mengua de ninguna", muy probablemente para no herir susceptibilidades, en particular, la del general José Félix Uriburu. [Dicho discurso fue incluido en el libro *La Patria fuerte*, publicado por la Biblioteca del Oficial, del Círculo Militar, en el crítico año 1930; y en segunda edición, por Samuel Glusberg, en su Biblioteca Argentina de Buenas Ediciones Literarias, BABEL].

En el folleto *El único candidato*, dado a publicidad por Lugones en 1931 para apoyar la candidatura presidencial del general Justo, dijo: "Es la única que resulta viable, al reunir exclusivamente también, las condiciones imprescriptibles de la posibilidad: ser el general Justo un jefe de la Revolución, y el de más categoría en ella para sustituir al Presidente provisional, a la vez que el hombre de confianza del Ejército. [...] Las armas de la Nación nos salvarán o perderán, según hacia quiénes se inclinen. La moderna fuerza militar entra a ser uno de los poderes gobernantes del Estado, porque al reunir en sus filas la flor de la juventud nacional, constituye una representación permanente del pueblo. [...] La Revolución triunfante el 6 de septiembre representa a la Nación entera, no sólo al pueblo que vota. Y por esto es más soberana que él. [...] La fórmula *Justo o ninguno*, es una suprema imposición del patriotismo."

Por supuesto que las razones que llevaron a Lugones al suicidio fueron íntimas. Pero tal vez convenga recordar la fecha: 19 de febrero de 1938, es decir, el último día de la presidencia de Justo.

En *La Razón*, del 3 de agosto de 1926, bajo el título "La literatura argentina y los editores españoles", se incluye una carta de Rafael Prieto rectificando una anterior declaración suya sobre la no existencia de libros de Lugones en las librerías de Madrid (afirmación refutada contra Urgoity, representante de una famosa editorial: *en una los hay, así como de otros seis o siete autores*): "Frente a esa tienda única que ese señor cita, yo podría indicarle centenares de librerías de España en las cuales jamás ha habido un libro del señor Lugones, ni de ningún otro argentino ilustre. No es la solución de esta cuestión de que el libro argentino se exponga en España *en una tienda determinada*, como un artículo raro, aunque esa tienda sea más o menos conocida, por su propaganda en diarios o revistas. [...] Es necesario que esos libros adquieran la misma popularidad que los españoles y que se encuentren fácilmente en cualquier librería, en toda España y América."

En agosto, Leopoldo Lugones, Gustavo Martínez Zuviría y Coriolano Alberini, son los nuevos miembros de la Academia de Filosofía y Letras. [*La Razón*, 11 de agosto de 1926].

Horacio Quiroga se ocupa en "Los crepúsculos del jardín" [*Nosotros*, Núm. 207, agosto de 1926] del libro de Lugones, que asocia a recuerdos de su juventud, ligados a poemas incluidos en *La montaña del oro* y *Los crepúsculos del jardín*.

El mensuario del editor Glusberg, *BABEL*, Núm. 19, de septiembre de 1926, dedica varias colaboraciones que se ocupan de exaltar la obra de Lugones: Baldomero Sanín Cano, en "Un libro siempre nuevo", destaca a *Los crepúsculos del jardín* como "obra siempre hermosa y duradera".

Alberto Gerchunoff, en "Leopoldo Lugones", afirma: "Como artista, Lugones ha ido simplificándose hasta llegar a su fuerza expresiva actual. Como pensador, su obra revela una línea constantemente mantenida, una línea interna que indica en la totalidad de la obra realizada, idéntica orientación hacia la belleza y el bien. Lugones repite el espectáculo grandioso de Sarmiento: es un trabajador de la justicia y de la libertad y lo hace con sencillez admirable, con la humildad alegre del buen obrero que cumple una tarea normal."

Jorge Luis Borges había iniciado el año con una nueva arremetida contra el autor del *Lunario sentimental*, en "Leopoldo Lugones, Romancero" (publicado en *Inicial*, Núm. 9, enero de 1926): "La tribu de Rubén está vivita y coleando como luna nueva en pileta y este *Romancero* (editado por BABEL) es la prueba de ello. Prueba irreparable y penosa". Pero Carlos Mastronardi, en *Memorias de un provinciano*, devela el encuentro real de Borges con Lugones: "En esa agradable visita se habló de la inventiva poética de nuestro pueblo. Lugones y Borges mentaron algunos casos felices, algunos octosílabos pintorescos". Tal acontecimiento invita a evocar el memorable texto inicial de *El Hacedor*.

Una inmensa alegría intelectual

"Don Federico García Sanchís, que visita nuestro país desde hace algún tiempo, ha comenzado a publicar sus impresiones en el diario *Informaciones* de Madrid. Las inicia con el relato de las visitas que hizo 'en un mismo día' a Enrique Larreta y Lugones, 'ambos gloriosos en España'". Así comienza la nota "Enrique Larreta y Leopoldo Lugones, juzgados en España", publicada en *La Razón*, del 19 de agosto de 1926.

Larreta, escribe García Sanchís, "habíame invitado a almorzar, enviándome su coche, pues vive en Belgrano, colonia de las afueras. Su palacio es un museo de antigüedades españolas, con vastas estancias a media luz, perfumadas de incienso, o tapizadas de damasco antiguo y siempre enriquecidas con muebles castellanos y seculares."

Continúa el intelectual español: "Hace algún tiempo se nos desdeñaba en la Argentina.

"Francia educaba a los intelectuales y a los señoritos porteños; Inglaterra y Estados Unidos fomentaban la ganadería y la agricultura en el Plata, y hasta en los planos inferiores del trabajo éramos atropellados por la emigración italiana.

"En tal momento surge Enrique Larreta, todo un prócer, y no con arengas circunstanciales, sino con su acción personal va demostrando la jerarquía del hispanismo, el valor de su arte y de su moral, el señorío macizo de sus costumbres. La moda iniciada por el solitario precursor triunfa con el éxito de *La gloria de don Ramiro*. A partir de ahí, los arquitectos dejan de reproducir el estilo de la avenida de los Bosques de Bolonia; los mueblistas descansan de *pastichear* el inevitable Luis XV; preséntanse en la península viajeros transatlánticos no *indianos*; los diarios porteños solicitan colaboraciones madrileñas; en una palabra, se forma el ambiente españolizante."

García Sanchís estima que el espaldarazo de Darío, y la instauración del Día de la Raza, contribuyeron decisivamente para cambiar la actitud de los países hispánicos hacia la antigua metrópoli: "Estábamos arruinados –continúa García Sanchís– y de pronto la fortuna se nos entra por las puertas... Don Enrique Larreta, promotor y artífice de lo conseguido, descansa en sus laureles, a cuya sombra laboran sus continuadores, y entre ellos Martín Noel."

Respecto a Lugones, dice el autor español: "Pudo haber nacido en Inglaterra y sería otro Rudyard Kipling, sacerdote máximo del imperialismo. [...] parla a golpes de hacha, con una seguridad, un propósito y un brillo comparables a los del acero contra el tronco en el bosque". [Lugones] "quiere hablar en España, para toda América, porque le obsesiona la idea del gran imperio de habla castellana."

En 1926, Larreta publica *Zogoibi*, por Juan Roldán Editores.

Al respecto, Carlos Ernesto Mangudo da a publicidad en *Caras y Caretas* (Núm. 1.459, 18 de septiembre de 1926) una interesante nota: "Don Enrique Larreta, autor de *Zogoibi* hace interesantes declaraciones acerca de su novela": "Don Enrique Larreta se levanta para enseñarnos los originales. Las primeras cuartillas, en papeles de diferentes tamaños y colores, aparecen llenas con una letra firme y pareja. Luego, según se nos explica, su contenido es vertido en unos grandes libros encuadernados en cuero. De allí surge la copia a máquina para enviar a la imprenta, y por fin las galeradas. En estas cuatro etapas, la mano del escritor más castizo del país continúa haciendo correcciones. Algunas páginas son laberínticas: tachaduras, reemplazo de palabras, frases reforzadas, verbos cambiados de lugar, pensamientos enteros dados vuelta, páginas y más páginas cruzadas por líneas nerviosas en cruz. En fin: un verdadero y arduo proceso destilatorio."

Declara el escritor: "Para escribir mi última novela he debido salirme de mí mismo. Yo nunca he sido *muchacho de estancia*, como mi personaje central: no he sufrido las crisis, ni he tenido los problemas que se le aparecen y crean a éste. [...] Responde a mis ideas sobre lo que debe ser la novela para nosotros. Es un libro surgido de una inquietud muy nuestra. No se me reprochará esta vez, me parece, el no haber hecho obra argentina. He pensado, al escribirla, en nuestra juventud, en la que trabaja. [...] Hay en nuestra tierra virtudes nativas que yo considero admirables y que están ahora muy amenazadas por bastardas influencias foráneas y espejismos malsanos. He tratado, pues, de hacer un libro útil."

Atlántida (Núm. 441, 23 de septiembre de 1926) publica un retrato de Enrique Larreta, con este epígrafe: "No soy yo quién para hablar de mí mismo, pero ha ocurrido algo que me llena de una íntima satisfacción: el rápido agotamiento de la primera tirada de *Zogoibi*, pues el hecho evidencia cómo en nuestro país se ha desarrollado la afición a la lectura. Confieso que mi primera idea fue la de imprimir *Zogoibi* en España, pues, por razones editoriales, lanzar allí un libro es abrirle todas las fronteras del mundo. Alguien, sin embargo, excitó mi sentimiento criollo. Un libro de ambiente tan argentino debía ver aquí la luz. Y así lo resolví, hallando en la sorpresa de la circulación el mejor de los premios. Ya está en máquina la segunda edición. *Zogoibi* ha interesado al alma popular, y es que aquí no sólo domina la irresistible pasión de los deportes. Se vive también para otros ideales. Hay una fuerza audaz de juventud, tan inquieta, muchas veces, que hace ir en busca del desenlace de un libro antes de terminar su lectura; hay una inmensa alegría intelectual que, día a día, se define y promete alcanzar el más vivo esplendor."

La crítica Nella Pasini, también desde las páginas de *Atlántida* (Núm. 443, 7 de octubre de 1926) elogia sin reservas al libro y su autor: "Un presente de gran señor"; "El escritor aristocrático por excelencia".

Por el contrario, el crítico Carlos Pirán, en su sección "Hojeando los últimos libros", en *Mundo Argentino* (Núm. 821, 13 de octubre de 1926), escribe sobre *Zogoibi*, de Larreta: "Las librerías lo vieron desaparecer en pocas horas: un triunfo ruidoso, increíble, reconfortante. Los que ya habían leído *La gloria de don Ramiro* querían comparar; los que no la habían leído, querían conocer. Reportajes, retratos, alabanzas. Entre el estrépito de semejante triunfo, ¿qué nos queda por decir a los críticos modestos? Si llegamos a disentir con la opinión consagrada, ¿qué autoridad podría tener nuestra palabra? La verdad, sin embargo, se encuentra en los humildes, y allá va esa verdad pronunciada en voz muy baja, como en tertulia de amigos, cuando ha sonado para alguien la hora de las confidencias. Digámoslo lealmente: la lectura de *Zogoibi* es un trabajo forzado. [...] Pero inútil; el señor Larreta nos martiriza en todo instante. Cada palabra es un acertijo, cada giro una charada. La pampa, por ejemplo, nuestra buena y simple pampa, es para el señor Larreta *escueta y espiritada, sin ringorrangos ni arrequives*... Y como esto a montones. El argumento, por otro lado, es ingenuo, romántico y cursi. [...] *Zogoibi* es, pues, en resumen, un mal libro. [...] El público seguirá leyendo *La gloria de don Ramiro* porque, sin duda alguna, lo merece. Y olvidará a *Zogoibi*, porque también lo merece. Pero es de temer que la última novela del señor Larreta deje en el público lector un resentimiento perdurable, uno de esos resentimientos del buen pueblo, tan justificados aun en el error. Porque si el público olvida muy pronto los malos libros, algo hay, sin embargo, que no perdona jamás. Ese algo se llama la pedantería."

La Razón (30 de octubre de 1926) da cuenta de una nota publicada en el *ABC* de Madrid sobre *Zogoibi*: "El tesoro de las letras hispanoamericanas se ha enriquecido con una auténtica joya"; "Un libro que es un nuevo blasón del cerebro de este prócer del arte".

También *La Razón* (3 de diciembre de 1926) publica una nota de E. Gómez de Baquero, desde Madrid, especial para el diario, titulada "De *Don Ramiro* a *Zogoibi*", que concluye la comparación diciendo que "acaso un paralelo entre ambas novelas, tan diferentes en escenario y en procedimiento, dejase dudosa la palma".

Roberto F. Giusti, sin duda uno de los más influyentes críticos de la época, sostiene en "Dos novelas del campo argentino", publicada en *Nosotros* (Núm. 208, septiembre de 1926) [reproducido en *Crítica y polémica. Tercera serie*, Buenos Aires, Cooperativa Editorial Buenos Aires / Agencia General de Librería y Publicaciones, 1927], a propósito de *Don Segundo Sombra* y *Zogoibi*: "Larreta y Güiraldes acaban de incorporar a nuestras letras dos novelas de excepción, que acaso hagan recordar este año de 1926 en la breve historia de la literatura narrativa argentina. De técnica y estilo distintos, expresamente rústica y tosca *Don Segundo Sombra*, aristocrática *Zogoibi*, tienen esta preciosa cualidad común: las cosas en ambas son signos de una realidad profunda, trascendente, el misterio de la pampa ilimitada, melancólica, trágica."

Dura crítica la de Luis Emilio Soto, en el folleto *Zogoibi. Novela humorística*, publicado por La campana de palo en 1927.

Su vista ya estaba muy deteriorada

En noviembre de 1924, una encuesta promovida desde las páginas de *Martín Fierro* tuvo como finalidad evaluar la personalidad, la obra literaria y los estudios históricos de Paul Groussac, quien ese año publicó su última obra, *Crítica literaria,* donde reunía ensayos y conferencias inéditos (editada por Jesús Menéndez), y tenía en preparación otro libro, en el cual arremetía contra Ricardo Rojas y su *Historia de la literatura argentina* [Juan Canter, *Contribución a la bibliografía de Paul Groussac,* Separata del *Boletín del Instituto de Investigaciones Históricas* de la Facultad de Filosofía y Letras de la Universidad de Buenos Aires, El Ateneo, 1930].

En 1925, Menéndez lanza una segunda edición de *Del Plata al Niágara,* al tiempo que Groussac (nacido en Toulouse, en febrero de 1848) viajaba a su Francia natal por última vez. Germán García [*Presencia de Paul Groussac en la cultura argentina,* Separata de la *Revista de la Universidad,* Núm. 95, Santa Fe, Imprenta de la Universidad Nacional del Litoral, 1983] subraya que se rehusó a tomar carta de ciudadanía argentina, ni aun para jubilarse, que tal era la exigencia legal de entonces. "Su vista ya estaba muy deteriorada, y había decidido hacerse tratar en París. Georges Clemenceau lo puso en contacto con un prestigioso médico de apellido Poulard y le practicaron una intervención que, aunque resultó exitosa en un primer momento, tuvo como efecto último para el anciano la pérdida total de la vista. Al percatarse de su total ceguera, Groussac le solicitó a su amigo Jorge Lavalle Cobo, cuya estadía en París coincidió con la operación reseñada, un arma para poner fin a su vida, y éste lo disuadió."

Estas dramáticas escenas parisienses terminaron, y en noviembre de 1925 acudió a un homenaje que se celebró en su honor en la Sorbona [Raymond Ronze, "Lettre de Paris. En l'honneur de Paul Groussac", en *Le Courrier de la Plata,* Buenos

Aires, 24 de diciembre de 1925]. Los discursos leídos en ese homenaje estuvieron a cargo de Georges Lacomte, miembro de la Academia Francesa, y de Alfonso Reyes, y fueron publicados en *Revue de l'Amérique latine*, tomo XI, París, enero de 1926: "Tengo para mí –sin que ahora pueda detenerme a demostrarlo– que [la obra de Groussac] hay que aceptarla o rechazarla toda en conjunto, como se acepta o se rechaza el trato de un hombre", sentenció Reyes. [Jorge Lavalle Cobo, "La ceguera de Groussac", en *Nosotros*, julio de 1929; Carlos Páez de la Torre (h), "Capítulo XXXI: La ceguera", *La cólera de la inteligencia. Una vida de Paul Groussac*, Buenos Aires, Emecé, 2005].

El domingo 19 de septiembre de 1926, una semana después del célebre espaldarazo de Lugones al *Don Segundo Sombra*, Ernesto Mario Barreda publica "Conversaciones del momento. Paul Groussac. Al caer la tarde", en *La Nación*, en la cual el Director de la Biblioteca Nacional sentencia: "Diría sin intención de crítica, que se le ha olvidado el smoking encima del chiripá". La respuesta de Güiraldes no se hizo esperar: "¿Es un defecto el saber llevar dos trajes? Para los que no saben llevar ninguno, es, por lo menos, motivo de irritación" (incluida en las *Obras completas*).

Vale recordar que Eduardo Mallea se ocupó (en *Adiós a Lugones*, Colección Problemas Americanos, 1942) de señalar: "El rigor apreciativo de Groussac y Lugones, tenido por los mediocres en olor de acerbo jugo, es el más alto servicio que hayan podido prestar a su medio, el cual no debe mejorarse, si ha de mejorar un día, por exuberantes complacencias patrias sino por el mantenimiento de una sobreviviente rectitud sobre las aguas de nuestra vida interinfluyente, enturbiadas por el peculado moral del mutuo favor."

Los catorce

Además de Leopoldo Lugones, Ricardo Rojas, Paul Groussac y Enrique Larreta, componían, según la jerga de la época, el selecto grupo de *los catorce*: Baldomero Fernández Moreno, Benito Lynch, Arturo Capdevila, Héctor Pedro Blomberg, Alfonsina Storni, Rafael Alberto Arrieta, Hugo Wast, Manuel Gálvez, Alberto Gerchunoff y Juan José de Soiza Reilly.

Baldomero Fernández Moreno publica *El hijo* (Buenos Aires Cooperativa Editorial Limitada, Agencia General de Librería y Publicaciones), dedicado a su primogénito, César, quien pasaría a referirse, en su propia obra literaria, a su padre como *El viejo*.

Enrique Méndez Calzada pronuncia una conferencia sobre "La obra poética de Fernández Moreno", en la Sociedad Hebraica, el 30 de mayo [*Nosotros*, Núm. 206, julio de 1926].

En 1926 se reeditaron tres libros fundamentales de Benito Lynch: *Los caranchos de la Florida* (publicado por Biblioteca de La Nación, en 1916; y reeditado por Editorial Patria, en 1920), *Raquela* (publicado por *La novela del día*, a partir del Núm. 7, en 1918; ese mismo año, con prólogo de Manuel Gálvez, se publicó en libro por Cooperativa Editorial Limitada), ambos por Ibérica; y *El inglés de los güesos* (Madrid, 1924), por Espasa-Calpe.

"Es un escritor admirable, un hombre de letras digno de parangonarse con los primeros del mundo; trabajador concienzudo, artista consumado y entusiasta. Si no fuera argentino, sería, seguramente, innecesario presentarlo a los lectores; pero por desgracia, generalmente se conoce poco y se valora menos lo de casa...", reza el epígrafe a un retrato de Benito Lynch, publicado en *Atlántida* (Núm. 437, 26 de agosto de 1926).

Roberto F. Giusti, en "Benito Lynch" (publicada en *Nosotros*, 1924; reproducida en *Crítica y polémica. Tercera serie*, Cooperativa Editorial Buenos Aires / Agencia General de Librería y Publicaciones, 1927), juzga *El inglés de los güesos* en estos términos: "He aquí, pues, una novela argentina –de cosas, de tipos argentinos– que responde a mi concepto de lo que ha de ser este arte, según lo expuse años atrás en un trabajo titulado *Por qué nuestra literatura no es conocida en el extranjero* (incluido en *Crítica y polémica. Segunda serie*). Lo regional y lo castizo convertido en materia genérica y universal, de trascendencia humana. Y también, y esto no lo dije entonces: los pies firmemente asentados en el suelo, la cabeza tocando las nubes."

Arturo Capdevila publica *El tiempo que se fue* (M. Gleizer, 1926), que mereció un sostenido elogio de Leopoldo Lugones en "El poeta y su poesía", publicado en *La Nación*, 30 de enero de 1927. Según Lugones, se trata de "la mejor de sus obras": "La verdadera poesía es, pues, casuística; o como dicen los retóricos de *la nueva sensibilidad*, anecdótica. Por otra parte, la anécdota o caso humano, es lo único que en materia de emoción interesa al hombre y se la despierta. La emoción impersonal es inconcebible. Por esto el *yo*, odioso en prosa, como se ha dicho muy bien, resulta indispensable en poesía. Los sendos objetos de ambas, o sea la noción y la emoción, explican una y otra cosa. Por lo demás, la misma emoción en la prosa, es novela o drama: composiciones anecdóticas, si las hay. Lo que hace el artista es manifestar su emoción de tal modo, que despierta en nosotros el prototipo correspondiente. Expresa por nosotros y se expresa en nosotros, sin que ello corresponda muchas veces a su situación personal; pues el don de la belleza hace de él un intérprete del alma humana."

Además, Arturo Capdevila publica en 1926 el ensayo *América. Nuestras naciones ante los Estados Unidos. El mensaje que dice: Tomad posesión de la vida y otros acentos de dignidad, de coraje, de salud y de fuerza. Para los horizontes de América, desde Buenos Aires, ciudad fuerte* (también por M. Gleizer, 1926).

La edición se publicó numerada, con esta leyenda: "Se considera fraudulento todo ejemplar que no lleve el número correspondiente a la rectificación de la tirada". Tenía como dedicatoria: "Al doctor Antonio Sagarna (a la sazón Ministro de Justicia e Instrucción Pública de la Nación) conmemorando una bien sellada amistad".

Decía el autor en la "Advertencia": "Tiempo hace que echo de menos un libro como este en nuestra América, tan necesitada de una enérgica propaganda de la personalidad y del deber en la confianza de un patriotismo dinámico, democrático y, por así decirlo, avanzado."

Se trataba de un viaje imaginario cumplido en seis jornadas. Escribe Capdevila en la sexta: "Sí. Hoy estamos satisfechos de nuestro coraje. Hoy nos sentimos listos para todos los casos. Hoy se ha apoderado nuestra esperanza de signos poderosos y ha descifrado jeroglíficos seculares, capaces de propiciar el destino total de estos pueblos. Sí. Estamos satisfechos por muchas razones. Hasta admitimos que entre estos pueblos de nuestra América y los Estados Unidos será pactada una digna amistad de iguales.

"Para nosotros y para todos, el mundo será bello y terrible en la debida proporción. Pero estamos seguros de que nuestra patria contemplará largamente las victorias de la grandeza y del deber cumplido. Ya se pobló de hombres prósperos, contentos de su destino, alegres de sus deberes, ufanos en la plenitud del poder personal. Estamos seguros ya de respirar por mucho tiempo un dulce aire nutricio de patria libre.

La historia sabrá bien quiénes somos. Es necesario que hablemos alguna vez, con toda la alegría de la fuerza generosa, un lenguaje exaltado, lleno de agradecimiento. De la historia y aún de la geografía me llegan signos tan elocuentes como claros. Las cosas para un argentino se tornan expresivas y alfabéticas. Igualmente penetrados de vigor deberán vivir todos los pueblos de América."

Finalmente, Capdevila, con el sello de M. Gleizer, publica en 1926 la comedia *La casa de los fantasmas*.

Héctor Pedro Blomberg da a la prensa *Los pájaros que lloran. Cuentos de gloria y de agonía*, con el sello Tor. El autor incluye al comienzo el poema "Francisco Solano López", en cuya parte final dice:

"Duermen, y el gran suspiro profundo de la selva
"agita sus vivientes mortajas de amambay:
"cada esqueleto sueña con que tu sombra vuelva
"en las lunas de sangre del triste Paraguay..."

El nuevo libro de Blomberg –hijo de Ercilia López, sobrina del Mariscal–, ambientado en el Paraguay –donde el escritor pasó parte de su infancia– durante la guerra de la Triple Alianza, mereció este comentario de Pirán: "Muy del gusto de sus lectores habituales, *Los pájaros que lloran* no nos parece sin embargo, señalar un ascenso en la abundante labor del señor Blomberg, y por el descuido de muchas construcciones parece a ratos que el señor Blomberg no hubiera corregido bien sus pruebas..." (*Mundo Argentino*, Núm. 824, 3 de noviembre de 1926). *La Razón* lo consideró "buen libro, hijo de un escritor honesto" (15 de noviembre de 1926).

Va a continuación un fragmento del relato "La mentira", que Blomberg publica en *Atlántida* (Núm.

444, 14 de octubre de 1926): "El corazón de Marta latía con fuerza cuando él, con acento melancólico y pupilas entristecidas, le habló de este modo, tomándole las manos, en la penumbra de un café solitario:

"–No sabes cómo te he extrañado, Marta... Preguntaba por ti siempre y esperaba siempre tu regreso. No podía olvidar los días de otro tiempo, los días en que tú trabajabas en la tienda y yo te acompañaba hasta Flores... Fueron las horas más dulces de mi vida...

"Continuaba hablándole así, envolviéndola en sus frases, jugando con el corazón de aquella mujer, que le escuchaba ansiosa y conmovida, bebiendo sus palabras...

"El idilio interrumpido durante tres años se reanudó. Poco después Terrada entregaba a la compañía de Marta Boloñese su drama *La encrucijada*.

"La obra triunfó. Era una pieza algo falsa, un poco incoherente, mediocre. No palpitaba en ella más que un grito solitario de pasión, y esa voz humana, vibrante, aislada en medio de un mar de frases huecas y trilladas, la dio Marta Bolognesi, la notable trágica."

Leyes cargadas de viejas telarañas

Alfonsina Storni publica *Poemas de amor* en 1926 con el sello de la editorial Nosotros: "Contiene 67 brevísimos poemas en prosa, escritos –según la autora– en pocos días, hace ya algún tiempo."

Además de su producción poética, Alfonsina colabora en *Mundo Argentino* con interesantes ensayos: "El derecho de engañar y el derecho de matar" (Núm. 797, 28 de abril de 1926); y "¿Deben casarse los enfermos?" (Núm. 805, 23 de junio de 1926).

Escribe Alfonsina Storni en "El derecho de engañar y el derecho de matar": "No es la primera vez que en nuestro país, y en otros, se produce el caso lamentable de que una mujer mate a un hombre por defender sus más caros derechos de mujer.

"Esta vez la fatalidad ha elegido a la joven Elvira d'Aurizio, quien, como se sabe, en el juzgado del doctor Mariano de Vedia y Mitre dio muerte al padre de un hijo natural suyo, por haberse aquél negado a dar su nombre a la criatura.

"Digamos antes de entrar en el tema de este artículo que, en verdad, en ningún caso hay derecho de matar.

[...]

"Fácil ha sido siempre advertir que el espíritu argentino tiende a proteger al individuo en desmedro de la sociedad que lo integra: todo, en nuestro país, delata al individualismo imprevisor y sensual atropellando la ley para beneficiar a un hombre, a una institución, a un interés creado cualquiera.

"En una sociedad de tal tendencia –que no delata en verdad una sociedad de primera agua– es natural que el débil carezca de protección, porque el débil (mujer, niño, miserable, enfermo) no es, como individuo de lucha, potencia alguna frente a otro individuo cebado de un poder activo y circulante.

"Este espíritu, hecho carne, trae aparejado cierto envilecimiento de la conciencia, cierto como derecho al abuso, cierta naturalidad para la comisión del delito no previsto por la ley o que, aunque previsto, no es castigado con el rigor necesario, o encuentra en los jueces –hombres empapados en el espíritu individualista del Estado– censores como apacibles o despreocupados.

"Porque es fácil imaginar cuál ha de ser la exasperación, la depresión moral, el encono venenoso de cualquier mujer a quien le sucediera lo que a esta muchacha, es decir, que sus propios jueces no hallaran en su hijo filiación parecida a la del hombre que ella señalaba como padre, exasperándola, acabáronle de armar el brazo con la sospecha de una comedia ignominiosa pesando aun sobre su ya lamentable estado moral de ser burlado, rebajado e implorante.

"Está ya probado que el sentimiento de la paternidad es, en el hombre, cosa ficticia y de costumbre: el hombre sólo ama a los hijos que tiene a su lado, que alimenta, acaricia y observa a diario; a veces también ama al hijo por amor a la madre: sentimiento, pues, más creado que natural, existe por excepción, instintivamente en el hombre, al revés de lo que ocurre con la mujer, quien por excepción carece de sentimiento de maternidad."

Concluye Alfonsina: "Acaso seguiremos encogiéndonos de hombros, y las mujeres hablando mal de las otras mujeres para hacer resaltar los propios méritos, y los hombres a la caza de un pobre diablo femenino, y las leyes cargadas de viejas telarañas durmiendo en sus arcaicos libracos.

"Siempre hay uno que paga el delito de todos; todos lo sabemos y todos lo aceptamos.

"¿Qué hacer? Somos tradicionalmente, lindos haraganes.

"Y así va el mundo..."

En "¿Deben casarse los enfermos?", señala Alfonsina Storni: "¿Conviene exigir a los contrayentes matrimoniales un certificado médico oficial de buena salud?

[...]

"Los matrimonios en nuestro medio ambiente son, por lo general, de tono lírico, a base de sentimientos más o menos profundos. La simpatía y la conveniencia o los principios eugénicos deciden la mayoría de las uniones.

"Característica también de nuestro medio es el poco interés concedido a los problemas fundamentales de la vida.

"Cierta superficialidad, cierta exterioridad rige nuestros actos. Nos vestimos, por ejemplo, atendiendo a la estética más que a la salud y la comodidad.

"La mayor parte de los artículos de consumo están adulterados, sin que el público se resuelva un día a exigir una fiscalización seria; viajamos en tranvías viscosos a fuerza de salivados; toleramos que en hotel, en el café, en la confitería, se nos sirva en vajilla mal lavada, pues la higiene no tiene allí contralor alguno; la desinfección de las casas, cada vez que se desocupan, cosa tan necesaria como el pan de cada día, y que tendría una solución sencilla con que la institución encargada de realizarla cobrara una pequeña suma al propietario, está aún por hacerse en una ciudad como la nuestra, donde la tuberculosis alcanza una cifra estadística alarmante.

"En medio de tanta calma, de este tolerar y dejarse ir, el certificado médico matrimonial sería una de las tantas fórmulas más, otro medio, acaso, de favorecer la coima, otra apariencia de buena organización social, sin que el espíritu románticosentimental de los contrayentes se atreviera a sacar provecho alguno de él, pues no conozco todavía el tipo medio de la novia nuestra que se resolviera a decirle a su prometido cuatro palabras precisas sobre el estado de su salud, y a exigirle comprobante de ella, y menos aún me forjo el tipo medio de novio con coraje suficiente para decirle al padre de su futura:

"–Quiero pruebas de la salud de su hija."

Lector habituado a manejar su instrumento

Rafael Alberto Arrieta publica en 1926 dos libros de ensayo: *Ariel corpóreo (Letras extranjeras)* (Buenos Aires Cooperativa Editorial Limitada, Agencia General de Librería y Publicaciones); y *El encantamiento de las sombras* (El Ateneo). Y otro de poesías: *Estío serrano* (BABEL).

El encantamiento... versa sobre el libro y la lectura. Bajo el título "El libro de lujo", escribe Arrieta: "La hija de un eminente político francés declara, en sus deliciosas memorias, que la biblioteca paterna está casi totalmente constituida por libros en rústica y de ediciones comunes, pero anotadas por el lector. El estudioso no los necesita, es verdad, en tiradas especiales ni lujosamente encuadernados. El carpintero no emplea serruchos criselefantinos ni el albañil llanas de plata. El libro es, también, una herramienta de trabajo.

"Empero, el estudioso puede no ser un bibliófilo, y aquel político no lo es, sin duda. El pastor que talla amorosamente su cayado, el beduino que cincela primorosamente su arma, tienen el culto de su instrumento habitual y lo exornan como a un ídolo. El bibliófilo adora al libro y lo desea espléndido. Las artes que contribuyen a enriquecerlo rinden un homenaje a su contenido."

Dice Arrieta en "Un sueño": "Soñé que me rodeaba una gran biblioteca de pocos volúmenes. Cada uno de ellos era la obra completa de los mejores escritores del mundo, y no contenía más de cien hojas. Cada uno de esos pequeños libros, magníficamente impresos y encuadernados, era el libro que casi todos los escritores desean escribir y mueren sin hacerlo. En cada página había una labor primorosa de lenguaje y de estilo; pocas palabras, todas definitivas, y una imagen, una sentencia, un pensamiento maravillosos; y el conjunto era tan rico, tan variado, tan grávido y deslumbrante, que obligaba al lector a permanecer largo tiempo inclinado sobre la página, absorto, como en éxtasis, y cerrar el libro, sin atreverse a desafiar en seguida la profundidad y la belleza de la página siguiente...

"Desperté con la mejilla pegada al cartón del volumen XLII de un joven escritor, que, según dicen, es toda una esperanza."

A modo de fragmentos, incluye Arrieta estas sentencias: "Simpatía fragmentaria": "Pocos libros me conquistan íntegramente. [...] En cambio, muchos libros conquistan mi simpatía por una sola página, por un solo verso, por una observación, por un epíteto".

"El libro devuelto": "Si al libro ajeno no puedo ofrecerle mi alma, como no doy mi amor a la cortesana, al libro propio, que vuelve a mí desde otras manos, tras una ausencia demasiado larga como para haber debilitado nuestro vínculo, tampoco puedo abrirle los abrazos".

"Releer": "Los hitos del recuerdo sólo nos sirven para medir la extensión del olvido. ¿Por qué subrayamos esta frase vulgar y vacua? Recorremos los capítulos del libro como los aposentos de una casa que habitaron gentes extrañas. Parece que nada de nuestra alma perdura en las estancias desiertas y sombrías".

"La ilusión del tiempo": "Llego a casa. Miro los anaqueles colmados de libros, que, a su hora, suscitaron en mí devoradora urgencia y que no he podido leer aún. Me tranquiliza el propósito de hacerlo alguna vez, a su debido turno. Hay, entre ellos, varias colecciones en idiomas que todavía no conozco, pero que me prometo estudiar cuanto antes. Tal vez el año próximo...".

El crítico Carlos Pirán, en su habitual columna de *Mundo Argentino* (Núm. 829, 8 de diciembre de 1926), considera a *Estío serrano* inferior a las obras poéticas anteriores publicadas por el autor: "El señor Arrieta no evidencia ahora esa flexibilidad que tanto le admirábamos *los muchachos de antes*".

Rafael Alberto Arrieta, con el título "El libro y la calle", especial para *La Prensa* (Segunda Sección, del domingo 11 de julio de 1926) dejó escrita una notable crónica: "Todavía no se ha organizado en la ciudad la venta callejera del libro. Hay mueblecitos que parecen pequeñas bibliotecas, a la puerta de los establecimientos bancarios, de las oficinas del Estado, de algunos comercios; pero sus estantes contienen cigarrillos. Hay ferias municipales donde hombres vestidos de cocineros expanden verduras, quesos, pescado, a lo largo de largas mesas blancas. Hay mercachifles vestidos de marineros que recorren los domicilios con grandes valijas, ofreciendo telas a precios de contrabando. Hay buhoneros de calzón corto que pasean jabones, peines y alfileres en litera. Ninguno de ellos vende libros. Nuestros *bouquinistes* se instalan en zaguanes y tabucos, y, cuando prosperan, en lujosos salones. Aún queda, pues, cierto renglón virgen para el comercio metropolitano, cierta novedad que es antiquísima para los muelles del Sena: el libro en la calle.

II.

"El libro en la calle... ¿Quién no ha visto a ese lector, miope que con la página en las narices o las narices en la página, va dando empellones y cruza la calzada temerariamente, sin levantar los ojos? ¿Y a ese otro que lee poemas en una calle desierta, a la luz de un farol, dulcemente reclinado contra el poste, palenque de pulmonías? ¿Y al parroquiano que ocupa un velador en la acera del café, con desesperación del dueño, hasta dar fin a su novela policial?

"Yo observo con particular interés a quienes pasan con libros, a mi lado. El empleado público que salió con uno de su casa para leerlo en la oficina, detrás de un monolito de expedientes, lo lleva en el bolsillo, estrujado, hinchado, desbordante, como un bulbo en su maceta. La señorita empleada lo lleva amorosamente oprimido contra algún encanto de su cuerpo, y a veces, de entre las hojas, a modo de señaladores, vemos pender, según la estación, un clavel, algunas violetas. El lector habituado a manejar su instrumento, suele llevarlo entre los dedos, dividiendo con el índice las páginas en que reanudará, dentro de poco, su lectura; y en esa despreocupada actitud, la persona y el libro armonizan una elegancia natural, sin afectación, como cuando se lleva una flor en la mano, sin pensar demasiado en ella.

"Sobre el hombro del mozo de cordel, los libros, seas cuales fueren, no se diferencian de los bultos. Y bajo el brazo de ese estudiante que se extasía en todos los escaparates y llegará a sus clases cuando terminen, los libros, a juzgar por la forma en que intentan escurrírsele, son servidores hambrientos que desean huir de patrón tan desamorado y olvidadizo.

III.

"Y el libro *para* la calle, el destinado a leerse a trompicones, a cabezazos, en astillas, con fluctuaciones de aguja loca en un cuadrante móvil... Porque, estoy muy desorientado, o me parece que he descubierto la razón de la sinrazón de una novísima especie o especie literaria que oscila entre la gárgara gramatical y el oráculo de títeres. Sí; ese ingenioso procedimiento ha sido ideado para las calles de las ciudades de dos o más millones de almas. Lo que parecería absurdo en las veladas del hogar, en la paz de una población provinciana, en la soledad de un jardín, encuentra su lógica en el fragor del tráfico urbano.

"El transeúnte abre su libro, no importa por dónde, mientras se hace camino con los codos. El libro sube, baja, flamea, con obligados movimientos de paraguas, y es embestido, ora por el lomo, ora por el canto, y embiste, a su vez, con lomo y cantos, nucas y espaldas desconocidas, o aplástase contra el rostro de su propio conductor. Pero el lector no se inmuta; sus ojos no han perdido el hilo que no existe, y pescan, donde cayeren, las palabras *en libertad*, o la frase previamente mutilada que, a semejanza de algunas lombrices, continúa viviendo por trocitos, burlándose de la sintaxis, del ritmo, de todo sentido, y orgullosa de ser, tan sólo, un excitante... callejero.

"¿Que se viaja en ómnibus? Pues hay asimismo lecturas apropiadamente vertiginosas, trepidantes, bailoteantes, a base de imágenes y metáforas revueltas en bolilleros de tómbola. Mientras el vehículo se desliza estrepitosa y nauseabundamente con inclinaciones ondulantes de barca en mar picado, el pasajero que mira, despavorido, a través de los turbios y rayados cristales, cómo el cielo acude a techar su encierro en segmentos fugaces, y los edificios en línea le saludan con reverencia unánime o le huyen tumbándose hacia atrás, evita la locura leyendo esos poemitas. También ellos le muestran el mundo al revés, la fortuita y embrujada concepción de los elementos, el trastrueco de todas sus nociones. Y su mente concilia entonces la intervención de los fenómenos con la naturalidad encantadora del niño que pide papilla de luna...".

Rafael Alberto Arrieta publicaría un libro de memorias titulado *Lejano ayer* (Ediciones Culturales Argentinas, 1966), que lleva una "Presentación" firmada por Conrado Nalé Roxlo, su vecino del barrio de Flores: ambos vivían en la calle Florencio Balcarce; Arrieta en el número 80, y Nalé, en el 15.

"Desde el balcón de mi casa –escribe Nalé– veo la fachada de la suya y, con un poco de imaginación, los lomos de sus libros cuidadosamente ordenados en los plúteos de su espaciosa librería, una de las bibliotecas particulares más escogidas y ricas del país, donde pueden hallarse centenares de ejemplares inhallables, especies casi extinguidas que despiertan la pasión del bibliófilo y el amor del estudioso.

"Confieso que cuando hace algunos años comencé a visitarlo con cierta asiduidad, tantos miles de libros, los más elegantemente encuadernados, sin una mota de polvo, vagamente iluminados por el resplandor de oro de los tejuelos, yo que he frecuentado más los cafés que las bibliotecas, me sentía un tanto cohibido. Y hasta llegó a chocarme su mesa de trabajo, sobre la que nunca se veía ese revoltijo de papeles que los más creemos tontamente que son indispensables para trabajar, cuando en realidad tanto nos distraen y perturban con su desorden y extravío."

Su reputación no se conmueve

Las dos novelas publicadas en 1926 por Hugo Wast (Gustavo Martínez Zuviría), *El jinete de fuego* y *Myriam, la conspiradora*, corresponden al ciclo de la conspiración de Martín de Álzaga.

Carlos Pirán las juzga atendiendo, ante todo, al rol de su autor en el medio literario de la época: "Cada vez que Hugo Wast publica una novela, la ciudad de Buenos Aires amanece empapelada. En las esquinas, en los tranvías, en los restaurantes, el nuevo producto se nos mete por los ojos. Los vidrieristas de todas las librerías forman con la novela graciosas pirámides o montañas imponentes; el rostro fotografiado del novelista aparece rodeado con cintas argentinas; y como si se quisiera imponer el culto de una nueva reliquia, se entrega a la contemplación de las muchedumbres la mano de Hugo Wast mientras empuña, con dedos nerviosos, la pluma fulgurante. Por opinión unánime de la república de las letras, Hugo Wast es, entre nosotros, el rey de la *réclame*. [...] ¿Quién es, pues, este mago que ha conseguido llegar de tal manera hasta el alma de las maestras, de las costureras y de las mendocinas románticas? A ese mago, triste es decirlo, la crítica le ha sido, sin embargo, hostil; la *alta crítica*, se entiende, la de las revistas literarias y la de las tertulias de escritores. Se le ha llamado folletinero, vulgar y ramplón; se le ha comparado con Ohnet, con Luis de Vall y Sully Krieger; se han puesto en duda sus ediciones, sus premios y sus elogios. Sordo a todo ello, Hugo Wast lanza, año tras año, nuevos libros; su fama crece, su nombre se difunde, su reputación no se conmueve. [...] ¿Cómo no se va a leer con simpatía una novela que nada exige al pensamiento y va derecha a

la imaginación? Hugo Wast posee, en primer término, la cualidad esencial de los grandes novelistas: saber contar. Le faltan, en cambio, todas las que hacen de la novela una obra de arte. Pero la naturalidad es en él tan cautivante, que el lector distraído puede llegar, a veces, a entregarse. ¿Quién podría distinguir, a simple vista, la perla legítima entre un montón de perlas falsas? Así ocurre también con las novelas de Hugo Wast. Al terminar la última página, podemos creer que estamos en presencia de un autor incomparable: tanto ha sido el interés con que lo hemos seguido. Pero al día siguiente, ni un carácter se nos ha prendido en el recuerdo, ni una escena nos conturba el corazón."
[*Mundo Argentino*, Núm. 826, 17 de noviembre de 1926].

Monner Sans, al comentar *Myriam* y *El jinete*, considera a Hugo Wast "un autor que ostenta con legítimo orgullo el título de maestro". [*La Razón*, 3 de noviembre de 1926]. En otra edición del mismo vespertino se incluyen cartas de Enrique Labougle y Rodolfo Rivarola sobre las dos referidas novelas de Hugo Wast [*La Razón*, 26 de noviembre de 1926].

En *Caras y Caretas*, Núm. 1.458, del 11 de septiembre, se publica un anticipo a modo de folletín, como lanzamiento de los libros. En rigor, Hugo Wast había publicado en entregas semanales casi todas sus obras en *La Novela del Día*, dirigida por el católico Luis Luchía-Puig. Dicha revista alcanzó los 331 números, de noviembre de 1918 a abril de 1924.

Beberse el alma del ambiente

En la primera mitad de la década de 1920, se habían traducido las siguientes obras de Manuel Gálvez: *Nacha Regules*, al iddisch, en 1921 (Buenos Aires), al inglés, en 1922 (Nueva York, E. P. Dutton; Londres, J. M. Dent & Sons.), al alemán, en el mismo año (Berlín, Gebruder Paetel), y al portugués, en 1925 (San Pablo, Monteiro Lobato). *La sombra del convento*, traducido al francés, fue publicado en París por Albin Michel, en la "*Collection des Maîtres de la littérature étrangére*" (en 1924). También fue publicado en portugués *El mal metafísico* (Río de Janeiro, Braz Lauria, 1920).

En 1926, Manuel Gálvez –por entonces inspector general de enseñanza secundaria– publica la novela *La pampa y su pasión* (Buenos Aires Cooperativa Editorial Limitada, Agencia General de Librería y Publicaciones), en la cual refleja el típico ambiente porteño del turf.

Según apunta Ignacio B. Anzoátegui [*Manuel Gálvez*, Ediciones Culturales Argentinas, 1961], el autor de *La pampa y su pasión* "debió documentarse en el medio mismo de la novela, beberse el alma del ambiente y entregársela al lector convertida en acción. Porque, sobre su condición de intelectual, alienta en Gálvez el cronista, no el de la crónica social, que es tan perecedera como una fotografía con sombrero, sino el de la crónica eterna, el del instante que no muere porque es consustancial con el ser."

Mientras Ruiz Palazuelos descalifica esa novela desde *El Hogar* (Núm. 884, 24 de septiembre de 1926), *Última Hora* (25 de septiembre de 1926) sostiene que "la nueva obra [de Gálvez] contribuye al prestigio del libro nacional".

Sobre el mismo tema, se contaba la novela *El Hipódromo*, de León Fabricio (Imprenta Ivaldi & Checchi, 1909). Comienza así: "Aquel jueves, Santo, Saulo Campaña, después de almorzar apresuradamente, encaminose a la estación Retiro para tomar el tren que debía conducirlo al hipódromo de Miraflores".

Enrique Gómez Carrillo, al regresar a Buenos Aires, tras prestar funciones como cónsul auxiliar en París, publicó en *La Razón* (27 de agosto de 1926), un comentario que tituló "¿Que cómo encuentro a Buenos Aires...? Pues verá usted..." En lo que respecta a la literatura, responde: "Las buenas obras argentinas, salen de aquí, se leen en el mundo entero, se admiran en todas partes. La Academia Española ha premiado una novela de Hugo Wast. Un editor francés ha traducido un libro de Gálvez. Y nada le digo de *La gloria de don Ramiro*, que es un libro clásico, un libro que se vende en París lo mismo que los de Flaubert y los de Gautier. Pero con ser mucho lo que la producción representa, todavía me interesa más lo que no es producción, sino comprensión, curiosidad, entusiasmo. Ahora el público entero se interesa por la literatura, por el arte, por el estudio. Los libreros a quienes he interrogado, me han dado cifras inverosímiles. Se lee aquí tanto como en París. Y se lee con gusto, con tino, con discernimiento. Ya no son las novelas de la señora Invernizzi, las que forman el fondo de las bibliotecas. Las mujeres, más que los hombres tal vez, exigen un alimento robusto y sano para sus cerebros y para sus sensibilidades. Los libros filosóficos se venden hoy como se vendían ayer las novelas de folletín."

El puñal de Orión, de Sergio Piñero (Proa, 1925), crónicas periodísticas sobre las Georgias del Sur, que Manuel Gálvez en *La Argentina en nuestros libros* considera "una de las mejores obras publicadas en los últimos diez años", fue comentada por Federico More en *Mundo Argentino* (Núm. 795, 14 de abril de 1926): "Prosa atildada. Originalidad preconcebida. Nacionalismo de buena ley. Lealtad emocional. Fiel sometimiento a la realidad. Casi un libro clásico. A veces, un libro romántico. Exceso de inteligencia náutica. Piñero, en *El puñal de Orión,* padece un viejo mal literario: el amor a las terminologías y los léxicos especiales. Mal de Gautier. Mal de Azorín. El mucho amor a las palabras lleva al literato a enamorarse de las que, por restricción, resultan peregrinas y a veces eufónicas. A Piñero, los términos náuticos lo sobreexcitan hasta la voluptuosidad."

Para bien de nuestras letras

Alberto Gerchunoff publica, bajo el sello de M. Gleizer, tres libros durante 1926: *El hombre que habló en la Sorbona*; *Historias y proezas de amor*; *Pequeñas prosas. Breves diálogos y cortas disertaciones.*

Historias y proezas de amor tiene una bella portada de Alejandro Sirio. El libro cierra con "Diálogo sobre el amor y la muerte": "En un lugar en que no hay mañana, ni tarde, ni ayer, ni hoy, se encontraron varias personas, si es que así puede llamarse a los que ya no son, y anudaron una plática sobre cosas graves y melancólicas. Intervinieron en ese diálogo Apolodoro, filósofo griego, Ernesto Renán, que estudió el origen de las creencias humanas, Ninón de Lenclos, que hizo del amor una tarea suntuosa, y dos mujeres, cuyo corazón tuvo historia en los países del planeta poblado."

Pequeñas prosas se presenta en una cuidada edición: "Se han hecho de este libro cien ejemplares en papel de Holanda Joseph Guarro, encuadernados en pergamino, numerado de I a C; cuatrocientos ejemplares en papel de hilo, de Fabriano, marca Roma, numerados de CI a D, y un ejemplar, fuera de numeración y de circulación. El doctor Sandro Piantanida, amigo del autor, dirigió con empeño de artista esta diminuta obra, en septiembre de MCMXXVI". Incluye el poema "Décima al autor de este libro", por Fernández Moreno.

Bajo el título "El misterio de la palabra" escribe Gerchunoff: "En el principio era el Verbo y el Verbo era con Dios y el Verbo era Dios. He aquí lo que saben los que aman la consistente y multiforme palabra.

Lo sabemos nosotros porque vivimos en la palabra y nos sustentamos en ella porque ella es la parte y el todo de nuestro ser, la voz que emitimos y el acto que realizamos. Es la oscura entraña en que trabajamos y el aguabuena en que apagamos la sed. ¿Quién puede ofrecer regalo más maravilloso que el de la palabra oportuna? [...] Yo amo la palabra. Su ruido me substrae al mundo en que transito y me lleva al mundo a que no lograría llegar por otros caminos. Viene a mí blandamente, tibiamente, y siento su caricia poderosa y diversa; su voluptuosidad mareante me envuelve como en un latido, me satura con su aroma y me alucina con su color y me desvanece con la ondulación suave de sus líneas. La luz inmensa está en ella y en ella están presentes los filtros de los poderes ocultos. Lo que es fugitivo como una sombra queda en su red, lo que es imperceptible en la distancia se vierte en su rumor, lo que es inapreciable, por ser una ilusión lejana, se levanta en su ritmo. Lo que fue resucita a su conjuro y lo que será se anticipa con su invocación."

Concluye: "La divinidad que mi mano no toca se me acerca en la palabra y me sonríe, el bien ausente se concreta, la dicha fugaz se perpetúa. Divinidad sonriente, bien inestable, dicha esquiva, descenderán para mí en la palabra esperada, en la continua y renovada palabra. Y el nombre, el nombre acariciador y armonioso, se hará revelación y aparición. En verdad os digo: en el principio era el Verbo..."

Enrique Méndez Calzada comenta en "Guía de lecturas. Dos libros de Alberto Gerchunoff" (*El Hogar*, Núm. 868, 4 de junio de 1926), *La asamblea de la bohardilla* (obra de ficción, también editada por Gleizer, en 1925) y *El hombre que habló en la Sorbona*. En síntesis, celebra que su colega haya ido abandonando progresivamente el periodismo antiyrigoyenista para dar paso al creador literario: "Dentro de nuestro periodismo, Gerchunoff representa el caso único de un producto infatigable e inagotable, que durante largos años ha venido llenando carillas y carillas de papel de obra sin dar muestras de cansancio, antes bien ganando un estilo, en concepto y en eficacia. De esa enorme labor anónima, que le convierte en el Víctor Hugo del editorial, el gran público no puede tener una noción exacta, aunque sí indicios vehementes. [...] Hemos visto a Gerchunoff abrazar en política la causa de los que combatían lo que se consideró un fenómeno de regresión, esto es, el advenimiento del radicalismo al gobierno, y afiliarse así a uno de los partidos que más se singularizaron por su enemiga hacia el partido que hoy gobierna... [...] Hay en Gerchunoff un fondo de entusiasmo invulnerable, y que ese entusiasmo se trasunta en su acción y en su obra de escritor. Es ese feliz entusiasmo de muchacho el que, para bien de nuestras letras, nos lo devuelve al cultivo de su vocación sustancial de literato, desvaneciendo un pasajero entusiasmo y desaparecido el fundamento de una comprensible veleidad de político militante. [...] Hay en Gerchunoff junto con el entusiasmo fundamental una verdadera sensualidad verbal. Se comprende leyéndole que el escritor experimenta el placer casi físico de agrupar las palabras bellas y altisonantes del idioma que maneja con mano de artista y como hoy lo manejan muy pocos, no ya aquí, pero ni aun en España..."

Puro bicarbonato

"La aristocracia espiritual de los escritores se manifiesta en la ternura con que juzgan los pecados de la gente ingenua", señala Juan José de Soiza Reilly en el prólogo a *El tinglado de la farsa. Novelas*, del político radical entrerriano Enrique Pérez Colman. Obra publicada por Tor, en 1925, fue comentada por Federico More en *Mundo Argentino* (Núm. 802, 2 de junio de 1926): "Tras el título innegablemente benaventino, se desenvuelve la prosa innegablemente anatolfrancesca". Durante 1926, Tor presentó el ensayo de Pérez Colman *Amores al terruño. Meditaciones breves*, con prólogo de Juan B. Terán.

En 1939, Soiza Reilly presentaría a Omar Viñole, el famoso *hombre de la vaca* de los años 1930 (amigo de Manuel Fresco y Natalio Botana) como "el moralista más puro y más perspicuo de las calles presentes", en la presentación del libro *Apóstoles, canallas y vividores de la vida pública argentina.*

En su edición del 14 de junio de 1926, *La Razón* informa que el escritor Soiza Reilly se encontraba internado en el sanatorio Palermo: "Permanecerá alejado de sus actividades por algún tiempo más". Unas diez semanas después, *Última Hora* (28 de agosto de 1926) da cuenta de una comida ofrecida a Soiza Reilly: "El ágape se realizará en un restaurante bohemio al precio de liquidación de $3,80 el cubierto", y tendría lugar en el restaurante Posilipo in Buenos Aires, sito en la calle Carlos Calvo 3627. La crónica cierra en tono jocoso: "Hay en la invitación una omisión censurable. No se advierte a los morfones que lleven 30 centavos más para tomar, después del banquete, un completo en la *lechería* de al lado. Después del martirologio gastronómico a que serán sometidos los homenajeantes y el homenajeado, éstos pasarán al teatro Boedo, donde se llevará a cabo una velada con discursos y cosas raras. Luego, se irán a dormir, no sin antes llamar al sueño con la lectura de algunos capítulos de *Criminales.*"

Las dos obras publicadas en 1926 por Soiza Reilly se titulan *Criminales! Almas sucias de mujeres y hombres limpios* y *La muerte blanca. Amor y cocaína*, ambas por Biblioteca Literaria Argentina Floreal (única administradora legalmente autorizada: Casa Editorial Sopena).

Dice Soiza Reilly en el Prólogo de *Criminales!* subtitulado "Cuáles son los criminales que veréis aquí...": "Pocas esperanzas tengo en la dulzura acaramelada de los corregidores de costumbres. Los poetas maricas siempre fueron cantores de la decadencia y del militarismo... Para destruir los elementos aislados que pudren el ambiente, mejor que el ácido bórico de los tímidos, es la buena y santa fogata criolla que incinera el colchón y las ropas contaminadas del difunto.

"Los ricos tontos no entienden cuando se les habla suavemente. La voz suave es la voz de los arrepentidos y de los lacayos. Para que esos ricos nos entiendan es menester rugirles en la boca. Hay que ladrarles en la piel... Diríase que las altas clases sociales, cuanto más cultas, cuanto más letradas y cuanto más refinamiento de ideología consiguen, más lejos están de la virtud legítima."

Un ejemplo de la diversidad de medios disponibles para Soiza Reilly: en *El Hogar* (Núm. 857, 19 de marzo de 1926), publicó una nota sobre Pablo Neruda; *Atlántida* (Núm. 438, 2 de septiembre de 1926) incluye un retrato suyo y, en otra edición (Núm. 443, 7 de octubre de 1926), el cuento "El traje a cuadritos"; en *El Hogar* publicó la ya referida nota "He aquí la historia de Mimí Pinsón" (Núm. 889, 29 de octubre de 1926), y una entrevista con Andrés Ferreyra (Núm. 897, 24 de diciembre de 1926).

Soiza Reilly reedita en 1927, como "edición definitiva", con el sello de Sopena, su afamada novela *Mujeres de amor* (primera edición de la Agencia General de Librería y Publicaciones, Biblioteca Floreal, de 1923).

En *Mundo Argentino* (Núm. 822, 20 de octubre de 1926), en una nota bajo el título "Soiza Reilly habla de su nuevo libro *La muerte blanca*" –en la que se incluyen fragmentos del "Prólogo" y "A Rodolfo Valentino"– dice el prolífico autor: "El título de mi narración es una síntesis del trágico flagelo que hoy anochece al mundo. Ni las guerras más patrióticas, ni las enfermedades más pecaminosas, ni los vicios más viles que inventó el amor, han hecho a la raza humana un daño parecido al que sufren los adoradores ciegos de La muerte blanca. Los estragos de la Diosa Maldita constituyen el mal de este siglo. El exceso de civilización en las costumbres y el fracaso de la moral hipócrita han creado esa turba de hombres y mujeres carcomidos, torcidos y vencidos que en nombre del romanticismo y del amor embellecen los manicomios y los cementerios."

Sobre ese libro, "al que deseamos la misma suerte que su anterior libro, *Criminales*, cuya edición alcanzó a 3.000 ejemplares", conforme *La Razón* (4 de octubre de 1926), dijo *Última Hora* (17 de noviembre de 1926): "Después de haber saboreado la cocaína literaria de Pitigrilli, esta cocaína de Soiza Reilly nos resulta puro bicarbonato."

Va un fragmento de *Criminales!*: "Abrió la cajita. En un sorbo de agua, tragóse la *heroína*. Un sello. Nada más... A los pocos minutos experimentó en la nariz un olor suave de cal o de tierra mojada. Los nervios tirantes como las cuerdas de un violín, cedieron. Ya no la molestaba la sombra, ni la luz. Tampoco experimentaba aquel horrible deseo insatisfecho de dormir. Era una caricia suave de niño, que la desmayaba, cautelosamente, cual si las cobijas, el colchón y la cama fueran de seda como el agua. Mullidas como el agua... Todo, arriba y debajo de su piel, era agua. ¡Agua tibia y amor!

"–¡Qué bien! ¡Qué bien!

"Al darse vuelta para acomodar la cara hacia la luz, vio la cajita. Sonriendo, sin voluntad, tendió la mano... Evocó unos viejos versos españoles, mezclándolos. Torciéndolos:

"Mi voluntad se ha muerto una noche de luna
"en que era hermoso no pensar, ni sentir.
"¡Mi voluntad se ha muerto una noche de luna...
"Morir! Morir! Morir!

"Intentaba terminar la estrofa y no podía. Sólo el ritornello le quedaba en los labios:

"Mi voluntad se ha muerto una noche de luna.

"Tragó otro sello, subconscientemente. Y al instante, renació en ella una nueva energía. Era una voluntad diferente de su voluntad. Una placidez de música antigua. Un minué... Al mismo tiempo, sentía en los ojos una potencia de visión que empezaba a dar vida a los objetos:

"–¡Como en la Garçoniére! –pensó Polita.

"Vio que la puerta se abría, misteriosamente. Una mano de hombre asomaba los dedos. Un rayo de lucidez la aconsejaba dar gritos de horror. Pero ni un grito salió de su garganta."

A modo de cierre de las citadas referencias sobre *los catorce*, cabe apuntar que Francisco Romero, Bernardo Canal Feijoo, Ezequiel Martínez Estrada, Raúl Scalabrini Ortiz, Julio Irazusta se cuentan entre los intelectuales de la llamada *generación del 25*, o sea, la que sucederá a la de *los catorce* y sus contemporáneos [Diego F. Pró, "Periodización y caracterización de la historia del pensamiento filosófico argentino", *Historia del pensamiento filosófico argentino*, Mendoza, Universidad Nacional de Cuyo, Facultad de Filosofía y Letras, Instituto de Filosofía, 1973].

Imposible pedir más criollismo

En 1926, bajo el sello editorial de la revista *Proa* (fundada dos años antes por Güiraldes, Oliverio Girondo y Evar Méndez) finalmente se publica *Don Segundo Sombra*. La primera edición data del mes de julio; en octubre se lanza la segunda, ambas impresas por Francisco A. Colombo en San Antonio de Areco
[Ismael B. Colombo, *Ricardo Güiraldes. El poeta de la pampa. 1886-1927*, San Antonio de Areco, Francisco A. Colombo, 1952; Luis Soler Cañás, *Güiraldes y su tierra*, San Antonio de Areco, Castañeda, 1977].

El año anterior, Ricardo Güiraldes había dejado la dirección de *Proa* para dedicarse de lleno a concluir la escritura de la que sería su obra cumbre. En el Núm. 13 de *Proa* (segunda época), correspondiente a noviembre de 1925, se lee con respecto a su alejamiento: "El retiro del viejo lobo (impecable y *gentleman* Güiraldes) que, seguro de no atesorar más rolidos, se sienta en los muelles a trenzar con su pipa la epopeya de su *Segundo Sombra*". Güiraldes dio por terminado *Don Segundo Sombra* en marzo de 1926. La revista *Martín Fierro* (números 30-31, 8 de julio de 1926) anticipa el segundo capítulo con fotografía incluida del autor.

Fueron consagratorios los espaldarazos de Lugones (*La Nación* del 12 de septiembre) y de Alejandro Korn (*Valoraciones* de enero de 1927), la entusiasta celebración de Guillermo de Torre (*Revista de Occidente* de noviembre) y el joven fervor de Enrique Mario Delfino (*El Diario*, 11 de septiembre).

Leopoldo Lugones se refirió a "*Don Segundo Sombra*, de Ricardo Güiraldes", otorgándole fama de clásico, toda vez que lo ubica en la familia del *Facundo* y el *Martín Fierro*: "Don Segundo Sombra, como Martín Fierro, es el gaucho mismo. Representa en prosa lo que aquel otro en verso: una vida viviente", sostiene Lugones, y afirma: "¡Esto sí que es cosa nuestra y de nadie más, en la absorción absoluta de los grandes amores! *Patria pura*, diré así, como quien refiere la calidad del vino en que también se sustancia el frescor del pámpano y el tenor del sarmiento; *patria pura*, hasta desdeñar por instintiva elevación los fáciles gracejos con que el gauchismo de arrabal despacha al comisario y al gringo."

El entusiasmo de Lugones queda rematado en el sepelio de Ricardo Güiraldes, pocos meses después: "El libro que tuve la dicha de celebrar en su momento realiza la tercera jornada épica de la literatura nacional, cumplidas las otras dos por *Facundo* y por *Martín Fierro*. Él completa la trinidad que señalaremos con orgullo, cuando el extranjero nos pregunte por las expresiones genuinas del país, como un luminoso certificado de raza. De tal suerte entran a vivir en ella los actores de tales libros, y éstos definen a la nación por la belleza, como la bandera la define por la gloria."
[Folleto: Leopoldo Lugones, *Palabras en la tumba de Ricardo Güiraldes*, San Antonio de Areco, 1938].

El 5 de octubre de 1926, Ricardo Güiraldes obtiene el Premio Nacional de Literatura por su obra *Don Segundo Sombra*.

En *Caras y Caretas* (Núm. 1.461, 2 de octubre de 1926), en nota firmada por Carlos Ernesto Mangudo, con el título "Ricardo Güiraldes. Novelista y criollo triunfa con su último libro", el autor de *Don Segundo Sombra* declara: "En mi relato, porque es relato y no novela, he tratado de describir la vida y costumbres de los reseros, oficio, a mi ver, donde surge el verdadero gaucho en toda su habilidad y en su idiosincrasia completa. Le diré que todos mis personajes son reales. Poca fantasía; verdad pura en los hombres, las cosas y el ambiente. El gaucho es hombre enamorado profundamente de su labor, de la cual hizo un arte, un arte criollo con su propio sentido decorativo. Es, además, tranquilo, enemigo de pendencias, resignado con su suerte, noble en la desgracia y en el triunfo. Profesa una religión fatalista, pero al revés del árabe, del cual desciende, sin duda, su fatalismo, es activo y no pasivo. Tiene sus supersticiones de magia, pero trata de combatirlas y de triunfar de espíritu malo si se ve acosado por él. [...] Empecé en París. Nostalgia, amigo, de la tierra lejana, que no logran borrar del espíritu de nosotros los argentinos ni siquiera los deslumbrantes atractivos y placeres de la capital del mundo. A mi regreso, me cobijé en la estancia para dar término al trabajo. Si usted quiere otro detalle de sabor y color, le diré que mi novela se imprimió en San Antonio de Areco, en los talleres del señor Colombo, que tiene todo su personal criollo. Imposible pedir más criollismo en un libro solo... –añade sonriendo maliciosamente, don Ricardo Güiraldes."

En la reseña de "*Don Segundo Sombra*, el último libro de Ricardo Güiraldes", aparecida en *Última Hora* (25 de octubre de 1926), se vierten, entre otros, estos conceptos: "Las bellezas del relato que se insinúan desde el comienzo, van a sucederse ahora una tras otra en serie no interrumpida hasta que la última página del libro que se lee de un tirón pasa bajo los ojos para dejar en el espíritu un recuerdo de esos que duran toda una vida. [...] El autor sabe en todo momento obtener el efecto máximo de una metáfora y la descripción del paisaje, de la hora, van unidos, entrelazados como formando un todo con los estados anímicos de los personajes. [...] El autor ha personificado en Don Segundo la parte buena y grande del alma de nuestros hombres de campo. [...] Don Segundo Sombra es un arquetipo racial y en consecuencia adquiere vida independiente del libro."

La elogiosa crítica culmina con esta sentencia: "El extranjero curioso de auténticas muestras de literatura nacional tiene en *Don Segundo Sombra* algo igual a lo mejor que haya producido la pluma argentina y nosotros, *los de aquí*, tenemos en el libro algo como una racha de viento puro que naciendo de lo profundo de la estirpe criolla atravesara la capa de nuestra cultura cosmopolita y viniera a dar justo sobre cerebro y corazón."

Carlos Alberto Erro [*Medida del criollismo*, Imprenta Porter, 1929], afirma sobre *Don Segundo Sombra*: "No conozco otro libro argentino, que manteniéndose siempre dentro de una rigurosa elevación estética, haya obtenido beneplácito tan unánime, y, sobre todo, lo que es más sugerente, que haya interesado, con tal intensidad, a un número tan grande de personas ajenas a las letras. *Don Segundo Sombra* es ya, a pesar de su reciente aparición, una obra de cabecera en la literatura argentina. La vituperada vanguardia ha dado al país su primer libro clásico después de *Martín Fierro*."

Otra crítica sobre dicha obra es la esgrimida por J. B. González, "*Don Segundo Sombra*", en *Nosotros*, Núm. 210, noviembre de 1926.

Cabe dejar apuntado desde ya, con referencia a la época, que en Güiraldes no sólo importa la proyección de su obra maestra, sino también el influjo de su personalidad sobre el medio literario [Juan Carlos Ghiano, "Itinerario de Güiraldes", *Testimonio de la novela argentina*, Leviatán, 1956; Alberto Blasi, "La ruta de Don Segundo", en *Chasqui*, Vol. VI, Núm. 2, febrero de 1977].

Las palabras están esperando su destino

El talentoso escritor Pablo Rojas Paz, nativo de Tucumán, protagonista de la experiencia de *Proa*, muy ligado en consecuencia al círculo de Güiraldes, dio a publicidad en 1926 su libro *La metáfora y el mundo* (Imprenta de la Universidad), que se cita a esta altura por considerar que su lectura merece acompañarse con las obras del autor de *Don Segundo Sombra*. El ejemplar disponible está dedicado por el autor "Al admirable Evar, el amigo de siempre y el compañero de todo momento. Pablo Rojas Paz".

En la nota titulada "El espectáculo metafórico", escribe Rojas Paz: "El equilibrio y armonía del espectáculo metafórico tiene a la palabra por su elemento constructivo. La palabra es arquitectura en la filosofía, plástica en la literatura, danza en la conversación y música en la poesía. Toda palabra es una metáfora. Los términos tienen su construir y su contemplar. La palabra es lenguaje cuando narra y describe la realidad. Cuando el narrar y el describir están hechos solamente para un efecto de contemplación, la palabra es metáfora."

En "La metáfora", cierra su planteo: "La metáfora es la moneda falsa de la sensibilidad. Cuando un hombre compara ya sabemos a qué atenernos. Está por engañarnos; va a darnos una idea por otra, va a contarnos su emoción, dejando de lado el asunto. Cierta vez, al preguntar a un niño por lo que él entendía que era el cielo, dirigiéndose éste hacia la ventana y señalando a lo alto, me dijo: 'Es aquello'. Este niño se burló de mí al hacer una de las metáforas más formidables de que yo tenga noticia."

Al analizar "El escolio de *El pensador*", obra del escultor Rodin, afirma Rojas Paz: "La gran alegría comienza cuando sin apartarnos del mundo, descubrimos la magia de las cosas. La sabiduría no consiente señores sino esclavos. El conocimiento busca quien lo esclavice y lo maneje. El verdadero sabio contempla las cosas hasta que ellas mismas dan su definición. Comienza aquí la sugestión mágica. Para el poeta, como para el niño, el mundo está siempre en estado mágico. Pero todo está sujeto al perfecto equilibrio de lo que es. Ni el arte se libra de las leyes del mundo. El más audaz engendro de la imaginación no podrá ir nunca contra las leyes fundamentales de la existencia. La libertad del arte es la libertad del pájaro que siempre vuelve a la tierra."

El último texto de *La metáfora y el mundo* lleva por título "El escolio de la flecha": "Cuando muchacho me inquietaban las ideas trascendentales y buscaba para éstas, definiciones precisas y exactas. Lo misterioso me atraía como una remota voluptuosidad. Buscaba definiciones para la vida, para la muerte, para todo lo que llegaba a mi espíritu con la obsesión de lo definitivo. Tenía en ese entonces un amigo, maestro rural, que sabía decir las cosas más grandiosas con las palabras más humildes. Y fui hacia él. Lo encontré preparando las flechas de un arco indígena con que solía tirar al blanco en los atardeceres. Ya sabía yo en ese tiempo que es defecto de niños el preguntar de improviso lo que se quiere saber. Y organicé una conversación sobre asuntos triviales. A su tiempo hice la pregunta cósmica: ¿qué es la vida? Sonrió un instante y luego me invitó a caminar. Llevaba el arco en una mano; en la otra, una flecha. Caminábamos en silencio; pero advertí que aquel hombre que marchaba a mi lado estaba seleccionando un pensamiento. Se detuvo de pronto para decirme: mira esta flecha; en mi mano es una cosa sin sentido, algo cuya forma no entendería quien no supiera para qué sirve. Pero yo para ella tengo las condiciones de un Dios. Puedo imponerle un destino. Observa. Y disparada del arco, ésta partió rectamente, con una asombrosa voluntad de llegar. La flecha huía de sí misma atraída por un punto preciso. Entonces comprendí: tiene vida todo lo que impulsado por una fuerza superior trata de cumplir con un destino. 'A veces las flechas se pierden en el bosque; así también hay vidas que no llegan a su destino', advirtió el maestro rural. Para muchas cosas los hombres son como dioses. Así para las palabras. Ellas están esperando su destino. Prestas a latir en el ritmo de una nueva vida al expresar una idea precisa o un hondo sentimiento. Es así en la conversación, hermana de la amistad, una de las formas del amor. El amor es un deseo de armonía. En la conversación las palabras adquieren un ritmo de vida hondo y amplio, más de acuerdo con esa armonía total que rige el retorno del alba y el viaje de los astros."

La anchura de su visión será el universo

En la vida literaria de Jorge Luis Borges, 1926 es el año de publicación de uno de los libros que se negaría a reeditar: *El tamaño de mi esperanza*, con el sello de la editorial Proa.

De la vida personal de Borges, contamos al menos con dos testimonios reveladores.

Uno, una fotografía reproducida por Isaac Wolberg [*Jorge Luis Borges*, Ediciones Culturales Argentinas, 1961] donde aparece retratado con su amigo el malogrado poeta Francisco López Merino en el Zoológico de Buenos Aires, el 13 de agosto de 1926.

El otro, es la descripción de Carlos Mastronardi [*Memorias de un provinciano*, Ediciones Culturales Argentinas, 1967], del hogar de los Borges en Quintana 222: "Tenía esa casa una especie de jardín previo al que agraciaban una estatua de mármol que emergía de una fuente, y un ameno jazmín del país. La antigua Grecia y la antigua Buenos Aires parecían concentrarse en ese tierno lugar. Una vitrola, quizá la única invasión del siglo, ocupaba un ángulo del penumbroso vestíbulo, donde empezaba la biblioteca. Esa vitrola difundía tangos y milongas de antigua data, pero también algunas canciones patéticas venidas de remotas latitudes. Así, *La enfermería de San Jaime*, donde un negro que no saldrá de su postración cuenta su vida, y *Le petit bossu*, cuyo agonista es un hombre contrahecho que se rebela contra el destino. [...] Me gustaba la vieja platería que tantas veces miré en el comedor de aquella casa, donde el pasado se volvía calmo presente en la caoba y en los retratos desvanecidos. Después de la comida y después de la vitrola, emprendíamos largas caminatas suburbanas. Borges quería llevar a sus poemas la gracia y la violencia de los arrabales. Llegamos algunas veces al campo, entre perros y hombres que no querían huéspedes." A continuación, Mastronardi detalla en su libro de memorias las conversaciones literarias mantenidas con Borges durante aquellas caminatas.

En el primer trimestre de 1926, Borges publica tres textos fundamentales de esa etapa de su vida literaria:

1. "La pampa y el suburbio son dioses" (*Proa*, segunda época, Núm. 15, enero de 1926): "Es indudable que el arrabal y la pampa existen del todo y que los siento abrirse como heridas y me duelen igual. [...] De la riqueza infatigable del mundo, sólo nos pertenecen el arrabal y la pampa. Ricardo Güiraldes, primer decoro de nuestras letras, le está rezando al llano; yo –si Dios mejora sus horas– voy a cantarlo al arrabal por tercera vez, con voz mejor aconsejada de gracia que anteriormente."

2. "El tamaño de mi esperanza" (*Valoraciones*, Núm. 9, marzo de 1926; firmado en enero de 1926). Distingue a Evaristo Carriego, Macedonio Fernández y Ricardo Güiraldes, y sentencia: "Otros nombres dice la fama, pero yo no le creo. Groussac, Lugones, Ingenieros, Enrique Banchs son gente de una época, no de una estirpe". Concluye con una contundente definición política: "Entre los hombres que andan por mi Buenos Aires hay uno solo que está privilegiado por la leyenda y que va en ella como en un coche cerrado; ese hombre es Yrigoyen."

3. "Las coplas acriolladas" (*Nosotros*, enero-febrero de 1926), nota en la que se refiere al *Cancionero rioplatense* de Jorge M. Furt. Dice en la parte final: "Pienso [...] que hay espíritu criollo, [...] que nuestra

raza puede añadirle al mundo una alegría y un descreimiento especiales. [...] Lo inmanente es el espíritu criollo y la anchura de su visión será el universo. Hace ya más de medio siglo que en una pulpería de la provincia de Buenos Aires, se agarraron en un contrapunto larguísimo un negro y un paisano y se fueron derecho a la metafísica y definieron el amor y la ley y el contar y el tiempo y la eternidá (*Hernández: La vuelta de Martín Fierro*)".

Sobre la importancia de ese texto para la historia de la literatura argentina da cuenta Olga Fernández Latour de Botas, en *Aportes del folklore a la crítica del "Martín Fierro"* [Separata de la Publicación *Logos*, Núm. 12, Universidad de Buenos Aires, Facultad de Filosofía y Letras, 1972.]: "A partir de 1926 la crítica del *Martín Fierro* en la Argentina comienza a tomar formas nuevas y voces jóvenes se levantan a proponer verdades, a inaugurar caminos. [...] Una voz, entre todas, la de Jorge Luis Borges, ya por entonces porteña y universal como ninguna, define su postura intelectual para siempre al manifestar, en su artículo *Las coplas acriolladas*, publicado en *Nosotros* en 1926, la necesidad de que el original espíritu criollo no conozca otro horizonte que el que demarca toda la cultura universal." [También Federico de Onís, "El 'Martín Fierro' y la poesía tradicional", en *Homenaje ofrecido a Menéndez Pidal. Miscelánea de estudios lingüísticos, literarios e históricos*, Tomo II, Madrid, Hernando, 1925; Carlos Vega, "9. El *Martín Fierro*, poema fronterizo", en su libro *Apuntes para la Historia del Movimiento Tradicionalista Argentino*, Instituto Nacional de Musicología "Carlos Vega", 1981].

Pedro Luis Barcia, en "El canon literario argentino según Borges" [*Revista de Literaturas Modernas*, Mendoza, Universidad Nacional de Cuyo, Facultad de Filosofía y Letras, Instituto de Literaturas Modernas, Núm. 29, 1999] se ocupa de la oralidad (declaraciones, clases, cursos, entrevistas), las antologías, y el prólogo, utilizados por Borges como instrumento canonizante.

En "La pampa y el suburbio son dioses", Borges escribe: "Al cabal símbolo pampeano, cuya figuración humana es el gaucho, va añadiéndose con el tiempo el de las orillas: símbolo a medio hacer. Rafael Cansinos Assens (*Los temas literarios y su interpretación*, página 24 y siguientes) dice que el arrabal representa líricamente una efusión indeterminada y lo ve extraño y batallador. Esa es una cara de la verdá."

Vale en consecuencia repasar la fuente: R. Cansinos-Assens, "El arrabal en la literatura", *Los temas literarios y su interpretación. Colección de ensayos críticos*, Madrid, V. H. Sanz Calleja Imprenta y Casa Editorial, s/f: "El influjo del arrabal en la literatura es de naturaleza análoga a la del mar. Como el mundo marino, el arrabal representa líricamente una efusión indeterminada. En él, en sus vagos campos sin urbanizar, se sumen y se desfiguran, se hacen imprecisos e incoherentes todos los lineamientos arquitectónicos y mentales de la ciudad. Las ideologías urbanas, las artes y conceptos urbanos, terminan y se enmarañan en la arbitraria libertad del arrabal. No todas las ciudades tienen a su término un mar en que la dura tierra se haga ola y las perspectivas se rasguen indefinidamente. Pero todas las ciudades tienen un arrabal, un arrabal de campos no cercados, rayados por esos surcos que no se sabe quién los traza, y sobre los cuales se alargan humos grises y blancas nubes volanderas –esos humos y esas nubes en que parecen condensarse finalmente, para dispersarse en la nada huera, el vano hálito constante de las fábricas y de las academias urbanas–. Toda ciudad tiene sus arrabales, habitados por gentes pintorescas, a un tiempo maliciosas y cándidas, en cuya existencia, algo irregular, hay un tanto del libre vivir de los litorales y donde los modos de vida urbana toman inesperadamente un sentido arbitrario y autónomo. El arrabal es, como el mar, un elemento disolvente. La continuidad de la vida urbana se rasga en él de pronto, para convertirse en algo vago y roto, sin pauta prefijada, prometido a todo futuro, que toma sus sustancia misma de lo porvenir y muestra el cándido y errante destino de las quillas nuevas.

"El arrabal se ha formado, desde el primer momento, de un modo aventurado e incierto, al bueno y vago acaso, sin solemnidades ni auspicios, a la manera de las construcciones madrepóricas. En un principio, lo pueblan los descontentos de la ciudad, los espíritus precarios que no pueden soportar el grave decoro cívico, todas esas indeterminadas criaturas –escorias o primicias sin elaborar– que se escalonan triste o airadamente sobre las peñas de los aventinos. Luego va creciendo, se urbaniza; pero siempre conserva algo de la fisonomía de las zonas fronterizas, de las extensiones polémicas, de las lenguas de tierra que se hunden en el mar. ¡Cuánto tiempo hasta que el arrabal urbanizado se cerca de vallas y resguarda sus luces en urnas y tiene su templo y su academia!

"Pero, aun en el período de su urbanización, guardan los arrabales algo de indeterminado, de aventurero, que le asemeja al mar de las efusiones imprecisas. Su trascendencia en la literatura marca aún más esta semejanza. La literatura propiamente suya es una literatura popular, hablada y precaria, que acrece los acervos folklóricos de romances y coplas. Literatura libérrima, jovial y expansiva, que recuerda las barcarolas de los nautas. Pero aun en su literatura refleja se advierte el influjo de la inspiración libertaria de los arrabales. Se reconoce el punto de la literatura culta que ha frecuentado el arrabal y se ha sentado en sus desmontes y ha bebido en sus tabernas. Advertimos en ella, como en una literatura que ha viajado, algo de más vivo y roto."

A continuación, Cansinos-Assens pasa revista a la literatura clásica griega y latina; refiere que Marcel Schwob, en sus *Vidas imaginarias,* ha podido atribuir a Petronio una prosapia plebeya, a la exclamación ponderativa de los arrabales de Roma, Bizancio, Alejandría y Jerusalén; y remata: "El episodio de la Magdalena vertiendo su pomo de ungüento de narcisos sobre los pies de Cristo, ¿no es un instante patético de la pintoresca vida de los suburbios?"

Continúa Cansinos-Assens: "En todo tiempo, la literatura se ha hecho más viva y libre por su contacto con el arrabal, y allí ha encontrado sus más vigorosos temas. Se ha llenado de salud, de alegría y de ímpetu, y ha roto sus vestes urbanas. El arrabal tiene un alma pagana y heterodoxa que rechaza toda conveniencia. Es un lugar de burlas o de broncas disputas". Así, de San Pablo hasta Lutero, Calvino y Nietzsche; así, los arrabales de El Cairo, Bagdad y Damasco encuentran en el narrador anónimo de las *Mil y una noches* "sus más divertidos personajes, sus locos graciosos, sus borrachos de buen humor, sus pescadores ambiciosos"; así, la picaresca del Arcipreste; las fuentes de Rabelais, Cervantes y Shakespeare; de Chaucer y Spencer; de Víctor Hugo, Balzac, Sue.

Agrega Cansinos-Assens: "De esta suerte, el alma contradictoria del arrabal se refleja en la literatura y logra la interpretación estética de sus diversos matices, definiéndose a sí misma y obrando siempre como una inspiración varia y libre, que rompe los inflexibles cuadros urbanos. Como el mar, en las novelas de Fenimore Cooper, presta a las narraciones terrestres sus más pintorescos episodios. La novela urbana se ensancha inesperadamente al llegar al arrabal, se llena de una larga bocanada de aire. La última novedad novelesca, la novela policíaca que se sale de los moldes escritos para pedir las representaciones sensibles de la tramoya teatral y de las pantallas cinematográficas, es en gran parte una novela de arrabal; porque es en el arrabal donde se hallan los refugios misteriosos, las viviendas que, como los castillos antiguos, tienen salidas ignoradas sobre las aguas de los ríos turbios; las tabernas con trampas, y las lanchas ágiles preparadas para la fuga; y en el arrabal es donde son posibles esos lances fantásticos y maravillosos, en que el novelista muestra su fácil taumaturgia."

Cansinos-Assens cita en la literatura española los casos de Blasco Ibáñez, Baroja, Juan Ramón Jiménez (remite a Mauricio Becarisse, *El esfuerzo*, Madrid, 1917); y cierra el texto con esta sentencia: "El arrabal, más que una esencia, es una infinita serie de modos, un devenir eterno. Su representación menos frustrada está en el arte integral de Gómez de la Serna, en su modo libre de hacer, sin argumentos ni nexos estrictos. Los posibles modos de ser del arrabal se vislumbran en libros como *El rastro*, en los rosarios de prismas de sus *Greguerías* y en toda su obra construida al margen de las ciudades literarias, con el arte provisional y precario de las edificaciones suburbanas. Tan sólo el mar o el arrabal han podido sugerir esta obra, tan vasta en perspectivas, tan deshilachada e inconcluida, tan contingente y futura. [...] En Ramón Gómez de la Serna encontramos las auténticas voces indeterminadas del arrabal, con todo lo que ellas sugieren. Así todos los aspectos parciales del arrabal, hechos aisladamente materia literaria, tornan a su estado primero de indiferenciación y de posibilidad, e influyen tácitamente esta obra difusa. Mas no agotado nunca por la concha simbólica, este mar de sugestiones inacabables se desborda nuevamente –y siempre–, incitándoos, llamándoos –¡oh, poetas!"

En conversación con Jean de Milleret, se refiere Borges a la palabra inglesa *overlap*: "Cuando los límites, las fronteras, no están claras en absoluto." [*Entrevistas con Jorge Luis Borges*, Caracas, Monte Ávila, 1970].

A propósito del ambiente *orillero*, Carlos Ocampo publica en *El Suplemento* (Núm. 140, 10 de febrero de 1926) la nota "El arroyo Maldonado": "El arroyo Maldonado ha ofrecido, durante mucho tiempo, material para la fantasía de las gentes. Su corriente y su fango hicieron rodar a más de una muchachita, cuyo secreto propósito consistía en inmortalizarse en un tango. ¡Cuánta historia de muchachita que abandonó la siniestra casita, situada al borde del arroyo, alucinada por los focos de luz eléctrica de la ciudad! ¡Cuánta almita sedienta de respirar aire puro se perdió en el laberinto de las calles con asfalto y dejó atrás, allí, en la casita de lata del arroyo, los viejecitos que se murieron de pena! ¡Cuánta literatura con granadina alrededor de este arroyo, apenas mojado en verano, hinchado y rezongón en invierno! El teatro, la novela, el verso, lo han inmortalizado, haciendo un poema de la mugre, de los malos olores y de los faroles a kerosene.

"Y no sólo fue la casquivana jovenzuela que dio el mal paso por la maldición del arroyo, que también aquello fue escenario de entreveros entre taitas de avería por la conquista del amor de alguna moza, más o menos garrida, de las inmediaciones. Sí; porque justo es reconocer que entre la cicuta y los yuyos que crecen y matizan las márgenes del arroyo, suele surgir, de tarde en tarde, como un contraste, una flor que consigue perfumar el alma tierna de los bandidos, razón suficiente para que los diarios se ocupen del asunto en la sección respectiva. Tiene sabor romancesco todo esto, y así deben entenderlo los policías, cuando en los casos en que resulta inevitable conseguir un delincuente, se dirigen hacia el arroyo Maldonado, seguros de que han de dar con él. Da lo mismo que el tal delincuente sea inocente o sea un humilde obrero del lugar.

"Las gentes no podrán dudar: el arroyo Maldonado da patente de mala vida, porque así lo sostienen escritores en sus dramas y novelas, cancioneros en sus letras de tango y policías en sus espectaculares capturas. Pero nada de eso existe. Hasta los faroles a kerosene sobran en aquellos parajes, ya que, tratándose de moradores honestos y laboriosos, no son aquellas gentes de parrandas y se recogen y se levantan temprano. No hay ni forajidos ni *flores de fango* que sueñen con *garçonieres* y automóviles *todos del mismo color*. Lo que hay allí es simplemente un enorme abandono de los poderes públicos, una de esas vergüenzas nacionales, a las cuales nos vamos acostumbrando; una de esas cosas deshonrosas que nos cuidamos muy bien de no mostrar al visitante".

Respecto de la pronunciación argentina, puede verse el texto de Tobías Bonesatti, "Lápiz y margen", publicado en *Nosotros*, Año XXII, Núm. 225-226, febrero-marzo de 1928. La respuesta de Borges puede encontrarse en "Notas y comentarios. Sobre pronunciación argentina", en *Nosotros*, Año XXII, Núm. 227, abril de 1928.

El suplemento literario dominical de *La Prensa* tiene en Borges un colaborador frecuente durante 1926: publica notas el 7 de marzo, 4 de abril, 2 de mayo, 16 de mayo, 6 de junio, 27 de junio, 11 de julio, 1° de agosto, 24 de octubre, 31 de octubre.

Borges durante 1926, además, publicó solo o en colaboración los siguientes textos, que presentan ciertas notas curiosas dentro de su vasta obra:

1. "Soneto para un tango en la nochecita", su única colaboración para *Caras y Caretas*. Roberto Ledesma [*Evolución del soneto en la Argentina*, Ediciones Culturales Argentinas, 1962] lo rescata, y anota: "Borges lo ensaya en tema de patio y tango, librándolo de la rima, sí, pero no de metro y estrofa, mucho antes de manejarlo a lo clásico para proponer sus realidades posibles."

2. "Soneto híbrido con envión plural", firmado por MVBG (Marechal, Antonio Vallejo, Borges, Girondo); "Romancillo cuasi romance del *Roman-cero* de la izquierda", firmado por Mar-Bor-Vall-Men (Marechal, Borges, Antonio Vallejo, Méndez); "Lo cacharon en

Cacheuta", firmado por Ber-Bor-Guillj-Mar-Per-Vall (Bernárdez, Borges, Guillermo Juan, Marechal, Pereda Valdés, Antonio Vallejo), todos en *Martín Fierro*.

3. Nota bibliográfica "Libros. Vicente Rossi, *Cosas de negros*. Córdoba, 1926", en *Valoraciones* (Núm. 10, agosto de 1926): "Es de veras un libro entretenidísimo, no de los que haraganamente se dejan leer, sino de los que se *hacen* leer. Su prosa es de conversador criollo: vivaracha, rica en agachadas, movida."

La referencia bibliográfica completa de la obra en cuestión es: Vicente Rossi, *Cosas de negros. Los orígenes del tango y otros aportes al folklore rioplatense. Rectificaciones históricas*, Córdoba, Río de la Plata, Edición de "Imprenta Argentina", 1926 (437 páginas). Fue felizmente rescatado por la colección *El pasado argentino*, dirigida por Gregorio Weinberg: Vicente Rossi, *Cosas de negros*, Estudio Preliminar y Notas de Horacio Jorge Becco, Librería Hachette, 1958. Dice el crítico y bibliófilo: "Posiblemente esta pieza de curiosos, por su misma extraña aparición, ya que se trata de una obra editada por un autor e impresor –destacado y casi desconocido ayuntamiento–, llegó a circular en contados ejemplares, hasta perderse en leyenda de bibliófilos". Agrega Becco que la obra "fue revisada por su autor, después de algún tiempo, con el fin de completar su obra en otra versión futura, que dejó al morir en manos de sus hijos. Este ejemplar, donde el propio Rossi estampara segunda edición corregida y aumentada, es el que ofrecemos ahora al lector" (en la página 27 se incluye el facsímil: *Cosas de negros. Rectificaciones y revelaciones de folklore y de historia*). Vale también la referencia "Vicente Rossi y Jorge Luis Borges". Rossi, bajo el seudónimo de William Wilson, había publicado *Casos policiales* en 1912. Rodolfo J. Walsh incluyó uno de ellos en *Diez cuentos policiales argentinos* (Librería Hachette, 1953). *Atlántida* (Núm. 437, 26 de agosto de 1926) había anticipado fragmentos de "Merienda de negros", de Vicente Rossi, de su libro *Cosas de negros*. Otro comentario sobre el libro de Rossi es el de Isaac Carvajal, publicado en *Nosotros*, junio de 1926.

Según refiere Ulyses Petit de Murat [*Borges Buenos Aires*, Buenos Aires, Municipalidad de la Ciudad de Buenos Aires, Secretaría de Cultura, 1980], en 1925, Néstor Ibarra había presentado una tesis para doctorarse en Filosofía y Letras en la vieja casona de la calle Viamonte. "Su tesis era un auténtico desafío. Nadie, en la Facultad, aceptaba el martinfierrismo. Así que la tesis fue rechazada, y nosotros, los mencionados en la obra que más tarde fue publicada bajo el título de *La nueva poesía argentina*, nos sentimos vagamente culpables en algún lugar del alma, ante el héroe Ibarra". Agrega Petit de Murat que a Ibarra "la personalidad de Georgie lo atrajo de inmediato. Lo hizo participar en algunas aventuras un tanto extrañas, como la de llevarlo a navegar por calles inundadas de Buenos Aires, con un bote me parece que inflable: el vecindario quedó estupefacto y no recuerdo bien si me dijeron que su reacción fue más bien adversa."

Su primer libro

Durante el año 1926, Roberto Arlt, Raúl González Tuñón, Eduardo Mallea y Carlos Mastronardi publicaron su primer libro. Tuñón y Mallea –con los poemas de *El violín del diablo* y los *Cuentos para una inglesa desesperada*, respectivamente– lo hicieron a través de la editorial de Manuel Gleizer.

El libro de Mallea fue ilustrado por Norah Borges. Como dato curioso, Pepe Bianco conservó el ejemplar de prueba de imprenta que fuera rechazado por el autor, disconforme con la tapa.

La editorial, ubicada en la calle Triunvirato 537, incluía en su catálogo a Leopoldo Lugones, Alberto Gerchunoff, Arturo Capdevila, Ricardo Sáenz Hayes, Eduardo Schiaffino, Roberto Mariani, Enrique González Tuñón, Ilka Kupkin y Leopoldo Marechal, entre otros escritores.

Una pincelada pintoresca son los *lunchs* que allí solían organizarse figura en *Síntesis histórica de la Literatura Argentina*, de Álvaro Yunque (seudónimo de Arístides Gandolfi Herrero), Claridad, 1957; señala que quienes asomaban por entonces a las letras "no han olvidado estos ágapes y sus turbulencias encantadoras" [Álvaro Yunque, *La literatura social en la Argentina. Historia de los movimientos literarios desde la emancipación nacional hasta nuestros días*, Claridad, 1941].

Lorenzo J. Rosso dirigía y administraba la imprenta homónima ubicada en la calle Doblas 951-965, de Buenos Aires. En sus talleres se imprimieron todos los volúmenes de *La Cultura Argentina*, colección dirigida por José Ingenieros y Severo Vaccaro. A la misma le siguieron la colección *La Cultura Popular* y la

Editorial América Unida, dirigida por José Luis Cantilo y Enrique Ruiz Guiñazú. Otras publicaciones fueron, por ejemplo, los *Comentarios de la Constitución*, de Sarmiento, *Discursos y escritos* de Vélez Sarsfield, y *Páginas* de Groussac.

La Editorial Latina, regenteada por Aldo Rosso, era una empresa colateral que publicó en el mismo día de 1926, y con iguales características gráficas, las novelas *Tierra amanecida*, de Carlos Mastronardi, y *El juguete rabioso*, de Roberto Arlt, en la *Colección de Autores Noveles*. La editorial tuvo, durante muchos años, una librería central en la calle Sarmiento 779.

El libro de cuentos de Mallea fue celebrado por Carlos Pirán, desde la sección "Hojeando los últimos libros", en *Mundo Argentino* (Núm. 829, 8 de diciembre de 1926): "La prosa cuidada hasta el artificio viene muy bien a sus dibujos, y epígrafes en todos los idiomas pretenden insinuar al comienzo de los cuentos la tonalidad dominante. Los cuentos del señor Mallea se leen, sin duda, con agrado, pero queda siempre al final la impresión de algo tan voluntariamente rebuscado, como el tipo Inkunabula en que fueron impresos."

Mallea había publicado en *Revista de América*, de la cual era secretario de redacción: "Cynthia" (Núm. 1, 1924), "Arabella y yo" (Núm. 2, 1925), "Un capítulo" (Núm. 3, 1925), "Sybil" (Núm. 4, 1925).

Motivo de orgullo

La publicación de *Antología de la poesía argentina moderna (1900-1925). Con notas biográficas y bibliográficas*, ordenada por Julio Noé, por la editorial Nosotros, fue otro de los acontecimientos literarios del año 1926. El colofón indica que fue terminada de imprimir en los talleres de Mercatali, el 31 de diciembre de MCMXXV. Borges, uno de los poetas incluidos, la comentó en *Proa* (segunda época, Núm. 15, enero de 1926).

Tal vez convenga rescatar la participación de Manuel Gálvez en el análisis de la *Antología*, y la dura réplica de Luis Cané [*El Hogar*, Núm. 872, 2 de julio de 1926: Gálvez sobre la *Antología* de Noé, primera parte; *El Hogar*, Núm. 873, 9 de julio de 1926: Gálvez sobre la *Antología* de Noé, segunda parte; *El Hogar*, Núm. 875, 23 de julio de 1926: Luis Cané sobre las notas de Gálvez].

Según Gálvez ("Una antología poética II"): "Fuera de Lugones nadie ha tenido tantos discípulos e imitadores como el gran poeta de *Ciudad* (Baldomero Fernández Moreno). Escribiendo en un excelente castellano, fue porteño en *Ciudad* y provinciano en *Campo argentino*. El dinamismo de Buenos Aires, la mezcla de las razas, la infinitud pampeana, casi todo lo esencial de nuestra vida, ha sido poetizado por Fernández Moreno. Por su obra y la de sus condiscípulos, la poesía argentina, hasta hace pocos años, fue casi exclusivamente realista.

"Mientras tanto, en Europa surgían nuevas escuelas: el futurismo, Dada, el creacionismo, el ultraísmo, el unamunismo, el expresionismo y el superrealismo. Estas tendencias o escuelas no han tenido eco entre nosotros, salvo el creacionismo y el ultraísmo, que son recientes. La modernísima lírica de Borges, de Hidalgo, de Marechal, de González Lanuza y de otros, apenas tiene cinco años de existencia reconocida. Nuevamente, la influencia francesa pareció dominar a los jóvenes. Se imitó a Paul Morand, a Reverdy, a Apollinaire. En un artículo que publiqué hace un año, reproché a los poetas de la nueva generación el imitar a los franceses y españoles. Les acusaba de ver nuestras cosas con ojos extranjeros. Pero fuese que mi conocimiento de la nueva poesía argentina no era profundo o que los jóvenes poetas han comenzado a cambiar de ruta, el hecho es que la lírica de estos momentos busca, y aun prefiere, el tema típicamente argentino. Es el caso de Borges, convertido a militante del nacionalismo estético.

"La actual poesía argentina sigue, cada día más, las nuevas tendencias. Los jóvenes escriben breves poemas sintéticos, en un idioma de imágenes. Las palabras surgen como desnudas. Nos dan la sensación de una espada penetrando en un cuerpo, tan rápida y directa es la forma en que esta poesía entra en la sensibilidad y la imaginación del lector. Pero claro es que los artistas de las generaciones anteriores no aceptan estas novedades. Sin embargo, se dejan influir por ellas. Hay en toda la poesía argentina un fuerte propósito de sobriedad y una tendencia indudable a expresarse en imágenes. El poeta de este momento no es un argentino, desgraciadamente. Es el uruguayo Fernán Silva Valdés, poeta de excepcional talento. Silva Valdés está realizando en formas modernísimas, con bellas imágenes, absolutamente nuevas las poesías de los campos y de las cosas uruguayas, que es ni más ni menos la poesía de nuestros campos litorales y de nuestra vida colectiva.

"Pero, dejando las orientaciones estéticas, ha llegado el momento de preguntarnos: ¿qué caracteres espirituales o ideológicos presenta nuestra poesía si la examinamos en conjunto?

"Yo veo en la obra de nuestros poetas un gran optimismo. Es como debe ser la literatura de un pueblo joven, feliz y fuerte. Nuestros poetas apenas conocen la tristeza. Algunos intentan demostrar que la sienten, pero no saben ponerse tristes. Por esto, nuestra lírica es más objetiva que subjetiva. Nuestros poetas suelen ser admirables paisajistas y mediocres reveladores de la vida interior. Los dos líricos más puros de la actualidad, es decir los más subjetivos: Arturo Capdevila y Pedro Miguel Obligado, no tienen casi ninguna relación, en cuanto poetas, con el ambiente físico y moral del país. Capdevila, especialmente, que en su subjetividad llega hasta el misticismo, parece un poeta de otro pueblo. Por este motivo, su más bella obra, *El libro de la noche*, no ha sido comprendida, ni apreciada en su justo valor. Nuestro pueblo es el menos propenso al misticismo y a la alta espiritualidad. Con Obligado ocurre algo semejante. Obligado es un elegíaco, un poeta de la vida interior. En el idioma de algunos psicólogos diríase que es un intravertido, vale decir: dirigido hacia adentro. En cambio, el espíritu argentino es esencialmente extravertido, vale decir: dirigido hacia lo externo. Obligado tiene la admiración de un público sensible y numeroso, pero su poesía poco o nada tiene de argentina, ni en sus asuntos ni en sus caracteres dominantes.

"Antes de concluir, quiero señalar la importancia de la poesía, como conjunto, dentro de nuestra literatura. Julio Noé ha podido reunir ochenta y siete poetas, sesenta de los cuales, por lo menos, tienen un verdadero valer. La novela y el cuento, por más que se ensanchara el contenido de estas palabras, no darían ni una cincuentena de nombres. El teatro, refugio del analfabetismo y del afán de lucro, apenas si produce cuatro o cinco obras estimables por año. El ensayo comienza a nacer, y ya nos ha dado un interesante espíritu y un admirable prosista: Pablo Rojas Paz; pero esto es poco. Y en cuanto a la crítica, casi no existe, y no existirá hasta que los pocos hombres jóvenes capaces de juzgar a los demás no se decidan a trabajar seriamente.

"Mucho se habla de patriotismo entre nosotros, pero raras veces lo vemos expresado en obras. Para millares de argentinos el patriotismo consiste en delirar ante el triunfo de un boxeador o ante la hazaña de un aviador. Las hazañas puramente espirituales o literarias no entusiasman a nadie en este país. Trabajos como el de Noé, arduos, pacientes, desinteresados –una antología no da gloria, y este enorme y costoso volumen no puede producir dinero– debieran ser estimulados por nuestro público culto y por los escritores. Una obra de esta índole, que resume veinticinco años de nuestra poesía, tendría que ser, por su contenido y su significado, motivo de orgullo para todos los argentinos. Creo que apenas habrá en todo el mundo media docena de naciones que puedan presentar un conjunto de poetas superior al nuestro."

En la primera nota, Gálvez había escrito: "En la antología de Noé, apenas llegan a quince los que pueden merecer que se los considere como figuras de gran valer".

Luis Cané (en "El señor Gálvez comenta la antología poética de Noé") arremete contra el autor de *La maestra normal*: "Para opinar sobre la poesía argentina, que el señor Gálvez revela no conocer más que a través de la antología de Noé, ha elegido un camino fácil: hace como si creyera que la gente tiene de las antologías, y en especial de la ordenada por Noé, un concepto distinto del suyo. Así, pues, contradice esos pareceres imaginarios y sienta su opinión sobre los escombros de las que acaba de destruir.

"Como a partir de ese momento su tarea ha de concretarse a ensartar adjetivos elogiosos a cincuenta y seis poetas, y él no quiere pasar por adulador, antes de entrar de lleno a derramar almíbar, pulveriza a dos: a Roldán y a Carriego, ambos fallecidos."

Cané concluye contradiciendo sus dichos sobre la crítica: "¿Para qué quiere el señor Gálvez que exista la crítica? El día que se haga una revisación de valores, ya le darán su lugar: no se apure. Ya verá, acaso con amargura, cómo le salen descubriendo que a él también lo inventó Rudolph Valentino, en Nueva York, en colaboración con Blasco Ybáñez."

En el texto autobiográfico de Cané, incluido en *Exposición de la actual poesía argentina*, de Vignale y Tiempo, se lee: "Cada vez que se me ha solicitado una autobiografía, me he limitado a contestar: Nací en Mercedes (provincia de Buenos Aires) el 1º de marzo de 1897. Como poeta, según un señor Manuel Gálvez, que anda suelto por ahí, soy de segunda categoría. Nada más". Cané publicó *Mal estudiante* (1925), *Tiempo de vivir* y *Marido para mi hermanita* (ambos en 1927).

Pedro Henríquez-Ureña, en la nota bibliográfica sobre la *Antología de la poesía argentina moderna* [Valoraciones, Núm. 9, marzo de 1926], refiere la *Antología* de

Novillo-Quiroga y Morales, aparecida en 1917, donde figuran muchos poetas que no están en Noé. Señala que el punto de partida de Noé es 1900, con "la inauguración oficial" de la poesía contemporánea en la Argentina marcada por la publicación de *Prosas profanas* de Rubén Darío (Buenos Aires, 1896).

E. M. Barreda, en su nota "A propósito de autobiografías" [*Nosotros*, Núm. 206, julio de 1926], se ocupa de los artículos de Gálvez publicados en *El Hogar* sobre la Antología de Noé. El *Anuario* citado presenta a Barreda "como poeta que ha publicado sus ocho libros de versos y como compilador que ha seleccionado la primera *Antología* de poesía moderna en el país."

Ernesto Morales, en "A propósito de la Antología de Noé" [*Nosotros*, Núm. 207, agosto de 1926], arremete contra Gálvez por sus notas en *El Hogar*, reivindica *Nuestro parnaso*, de Barreda, y la *Antología contemporánea*, del mismo Morales y Diego Novillo-Quiroga.

Francisco Soto y Calvo descalificó a la vanguardia literaria ponderada por Noé en el libro que publica con el título *Los poetas maullantinos en el Arca de Noé* (M. Gleizer, 1926). También en el año 1926, Soto y Calvo da a la imprenta *Iguazú. Poesías* (J. Samet), *Joyario de Poe* (Inca), y *Posadas* (La Tarde, Dizz). Al año siguiente, Soto y Calvo vuelve a la carga con *Índice y fe de ratas de la nueva poesía americana* (J. Samet, 1927), dedicado "A los maullantinos, muy respetuosamente". El primero de los versos, titulado "Por qué del dedicatorio", señala a continuación "Para Noé".

El dedicado a Jorge Luis Borges dice en una parte:

> "Y a pesar de los puentes que te ofrezco
> "estudioso al llamarte y erudito,
> "ya tengo que decir, caro colega,

"que tu prosa es de pega
"y que tu verso de hoy no vale un pito."

Jorge Luis Borges consideró necesario ocuparse de ese libro: en "Bibliografía. *Índice y fe de erratas de la nueva poesía americana*, Francisco Soto y Calvo, Samet, 1927, Buenos Aires", publicado en *Síntesis*, Núm. 4, septiembre de 1927, lo describe como "libro de alacranerías en duda".

Los americanos formamos una raza aparte

El escritor peruano (y aprista) Alberto Hidalgo, "en perpetuo connubio con el tremendismo y el escándalo", con puntos de encuentro como Whitman en el Greenwich Village, y como la bohemia literaria europea en los "caves" de París, en los "colmados" y cafés de Madrid, fue uno de los más grandes animadores de la vida literaria de Buenos Aires durante el año 1926. [La cita corresponde a Luis Alberto Sánchez, *Historia comparada de las literaturas americanas. III. Del naturalismo al posmodernismo*, Losada, 1974].

Hidalgo había publicado en la ciudad de Arequipa, en 1919, el libro *Jardín zoológico. Política, historia, humorismo, poesía, crítica, otros géneros, panfletos, elogios, crónicas, cartas, versos, pensamientos, notas, aforismos, anécdotas, paisajes*. Al año siguiente, en Buenos Aires, dio a la prensa *Muertos, heridos y contusos* (Imprenta Mercatali, 1920), obra que lleva dedicatoria al político yrigoyenista Diego Luis Molinari. En el prólogo, fechado en Madrid, en 1920, Hidalgo revela que "ha sido formado con artículos procedentes de cinco libros míos, en preparación unos y publicados otros"; "se me ha llamado panfletario", siendo que el panfleto "tiene un abolengo verdaderamente ilustre", tal como lo practicaron Dante, León Bloy, Victor Hugo.

En esa obra relata su entrevista con Lugones en la Biblioteca del Consejo Nacional de Educación: "Comenzamos a charlar. Mejor dicho, yo empiezo a escucharle, porque él habla hasta por los codos. Tiene una verborrea formidable. Habla como las mujeres mienten, como los hambrientos tragan, como los gramófonos escriben: incansablemente. De la política pasa a la arquitectura, de la arquitectura a la crisis económica, de la crisis económica a la poesía, de la poesía al negocio de chorizos y manteca. En un momento se ocupa de los problemas más trascendentales y los detalles más nimios. Califica a los españoles de bestias, y los llama despectivamente *gallegos*. Hablando de gente de letras, dice que los jóvenes literatos de la Argentina *son una manga de animales*.

"–¿Todos?

"–Todos. No hay uno solo que merezca la pena de ser leído. Una porquería...

"–¿Y Arrieta? ¿Y Banchs? ¿Y Capdevila? ¿Y Gálvez?

"–Sí, sí. Están bien. Pero... hablemos de otra cosa.

"Y cuando le pregunto algunos detalles de su vida, me dice que él hace versos casi sin querer, que se le salen a la pluma."

De la entrevista con José Ingenieros:

"–Dicen que cuando al doctor [Juan B.] Justo le dijeron que usted pensaba publicar una edición de sus obras completas, aseguró que el título de una, *Al margen de la ciencia*, podría servir de epígrafe para toda la serie.

"–Está graciosa... No sabía que Justo fuera aficionado a los chistes.

"–Lo malo del caso es que, según parece, lo dice en serio.

"–Bueno; mejor para la comicidad del asunto. Los chistes alemanes son chistosos precisamente por la seriedad con que los dicen."

De su encuentro con José María Eguren:

"Aunque [...] ha pasado ya de los cuarenta años, las nuevas generaciones le contamos en nuestras filas. En puridad de verdad, el naciente prestigio de Eguren es hechura nuestra. Mientras los viejos, los *consagrados*, los espíritus académicos, le rechazaban y rechazan aún, con sonrisas idiotas, los jóvenes le hemos impuesto ante la consideración del público. Su triunfo, si ya ha triunfado definitivamente, es triunfo nuestro. Su poesía es de lo más indefinible. No se la puede catalogar. En los andamiajes de las escuelas literarias no hay casilla para ella. En cierto modo, es un poeta simbolista. Mas es necesario advertir que su simbolismo es puramente personal; está muy lejos del francés. Es más intenso, más humano, menos fantasioso. No tiene antecedentes, cánones ni métodos. Por esta causa son muchos los que no han logrado entenderlo todavía. Para algunos, Eguren no es sino un loco, un *alucinado*. Quizás esto último lo sea, en efecto. ¡Pero qué alucinación tan sublime!"

Hidalgo incluye en *Muertos, heridos y contusos*, entrevistas con tinte descalificante de Ramón Gómez de la Serna, Ramón del Valle Inclán, Ricardo León, Ramón Pérez de Ayala, Eduardo Marquina, Hermanos González Blanco, Antonio de Hoyos, Rafael Cansinos Assens, Azorín, Julio Cejador.

En la sección final titulada "Moscardones", se refiere a Vicente Blasco Ibáñez, en estos términos: "A Blasco Ibáñez yo no le veo la punta. Sus novelas son todas, si no de imitación, de adaptación. Puro Zola, pero sin la fuerza ni la genial desenvoltura de ese gran generador de caracteres.

"Su estilo es soporífero, incoloro, vulgar. Sus pensamientos son raquíticos. Parecen viejos convalecientes a quienes tiemblan las piernas, y que, si por acaso alguien se antoja de mover, se van al suelo y se maltratan las narices.

"En materias sociales no va más lejos que cualquier vulgar republicano con humos de socialista. Sus ideas, si son suyas, las traduce con gritos, ademanes, amenazas, alardes. Produce la impresión de un cencerro atado a la cola de un caballo desbocado que corriese vertiginosamente. ¡Pura bulla, y en el fondo, nada! Así, cualquiera podría resultar apóstol.

"Como todos, o casi todos los evangelizantes, nunca pone en práctica sus prédicas. Aconseja la virtud, y se deleita elogiando al populacho, que, en España, Inglaterra, Francia, China, y en todas partes, es fuente de vicio y corrupción. Celebra la democracia, y vive como burgués. Aplaude la honradez, y es un estafador de tomo y lomo.

"Quien no crea esto último, que lo pregunte a los argentinos."

En la misma sección, sobre Juan Ramón Jiménez: "Es un poeta sietemesino. Todo en él es débil, tembloroso y raquítico. Su espíritu es sensiblero y llorón, rayano en mujeril."

En edición de autor, Hidalgo publica al año siguiente (1921) en Buenos Aires *España no existe. Conferencia leída en un café de Madrid, ante una veintena de amigos, el 25 de julio de 1920.* Según el autor, con ella inicia el "Ciclo de la madurez". Dice en el Introito: "Allá en mis selvas americanas, yo era un frenético enamorado de España. Vine a conocerla, y no la encuentro por más que la busco. Y entonces grito: España no existe. Es decir, esa España caballeresca, quijotesca y todas las otras conocidas; esa España brava y guerrera de que nuestros padres nos hablaban cuando éramos niños; esa España de la mujeres bellas, de los ojos enloquecedores; esa España trágica de los toros terribles y los toreros valientes; esa España absolutista de los reyes donjuanescos y tiranos, todo junto; esa España de las ciudades únicas, llenas de monumentos y recuerdos de la antigüedad; esa España de los poetas admirables, de los donceles enamorados, de los trovadores bajo la luna, de los espadachines, de los duelos al volver de una esquina; esa España no existe. Y es más: dudo que haya existido.

"Y dudo también que haya un pueblo más embustero que el español. Los españoles le habéis hecho al mundo eso que vulgarmente se llama meter gato por liebre. Habéis hablado de una España falsa, una España apócrifa, una España que si alguna vez existió fue sólo en la imaginación de poetas románticos y más o menos histéricos.

"España, ¡qué triste certidumbre!, es un país sin carácter, sin personalidad propia, vulgar, y, lo que es peor, tan atrasado que nos obliga a creer que los franceses tienen razón cuando afirman que África empieza en los Pirineos..."

En el capítulo titulado "El ultraísmo" sostiene: "De nada servirá que los alegres muchachos se revuelvan airados y griten y blasfemen. Sus revueltas, gritos y blasfemias quedan en casa. Hacen mil ejemplares de su revista, de las cuales, doscientos se venden y los restantes los ubican primero en sus depósitos y después van a parar a manos de almaceneros y mercachifles que los compran al peso. Ellos solos se leen, ellos solos se aplauden y ellos solos se suponen en las cumbres de la gloria. ¡Pobres chicos! Cuando les pase el sarampión, se reirán de sí propios. Al fin de cuentas, no hacen mal a nadie. No hacen otra cosa que divertirse, e injusto fuera el impedírselo.

[...]

"El modernismo literario fue implantado en España por Rubén Darío; la filosofía moderna por Rodó. Y así también, el ultraísmo ha necesitado, para fructificar, el riego de un americano, de un poeta de América, aunque no de los mejores: el señor Vicente Huidobro. Y menos mal que ellos mismos lo confiesen. Uno de los adalides del ultraísmo, Rafael Cansinos Assens, ha dicho que después de la última guerra europea, no había ocurrido acontecimiento más grande que la llegada a España del poeta Huidobro.

[...]

"Cuando Vicente Huidobro llegó a París, estaba en auge el creacionismo, cuyo apóstol es el admirable Paul Reverdy. Se infiltró de su espíritu, bebió en su vaso, aprendió su técnica y él, que no había pasado de ser un poeta mediocre en el arte más o menos clásico, se descubrió cualidades para mejorar enmendando el rumbo. Compuso varios libros y se vino a España. Aquí habló a algunos jóvenes, los cuales le escucharon con un palmo de narices, suponiéndole milagrosamente caído de un planeta inverosímil. Y un audaz, buscando palabra atrayente y simpática para bautizar el engendro, halló esta: ultraísmo.

"Es natural que al cambiarle de nombre, le dieran nuevo matiz, matiz propio. Y, sin embargo, no lo hicieron. Y no lo hicieron porque les faltó ingenio para hacerlo. Se aprovecharon de él y se salieron a la calle, en estúpida bullanga, llamándose a originales. Esto significa que se les puede catalogar entre los rateros. Los ultraístas, pues, son unos ladronzuelos. Han robado y continúan robando en plena calle. Las luces de la calle son escasas o débiles, y por eso el público no advierte la maniobra. Ojos de felino hacen falta para mirarles. En los años que corren, la oscuridad ha llegado a tal extremo que, para no tropezar y caer, va a ser preciso llevar en la mano una linterna.

"Mas, lo macizo del bulto reside en lo que viene luego. Alguien ha dicho que las nuevas corrientes literarias no pasan de ser un espor de millonarios. Me parece antojadiza y mezquina la aseveración. Las nuevas corrientes son eso, en efecto, pero no sólo eso: son también un noble anhelo de redención y de protesta contra las actuales rutinas, y, algunas veces, un formidable residuo de poesía eterna expresado en forma nueva. Se fundan los que afirman lo que impugno en que Marinetti, Luciano Folgore, Paul Reverdy, Francis Picabia, Vicente Huidobro, Pierre Albert Birot y algunos otros cabecillas de los varios grupos son millonarios. En España, que es un pueblo de pobres, no abundan los dioses del dinero. Y así se podría decir, para que el cargo fuera completo, que el ultraísmo es un espor de andróginos. El jefe de ellos, todos lo saben, es un maricón con patente: Cansinos Assens. Y los que le siguen lo son también, con pocas excepciones. La redacción de la revista *Grecia* es su casa de cita. El maestro, como le llaman a Cansinos, se desnuda allí cotidianamente y baila la danza de Salomé...".

En el mismo libro, bajo el título "Nosotros", afirma Hidalgo: "Aquí (en España) sólo se conoce la Argentina que en Argentina se desprecia. Ejemplos. José Ingenieros, un buen lector, que tiene la peregrina costumbre de publicar con su firma las cosas que lee, aun siendo libros enteros. Ricardo Rojas, escritor sin personalidad, incoloro, farragoso, fangoso, empalagoso y anodino. Manuel Ugarte, o sea la cumbre de la Mediocridad. Gustavo Martínez Zuviría, un folletinista para niñas románticas y viejas patrioteras. Manuel Gálvez, laya de Antonio de Hoyos, por la sordera... y por lo otro. Pero Argentina no es eso. Ustedes (los españoles) no conocen, para citar apenas dos nombres de la gente que se va, a Enrique Rodríguez Larreta y a Leopoldo Lugones. Con Leopoldo Lugones –que no es de los poetas mayores de América– no resiste la comparación ningún poeta de España. Aquí no se conoce al gran Diego Luis Molinari, en primer lugar, un extraño pensador, vigoroso, y audaz, cuyo libro *El Sofista* es una verdadera maravilla; a Alfonsina Storni, mujer que pesará tanto, o más, acaso, en la balanza de la posteridad, que la Condesa de Noailles; a Enrique Banchs, a Rafael Alberto Arrieta, a Fernández Moreno, a Roberto Giusti, a Alberto Gerchunoff, a tanto que ahora olvido. Y conste que en México, Perú, Venezuela, Colombia, hay escritores, viejos y jóvenes, de un valor imponderable. De modo, pues, que no se debe hablar de América a través de la Argentina, ni hablar de la Argentina por el trigo y el ganado que de allí viene, teniendo en cuenta que del ganado que viene y del que ustedes se alimentan, también forman parte Gálvez, Martínez Zuviría, Ugarte, Rojas e Ingenieros...

"A otra cosa. Los americanos formamos una raza aparte. No tenemos ningún punto de contacto con España. Nos sentimos, aquí, extranjeros, como pueden sentirse los ingleses, los franceses, los alemanes, los rusos. Quizá tengamos todavía un diez por ciento de sangre española. No importa. No nos sirve para nada. La inmigración europea que tenemos, nos ha emancipado de España. Somos el tipo de una raza nueva, la raza americana, raza ya definida y evidente, por lo menos como la blanca, la negra, la amarilla, no teniendo nada que ver con ellas, aunque ellas hayan contribuido a formarla.

"El último vínculo que nos ligaba: el idioma, está tendiendo a desaparecer. Ahora mismo, puede asegurarse que ya no hablamos el mismo idioma. Los españoles hablan castellano; los americanos, americano, o neoespañol, como le llamara no sé si Remy de Gourmont. En este sentido, la Argentina parece ser el país que va a conquistar más pronto su independencia. En Argentina se habla hoy un idioma formado con palabras de varios idiomas, el cual, tarde o temprano, conforme se vayan adentrando en los demás países los inmigrantes italianos, ingleses, rusos, etc., se hablará en toda América. La cosa es tan clara que para que vosotros la comprendáis no es preciso que yo ahora oficie de hermeneuta. No han de pasar muchos años para que en América se cree una institución encargada de cuidar el idioma, de pulirlo, de ampliarlo, la cual será formada por escritores neocastellanos de Norte, Centro y Suramérica. Esa institución podrá llamarse Academia Americana de la Lengua. Porque eso estamos haciendo: creándonos una lengua propia.

"Todo nos separa. Somos diferentes en arte, puesto que el nuestro es autóctono, y tan alto que ustedes mismos, hijos de Cervantes, de Lope y de Quevedo, le hacen el honor de imitarlo; en religión, puesto que nosotros a eso no le damos importancia y ustedes aún huelen a cirio y a incienso de sacristía; en política, puesto que nos damos los gobiernos que nos da la gana y ustedes continúan postrados a los pies de reyezuelos nefastos que no son sino prolongaciones del horrendo Fernando VII; en fin, en todo."

Química del espíritu es el título del libro de poemas que Alberto Hidalgo publica en la Imprenta Mercatali, en 1923. La obra es presentada por Gómez de la Serna: "Prólogo del más grande de los grandes ramones de España: Valle Inclán, Pérez de Ayala y Gómez de la

Serna", quien escribe: "Hidalgo da saltos por encima de las cosas y de las casas. Cuando le vi en Madrid no me pareció que había venido en un transatlántico o en un aeroplano, sino de un salto. Ese saltamontismo espiritual de Hidalgo da una gran variedad a su literatura y le hace asociar cosas completamente distintas y reunir palabras que sin su condición de saltador maravilloso no hubieran estado nunca reunidas tan a continuación, no se hubieran visto jamás entremezcladas."

Concluye: "Querido Hidalgo, verdadero agrimensor del horizonte, dé usted un salto pronto y aparezca de nuevo por Pombo, donde se le espera y se le reserva un sitio siempre, el sitio que ya sé que no podrá retenerle porque usted ¡paf! saltará por encima de la sagrada cripta y saltamontes de mar como de tierra, se dará de nuevo los cuatro saltos con que usted pasa el Océano, apoyándose en las islas de las ballenas, que son los alegres surtidores del mar."

Poema "Sensación de velocidad":

"60hp.
"blanca y recta la cinta del camino
"me siento
"AGRIMENSOR DEL HORIZONTE.

"Marcha.
"125 kilómetros por hora.

"Se enrolla poco a poco
"la cinta del camino
"en el carrete hambriento
"que es el 'rolls royce'.

"Al fin, una muralla
"donde termina la carretera.

"Me queda el gesto
"de quien ha MENSURADO EL INFINITO.
"y guardo el auto
"en el garage,
"bolsillo de los automóviles."

Poema "El destino":

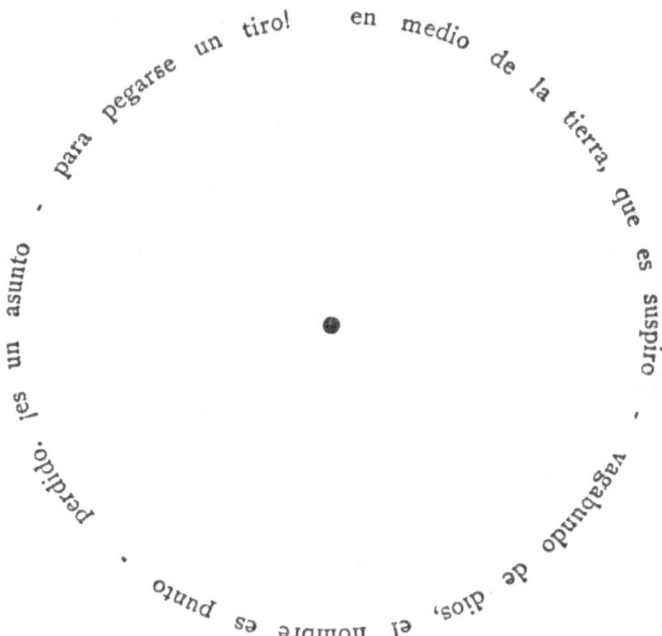

Hidalgo cierra *Química del espíritu* con esta declaración: "Yo no tengo la culpa de ir contra la corriente, ni voy deliberadamente contra ella. Lo único a que aspiro es a expresar lo que no se ha expresado, atrapando una EXPRESIÓN que contenga la inquietud del espíritu humano en la hora presente. Mientras la música ha alcanzado su expresión definitiva, la poesía la está buscando infructuosamente desde hace siglos. ¿Por qué no ha habido un Beethoven de la poesía? ¿Por qué los más grandes poetas, son, cuanto poetas, unos pigmeos al lado de Beethoven, cuanto músico? no por falta de genio en los poetas, sino por ausencia, *por pobreza de expresión*.

"Intento aquí un arte mío, un arte personal, incatalogable, por la briosa independencia que le distingue, en las escuelas poéticas antiguas o modernas, aunque haya tomado elementos del *cubismo* de Apollinaire, del *creacionismo* de Reverdy, de otros *ismos*. Voy en busca de un simplismo –¡he ahí un título para mi manera!– artístico, libre de toda atadura, ayuno de retórica, huérfano de sonoridad, horro de giros sólitos y sobre todo de lugar común.

"Conozco los riesgos de la empresa. En esta América gregaria, sucursal de la cafrería, a todo el que se aparta de la derecha, se le responde con la indignación, la risa o la indiferencia. No importa. Yo sé que al fin y al cabo sólo lo personal no lo destruye el tiempo."

Ese poeta soy yo mismo

La obra cumbre de Hidalgo en el período fue *Simplismo. Poemas inventados* (El Inca, 1925). Comienza con "Invitación a la vida poética" (33 páginas para caracterizar el simplismo). En el punto 7 dice: "Simplismo es una reivindicación de los fueros de la palabra. Es devolver a la palabra lo que a la palabra pertenece. Aunque sea una paradoja, la verdad es que, quitándole, se le da. Se la despoja de los atavíos retóricos, de la estilización, para que se columbre mejor su grandeza. Su desnudez es su traje. Y la palabra llega a ser así tan magnífica, que no necesita ni siquiera el concurso de las otras palabras. Porque en el Simplismo caben todos los individualismos. La palabra es un ser aislado, independiente y único. Antiguamente, las palabras estaban regidas, sometidas a la tiranía del estilo. El Simplismo las redime, las libera, porque determina el fracaso de todos los estilos. ¡Simplismo, bolívar de las palabras!"

Poema "Autorretrato simplista":

"Gafas,
"alambiques, filtros de clarificación,
"altas ventanas de la casa
"iluminadas desde adentro,
"barreras
"para que no se salgan juntas las miradas
"sino que pasen de una en una.

"Cuello duro,
"catalepsia de la batista de hilo.

"Corbata,
"Cristo de seda

"crucificado sobre el pecho.

"Traje,
"lenguaje de la civilización,
"termómetro de la cultura,
"espejo del tiempo.

"Yo llevo el de mi época,
"la de lo rectilíneo, lo grave, lo conciso.

"¡Los antiguos tuvieron su Ilíada,
"nosotros tenemos nuestra sastrería!"

Emilio Suárez Calimano dedica el número 16 de sus *21 ensayos* a *Simplismo*, de Hidalgo. Alaba al poeta pero censura al "casillero": "Cuando Hidalgo *hace* poesía le aplaudimos; cuando formula su *sistema* necesariamente debemos censurarlo."

A la vuelta de los años, Hidalgo publica *Diario de mi sentimiento (1922-1936)*. En la carátula se ve un retrato del autor, un óleo de Emilio Pettoruti (Edición Privada, 1937, Impreso en los talleres gráficos Excelsior).

En la parte final, titulada "Distinta interpretación de cine", dice Hidalgo: "Un día, en un cine, en un cine cualquiera, frente a una película igualmente cualquiera, sintió de repente algo así cual una sensación de alivio, de ligereza, como cuando se toma un tóxico, unas *prises* de cocaína, por ejemplo. Todo lo físico de su existencia parecía habérsele ido, quedándole sólo el alma junto con él. Inmediatamente le acudieron ideas y sentimientos; ideas y sentimientos se trocaron en imágenes; las imágenes hallaron palabras que las contuviesen; las palabras se encadenaron en emoción de verso. Había pensado un poema. Sus labios lo musitaron muy bajo y lo trasladó al papel. Era magnífico.

"Desde entonces, aquel hombre jamás pudo escribir un poema sin ir previamente a un cine y someterse a esa disgregación de la personalidad que él ejecuta. El cine por ser, no obstante la importancia que da ahora a la música y a la palabra, por ser, repito, arte para los ojos ante todo, monopoliza la atención objetiva del espectador, le succiona por así decirlo toda capacidad de percepción formal y puede dejar intacta su parte de espíritu. Y eso en modo tal, que mientras se cumple sin desmedro la función suprema del ser, que es el pensamiento, los sentidos visuales parecen tomar conciencia, paso a paso y en detalle de los valores de la obra cinematográfica contemplada.

"El caso del poeta que sólo puede pensar sus poemas mientras las antenas de su cuerpo se desenvuelven en el camino de los ojos, es sumamente significativo. Sólo me resta decir que este caso no es una ficción, una imaginación de novela. Es algo cierto, palpable y vivo, tomado de la realidad. Como que ese poeta soy yo mismo."

[Sobre el *Diario* de Hidalgo: José Muñoz Cota, "Capítulo 2. Ausencias y presencias", *Construcción de Alberto Hidalgo*, Asunción del Paraguay, Firmamento, 1947].

Más tarde dio vigorosas páginas

Entre las otras novedades publicadas en el rubro poesía durante 1926 vale referir (por orden alfabético de autor):

Adler, María Raquel, *Místicas*, segunda edición, con una carta-prólogo de Ramiro de Maeztu, ilustración de tapa por Jorge Larco, Tor.
Aramburu, Ricardo, *El alma de mis horas*, París, Franco-Ibero-Americana.
Beter, Clara, *Versos de una...*, Claridad, Colección Los Nuevos.
Camino, Miguel A., *Cháquiras*, El Inca.
Camino, Miguel A., *Nuevas chacayaleras*, prólogo de José Gabriel, J. Samet.
Cárpena, Elías, *Rumbo*, El Inca.
Córdova Iturburu, Cayetano, *La danza de la luna*, El Inca.
De Amador, Fernán Félix (seudónimo de Domingo Fernández Beschtedt), *El cántaro y el alfarero. Llanura, mar y cielo. La corona. Nuevos poemas*, Tor.
Diéguez, Luis Francisco, *Espantapájaros*, El Inca.
Domínguez, María Alicia, *Crepúsculos de oro*, Tor.
Domínguez, María Alicia, *Ídolos de bronce*, con ilustraciones de Pedro Marsal y Roca, Tor.
Echavarri, Luis, *El arcano entrevisto*, Sebastián de Amorrortu.
Echegaray, Aristóbulo, *Poeta empleadillo*, Hoy.
Escardó, Florencio, *Poemas de la noche y del silencio*, Pedro García.
Fijman, Jacobo, *Molino rojo*, ilustraciones de Pompeyo Audivert y José Planas Casas, El Inca.
Fingerit, Marcos, *Canciones mínimas y nocturnos de hogar*, Tor.
Galíndez, Bartolomé, *Sol de otoño*, Araujo Hermanos.

García Costa, Rosa, *Esencia*, BABEL.
García Mellid, Atilio, *Los poemas del mar y de la estrella*.
Gómez Ybáñez, Eduardo, *Cantos salvajes*, M. Gleizer.
González Carbalho, José, *Palabras del retorno*, El Inca.
Herreros, Pedro, *Poesía pura*, Talleres Gráficos Damiano.
Jordán, Juan Manuel, *Agua de fuente*, El Ateneo.
Lange, Norah, *Los días y las noches*, El Inca.
Lleonart, Yolanda, *Cantos de amanecer*, Buenos Aires Cooperativa Editorial Limitada, Agencia General de Librería y Publicaciones.
Marechal, Leopoldo, *Días como flechas*, M. Gleizer.
Mastronardi, Carlos, *Tierra amanecida*, retrato del autor por Norah Borges, Latina.
Menéndez Barriola, Emilio, *La divina locura*, Coni.
Olivari, Nicolás, *La musa de la mala pata*, Martín Fierro.
Pereda Valdés, Ildefonso, *La guitarra de los negros*, Montevideo / Buenos Aires, La Cruz del Sur / Martín Fierro, viñetas de María Clemencia.
Vega, Carlos, *Hombre*, El Inca.

También se publica, de Omar Khayyam, *Rubáiyat*, en versión castellana de Joaquín V. González, sobre el texto en inglés de Edward Fitzgerald, con introducción de Julio V. González, publicada por Juan Roldán.

Mariano de Vedia y Mitre publica la versión poética española de *La esfinge*, de Oscar Wilde (folleto Imprenta Tragant). Asimismo, el *Fausto de Goethe. Primera parte*, con traducción en verso de Augusto Bunge, se imprime en los Talleres Gráficos Rosso.

Augusto Bunge publica "La *nueva sensibilidad* en el segundo *Fausto*" [*Nosotros*, Núm. 210, noviembre de 1926], nota en la cual explica la traducción del segundo *Fausto*, "muy diferente en fondo y forma" a la primera parte, por él traducida y publicada.

Los libros de poesía premiados en el Concurso Literario Municipal correspondiente a 1925 fueron:

Aldea española, de Fernández Moreno (Tor), con $5.000; *La víspera del buen amor*, de Horacio Rega Molina (BABEL), $3.000; *Alcándara* (Proa), de Bernárdez, con $2.000. ["Los poetas premiados este año", en *Mundo Argentino*, Núm. 800, 19 de mayo de 1926].

Para el año 1926 los libros premiados fueron: *Estío serrano*, de Arrieta; *Cháquiras*, de Camino; *La lanza de la luna*, de Córdova Iturburu.

Para el año 1927 fueron votados: *La flecha en el vacío*, de Ricardo Gutiérrez (Busnelli y Caldelas); *A trasluz de las horas*, de Susana Calandrelli (Imprenta Rodríguez Giles); *Las tardes (Presencias. El color del otoño. Angelus. Las tristezas)*, de Francisco López Merino (Latina).

Respecto del libro de Raquel Adler, dice Ramiro de Maeztu: "De los tres senderos de la religiosidad, el de muerte y resurrección, el de pecado y redención, y el de natural y sobrenatural, me parece que usted ha adoptado el tercero, que es, con mucho, el más noble de los místicos."

El primero de los poemas, titulado "Dios", dedicado a Regina Paccini de Alvear, dice:

"Señor, ante Tu juicio depuse mi destino;
"y rendida a tus plantas espero la señal,
"que en noche de tinieblas se diluya mi sino,
"¡o que ascienda sereno cual un astro triunfal!"

César Tiempo se ocupó en la nota "Tatiana Pavlova, Clara Beter, *Claridad* y Compañía", publicada en el semanario peronista *Argentina de hoy*, Núm. 11, del 29 de febrero de 1952, del origen de aquel seudónimo y de su imprevistamente exitoso libro (César Tiempo era seudónimo a su vez de Israel Zeitlin).

Juan Pinto, en "Clara Beter y la generación del 22" (incluido en su libro *Breviario*...), señala hasta qué punto César Tiempo mantuvo la incógnita sobre su seudónimo: "Creí real a Clara Beter, como lo creyeron Elías Castelnuovo, Rómulo Meneses, el uruguayo Zum Felde y tantos otros"; y sobre la obra, subraya que se trata de "versos que a la vez atestiguaron la presencia de un agudo temperamento lírico para quien la realidad también existía y que más tarde dio vigorosas páginas a nuestra lírica."

[Juan Pinto, *Panorama de la literatura argentina contemporánea*, Mundi, 1941; Juan Pinto, *Breviario de literatura argentina contemporánea (con una ojeada retrospectiva)*, La Mandrágora, 1958; Juan Pinto, *Pasión y suma de la expresión argentina. Literatura. Cultura. Región*, Huemul, 1971].

Norah Lange revela que agregó la *h* al final de su nombre, según figura en *Los días y las noches*, "por sugerencia de Guillermo de Torre a quien conocí un día que Borges lo llevó caminando hasta mi casa, en Belgrano, desde el centro. Él me convenció de que la hache era como un penacho que daba más realce a las dos sílabas insignificantes". En el mismo testimonio a Beatriz de Nóbile, agrega Lange, refiriéndose a su libro de poemas de 1926: "Para esa fecha ya estábamos definidos en nuestra estética. Yo seguí en la imagen". Ante una pregunta sobre las circunstancias en que conoció a Oliverio Girondo responde: "En septiembre se publica mi segundo libro (*Los días y las noches*; el primero: *La calle de la tarde*, con prólogo de Borges, editado por J. Samet; el tercero: *Voz de la vida*, publicado por Proa, en 1927) y en noviembre conocí a Oliverio. Mis hermanas y yo no salíamos de noche. Nuestra madre había impuesto esa norma y nosotras la respetábamos. Nos servían de consuelo los comentarios que los sábados llegaban a nuestra casa de las fiestas que hacían los martinfierristas. Un día Eva Méndez nos invitó, por fin, a un banquete diurno en Palermo. Se daba en homenaje a Ricardo Güiraldes por su libro *Don Segundo Sombra*. Allí estaba Oliverio. Nunca lo había visto antes. [...] Era vital, apasionado.

Y me enamoré de él desde ese día. Lástima que ya tenía en sus bolsillos un pasaje para Europa. Un mes después del almuerzo en la Rural salía rumbo a París en un viaje que se prolongó hasta 1932." [Beatriz de Nóbile, *Palabras con Norah Lange*, Carlos Pérez, 1968].

Al cabo de la repercusión obtenida por Girondo tras *Veinte poemas para ser leídos en el tranvía* (1924) y *Calcomanías* (1925), dejará un espacio vacante en el liderazgo de las vanguardias literarias argentinas.

Sobre *Molino rojo*, de Jacobo Fijman, dijo Carlos Pirán desde su página de *Mundo Argentino*, "Hojeando los últimos libros" (Núm. 826, 17 de noviembre de 1926), que el lector "tendrá que pensar al lamentarse de cómo el juglarismo y la extravagancia pueden desviar y corromper una fuerte aptitud"; el crítico confiesa no haber leído las obras anteriores, "pero me bastan las aspas rojas del actual *Molino* para esperar con simpática curiosidad las ulteriores empresas del extraño poeta que hay en Fijman."

Pirán, en su página de *Mundo Argentino*, refiriéndose a *Crepúsculo de oro*, segundo libro de poemas de María Alicia Domínguez, lo juzga "una obra seria y honda" (Núm. 820, 6 de octubre de 1926); mientras que sobre *Ídolos de bronce*, cuentos cortos de la misma autora, opina que "no está llamada la aparición del libro que nos ocupa a señalarse como piedra blanca en los fastos de la literatura nacional" (Núm. 832, 29 de diciembre de 1926).

Otras notas de Pirán para su columna de *Mundo Argentino*. Sobre *El libro atormentado*, de Samuel S. de Madrid: "Absolutamente olvidable. [...] Si dentro de algún tiempo nos toca leer otro libro de versos del señor de Madrid, le pedimos por anticipado, mil perdones, si llegamos a escribir: Llega, *por primera vez*, a nuestras manos..." (Núm. 829, 8 de diciembre de 1926). Sobre *Diafanidad*, de Oscar Alberto Ibar: "Es uno de los tantos libros que, para rubor de nuestra inocente literatura y prosperidad de nuestras artes gráficas, se imprimen diariamente entre nosotros." (Núm. 832, 29 de diciembre de 1926).

Federico More, crítico de la sección "Hojeando los últimos libros", de *Mundo Argentino* (Núm. 805, 23 de junio de 1926), se ocupa de un par de libros de Felipe Mayol de Senillosa. Sobre *Payando en versos castizos* (Tor, 1925), advirtió: "Después de leérsele, se comprende que la censura previa es necesaria. [...] Así como se lucha contra el analfabetismo, contra la tuberculosis, contra la lúes, contra el alcohol, contra los tóxicos, habría que luchar contra el señor Mayol de Senillosa. Téngalo presente el Departamento Nacional de Higiene." (Núm. 804, 16 de junio de 1926). Sobre su libro anterior, *La bien plantada de Xenius, en estilos de payador* (Tor, 1924), en la que el autor pretende jugar con la conocida cabriola catalanista de Eugenio D'Ors, juzga que se trata de "una obra en la que todo parece visto en un juego de espejos convexos y cóncavos perversamente dispuestos."

Sobre *Las tardes*, de Francisco López Merino, trascribe Ricardo Monner Sans, en su columna de *La Razón* (17 de agosto de 1926), el comentario publicado en la *Revue de l'Amérique Latine*, de París, dirigida por Ernest Martineche y Charles Lesca, firmado por Georges Pillement: "Una gran dulzura emana de estas estrofas delicadas y simples donde un alma rica de sensibilidad se expresa con emoción."

También desde las páginas de *La Razón* (5 de noviembre de 1926) el crítico saluda *El alma de mis horas*, por Ricardo Aramburu, por tratarse de poemas que "dan una nota de sana alegría, de optimismo juvenil, de feliz esperanza"; y *Poemas de la noche y del silencio*, por Florencio Escardó: "Versos excelentes de línea y factura exquisitas".

A José Pedroni dedica Leopoldo Lugones un muy elogioso texto sobre *Gracia plena*, "El hermano luminoso", publicado en *La Nación*, Sección Literaria, del domingo 13 de junio de 1926: "Místico a la manera pagana de las églogas, es decir, por tierna exaltación ante el bien y la hermosura de la vida, cuya animación sensibiliza así en amor humano, trasciende a la forma religiosa del panteísmo. El libro de este poeta canta como ningún otro de los argentinos, las albricias del país."

En *Poeta empleadillo*, Aristóbulo Echegaray incluye el poema "Gloria":

"Si al partir para el último agujero
"soy un pobre empleado todavía,
"¡cuánta gloria caerá sobre mi nombre!
"Al saber el suceso en la oficina
"se hará una rápida colecta. El jefe
"pondrá cinco o diez pesos –y su firma–,
"se enviará a mi familia un telegrama
"–poco hará el telegrama a mi familia–
"se comprará una palma, una corona,
"cualquier cosa de esas que se estilan;
"y yo, que soñé siempre una corona,
"una palma, ya lejos de la vida,
"no sentiré las horas vegetadas
"dentro de una oficina..."

En el "Número Especial de Navidad" de *Mundo Argentino* (Núm. 831, 22 de diciembre de 1926), se incluye una página dedicada a las "poetisas de América": Gabriela Mistral, Alfonsina Storni, Juana de Ibarbourou, Margarita Abella Caprile y María Alicia Domínguez. A modo de antología pueden leerse: "Amo amor", por Gabriela Mistral; "Canción de la incierta esperanza", por María Alicia Domínguez; "Lamentación", por Juana de Ibarbourou; "No he debido ser yo...", por

Alfonsina Storni; "Consejo" y "La hiedra", por Margarita Abella Caprile.

Juana de Ibarbourou había publicado durante aquel año en Montevideo, *Páginas de literatura contemporánea. Obra adoptada como texto por el Consejo de Enseñanza Primaria y Normal* (A. Monteverde y Cía.), y en Buenos Aires, el libro de poemas *Lenguas de diamante* (Imprenta de Máximo García).

Respecto de Margarita Abella Caprile, a su libro de poemas *Nieve* (1919), siguió *Perfiles en la niebla* (1923), saludado en *La Nación*: "No se han extinguido aún los ecos de su libro anterior *Nieve*, que constituyó, al par que la revelación de un singular temperamento poético, un resonante éxito literario, cuando *Perfiles en la niebla* se presenta a primera impresión con las mismas cualidades" (28 de octubre de 1923); Mariano de Vedia y Mitre: "El nuevo conjunto de composiciones, tan armónico como el anterior, muestra más vigor, aún más vida por doquier" (1º de junio de 1924); "Margarita Abella Caprile posee un alma maravillosamente sensible" (12 de octubre de 1924).

De Pedro Miguel Obligado cabe citar: *El ala de la sombra*, Versos, Primer Premio Municipal de Poesía, 1923; *El hilo de oro*, Versos, Premio Nacional de Literatura, 1924, publicado con prólogo de Leopoldo Lugones; *El canto perdido*, Poemas en prosa, 1925; *La tristeza de Sancho y otros ensayos*, editado por Buenos Aires Cooperativa Editorial Limitada, Agencia General de Librería y Publicaciones, en 1927.

Los últimos hombres felices

Tierra amanecida, el primer libro de Carlos Mastronardi, tuvo una favorable acogida en las columnas de *Última Hora* (23 de noviembre de 1926): "Es la obra primigenia de un poeta plenamente realizado"; "cada poema es síntesis original y notablemente lograda".

"De mí –testimonia Mastronardi– puedo decir que casi todos mis proyectos fueron imposiciones, dictámenes ajenos, sustos estimulantes. En particular, esas energías coercitivas me situaron eventualmente en algunas casas impresoras. En 1926, Roberto Arlt empezó a fraguarme. Ejecutivo y vehemente, me estableció en una silla de la extinta Editorial Latina, cuyo director consiguió leer casi todos los poemas de *Tierra amanecida*, libro que fue publicado ese mismo año."
["Proyectos crepusculares", en el *Boletín del Instituto de Amigos del Libro Argentino*, Núm. 6, Buenos Aires, enero-febrero de 1955].

En otro testimonio, señala Mastronardi (citado por Juan Pinto. *Breviario...*): "A pesar de la guerra mundial, la generación a que pertenezco supo de un mundo todavía estable. Sólo más tarde vacilaron los cimientos de ese mundo moral y espiritual que entró en franca liquidación durante la última guerra mundial. Por 1920 aún no habían perdido vigencia los principios que componían una suerte de orgánico sistema de vida; en él nos insertábamos sin violencia y sin amargura. El espíritu innovador se cumplió como tal precisamente porque se apoyaba en una realidad firme y delimitada. El nihilismo agresivo de las escuelas de vanguardia surgidas en esa época se identifica con cierta voluntad de juego desaprensivo.

Perduraba el sentido del humor de una época que enfatizó el Progreso. (Recuerdo que mi adolescencia encontró en el sabio su paradigma exclusivo y su más codiciado modelo.) Sin forzar mucho los hechos, cabe afirmar que fuimos los últimos hombres felices. En el espíritu de mi generación se conjugaron el orden y la aventura, la tradición y el futuro. Adoptó medios expresivos un tanto barrocos y más bien apartados de la realidad inmediata."

Relacionado con la declaración precedente, cabe la confesión de Córdova Iturburu sobre el carácter periférico del ambiente cultural argentino: "Nuestras lecturas en prosa eran, desde luego, bastante universales aunque sólo leyéramos en español y en francés. Pero, en realidad, poco sabíamos de lo que en materia de arte y literatura se hacía en ese momento en Europa. Desconocíamos casi enteramente las experiencias estéticas de los grandes movimientos de vanguardia que en ese instante revolucionaban en el Viejo Mundo –tan eternamente joven– el campo de las artes y las letras. No llegaban a la Argentina –como habría de ocurrir no mucho después– los libros, las revistas y las publicaciones representativas de esos movimientos. Nuestra generación, por tanto, ignoraba como los ignoraban también, desde luego, los conspicuos aconcaguas de las generaciones anteriores a pesar de sus reiterados e inútiles viajes transoceánicos. Como consecuencia de este retraso deplorable, de esta falta de contacto con el ritmo del tiempo, el panorama de nuestra vida artística y literaria languidecía en el gris exangüe de una tediosa repetición de fórmulas gastadas." [*La Revolución Martinfierrista*, Buenos Aires, Ediciones Culturales Argentinas, 1962].

Físico menudo, lirismo permanente

Raúl González Tuñón, en 1925, obtiene el premio del concurso organizado por la editorial Gleizer para autores noveles, con el voto de los tres jurados (Alfonsina Storni, Evar Méndez y Carlos Alberto Leumann), consistente en la edición del libro *El violín del diablo*.

En 1926 –según agrega Héctor Yánnover [*Raúl González Tuñón*, Ediciones Culturales Argentinas, 1962] – comienza su intensa labor periodística en *Crítica* y sus colaboraciones en el suplemento dominical de *La Nación*.

En *Nosotros*, de junio de 1926, el crítico M. López Palomero descalifica *El violín del diablo*: "Esta rebeldía en el procedimiento es en Tuñón, como en la mayor parte de los otros, una manera de justificar la incapacidad para hacer las cosas derechas."

Según *Caras y Caretas* (Núm. 1.456, 28 de agosto de 1926): "Si, en efecto, el diablo tuviese un violín, y al toque fuesen apareciendo en un escenario de pesadilla todas las miserias psicológicas y fisiológicas de la humanidad, no es imposible que la contemplación del espectáculo hiciese una impresión más o menos análoga a la que hace el libro del señor González Tuñón. Bien es verdad que sólo tiene en cuenta una porción de la humanidad: la gente de los barrios bajos de los grandes puertos, que desde hace algún tiempo está ejerciendo cierto atractivo para nuestros artistas. Con algo de baudelariano en el espíritu, y hasta en la manera, el autor de *El violín del diablo* nos ofrece versos ricos en metáforas, llenos de sugestiones, ese mundo curioso y trágico al propio tiempo, en el cual se ve al hombre descender inconsciente por el *chemin de velours* de los peores vicios, hasta los últimos estrados de la degradación, mientras el diablo sigue tocando su violín en los bares infernales del puerto..."

Dos décadas más tarde, Miguel D. Etchebarne ["La sugestión literaria del arrabal porteño", Boletín del Instituto de Investigaciones Literarias de la Facultad de Humanidades y Ciencias de la Educación, Núm. 5. Reproducido en su libro *Juan Nadie. Vida y muerte de un compadre*; Miguel D. Etchebarne, *La influencia del arrabal en la poesía argentina culta*, Kraft, 1955], advierte que ya en *El violín del diablo*, "flota en él –Tuñón– la atmósfera del Paseo de Julio que le inspiró tantas páginas". Es el mismo arrabal que el crítico rescata en *La musa de la mala pata*, de Olivari; *Versos de una*, de Tiempo; *Un poeta en la ciudad*, de Riccio. Debe recordarse además que Carlos de la Púa (el célebre Malevo Carlos Raúl Muñoz y Pérez) dedicó la segunda parte de *La crencha engrasada (Poemas bajos)* (Trazo, 1928) a Borges, Olivari y Tuñón, "mis rivales en el amor a Buenos Aires".

"Raúl González Tuñón, de físico menudo, lirismo permanente y ausencia total de sentido práctico –revela Ulyses Petit de Murat–, había dibujado en sus versos que solía recitar a los auditorios más inadecuados –por ejemplo, los borrachines y las camareras de los bares del Bajo, el viejo Paseo de Julio–, y le había rezado a la Virgencita del Teatro Cervantes primero, el que se incendió, diciéndole: *Ruega por mí, que nunca tuve un smoking*. Cuando no tenía ninguna oportunidad de agradecérselo, Ricardo Güiraldes le mandó uno. Para ir a una función del Colón, Raúl tuvo que usarlo. Al revisar uno de los bolsillos encontró un billete colorado (los más que fabulosos para nuestros flaquísimos bolsillos, de mil pesos: ganábamos como redactores del periódico [*Crítica*] alrededor de setenta y cinco pesos por quincena, como sueldo inicial). Siguió la búsqueda y en todos ellos había algo. No había caso de devolverlos, suponiendo que a Raúl le hubiera sobrevenido un ataque de locura. Güiraldes estaba en la mitad del océano, rumbo a Francia."

Raúl González Tuñón declara a Ivonne Bordelois [*Genio y figura de Ricardo Güiraldes*, Editorial Universitaria de Buenos Aires, 1966], que "cuando pienso en Güiraldes me conmueve la amistad que nos prodigaba": "Mi ejemplar de *Don Segundo Sombra* lleva una dedicatoria que me conmueve. La sé de memoria: *Raúl González Tuñón, herido de todos los dolores, no has desaprendido el reír con optimismo y la íntima facultad de amar de tus versos*". En *Miércoles de ceniza*, de 1928, Tuñón incluye un "Poema de Ricardo Güiraldes", que comienza: *"Eras tan sabio que contigo / nació y murió la palabra. / Eras tan bueno que contigo / nació y murió la ternura [...]"*.

Un movimiento más vital que literario

"Es un repertorio de dichas. [...] Leopoldo: Alegría que en toda una mañana no cabe, cabe en un renglón de los que escribiste". Así saluda Jorge Luis Borges la publicación de *Días como flechas*, de Leopoldo Marechal, desde *Martín Fierro* (segunda época, Año III, Núm. 36, 12 de diciembre de 1926).

Gleizer lo incluyó en la colección *Índice*, y según reza el colofón, "de este libro se imprimieron quinientos ejemplares sobre papel *universal ledger* numerados de 1 a 500 y 50 ejemplares numerados I a L sobre papel *antiquary linen* encuadernados". El número 14 conserva una dedicatoria manuscrita: "A Evar Méndez, el hermano mayor, a cuya vera son entusiastas los días. Su amigo, L. Marechal. Octubre 1926".

"Llegué a París –recuerdo Marechal a Alfredo Andrés [*Palabras con Leopoldo Marechal*, Carlos Pérez, 1968]– y busqué a (Francisco Luis) Bernárdez en el hotel *Des Aviateurs* donde vivía, en la puerta de Versailles. [...] La iniciación fue desastrosa: Paco Bernárdez integraba una *barra* de porteños farristas a la que me incorporé sin más trámites. [...] ¿Qué literatura? Ya le dije que el martinfierrismo era un movimiento más vital que literario. Naturalmente, con aquel tren de vida no había plata que alcanzase: Bernárdez y yo, casi tocamos fondo, nos *abrimos* de la *barra* y buscamos en Montparnasse una existencia más útil y económica. [...] Y en el torbellino del acontecer, no nos enteramos siquiera que Ricardo Güiraldes había muerto en París, tan cerca de nosotros sus camaradas."

Marechal se había ocupado de saludar la publicación de *Don Segundo Sombra*, en *Martín Fierro* (Año III, Núm. 34, 5 de octubre de 1926) y se ocuparía de defender a Güiraldes contra "los críticos *socializantes*", en la nota "*Don Segundo Sombra* y el ejercicio ilegal de la crítica", publicada en *Sur* (Núm. 12, septiembre de 1936).

Francisco Luis Bernárdez, en la nota "Marechal" [*Clarín*, Cuarta Sección, jueves 24 de octubre de 1968], escribe: "Iba a estallar *Martín Fierro*, es decir, iba a aparecer en su etapa fundamental el periódico que en 1925 conmovería hasta los cimientos el edificio algo ruinoso ya de nuestras letras oficiales, y para fabricar la bomba estaba congregada en el departamento que Evar Méndez ocupaba con su familia en la primera cuadra de la calle Bustamante, la siguiente gavilla: Güiraldes, Girondo, Borges, Brandán Caraffa, Rojas Paz, los hermanos González Tuñón, el dueño de casa, yo (recién llegado de un largo viaje a España) y un muchacho risueño pero silencioso, que ya se iniciaba en los misterios de la pipa, que impresionaba por su seguridad y por su paz que tenía algo de francés en la mirada y algo de vasco en la viril reserva, y cuyas pequeñas y civilizadas manos de abad contrastaban con la salvaje crueldad de su melena asiria.

"Era Leopoldo Marechal, de quien se decían grandes cosas. Sabía, por ejemplo, que había publicado *Los aguiluchos*, libro donde se prometía lo que luego tendría que cumplirse para honra de nuestra generación. Y no se ignoraba que entre pecho y espalda incubaba unos poemas resplandecientes, reverberantes, unos versos cuya fuerza luminosa iba a sorprender pronto a todos con su virtud de fenómeno cósmico.

"Estas hazañas pasadas e inminentes no hacían sombra a otras proezas del mozo. Corría por nuestro grupo su fama de bailarín de tango, tan vasta como la que Raúl González Tuñón había cosechado por esos mundos y de la que teníamos pruebas, semana a semana, en la quinta de Nora Lange. También allí se lucía cada sábado el poeta de *Días como flechas*.

Pero su templo estaba no en Villa Mazzini sino en Villa Crespo.

"Su templo era, lógicamente, el Club San Bernardo, al que nuestro gran amigo asombró durante mucho tiempo con sus cortes, sus sentadas y las demás figuras de la danza porteña, asombro del que, andando los años, también participaríamos quienes como Vicente Huidobro, Antonio Vallejo, Jacobo Fijman y yo pudimos comprobar la capacidad del bailarín villacrespense para transformarse en consumado bailarín de chárleston poco después de pisar la pista de La Cigone, y para fatigar a varias orquestas de jazz en otra pista igualmente gloriosa, o sea la que, también en París, nos reservaría La Rotonde.

"Pero no nos adelantemos, que la cosa empieza y hay tiempo. Lo que quiero contar ahora es que nos hallábamos en lo de Evar Méndez para fabricar un artefacto explosivo, operación que en realidad no parecía tal, puesto que no había allí sigilo de ninguna especie sino universal estruendo, ir y venir de copas, con fusión de risas, exclamaciones de Oliverio, profecías de Brandán, y en semejante pandemónium una que otra pausa, durante la cual podía oírse la guitarra recién encendida por Güiraldes en el rincón más oscuro de la sala aquella, junto a un Borges cuyos veinticinco años parecían llenos de siglos a fuerza de estar llenos de ciencia.

"Lo que quiero decir es que acababa yo de conocer a Marechal y que ya éramos amigos de pies a cabeza. Como tales, salimos aquella madrugada y caminamos por Corrientes arriba, y luego por Triunvirato hasta Gurruchaga, para desandar el recorrido, detenernos en una lechería que había cerca de Medrano, meternos en ella y perdernos en una charla de la no nos despertamos sino cuando el sol se puso serio y los Lacroze levantaron desapaciblemente su voz."

Francisco Luis Bernárdez fue el último director de *Proa* y uno de los fundadores de la *Revista Oral*. También dirigió la revista *Índice*. 1925 fue el año de *Alcándara*, subtitulado *Imágenes*, premiado en 1926, año en que se trasladó a París, donde se uniría Marechal, y con quien compartió un cuarto en el hotel *Des Aviateurs*. De sus conversaciones con el colega surgirá el embrión de lo que sería más tarde *El buque*. Junto con Leopoldo Marechal fundó la revista *Libra*. Francisco Luis Bernárdez tuvo a su cargo el extenso prólogo de las *Obras completas* de Ricardo Güiraldes (Emecé, 1962), en edición al cuidado de Juan José Güiraldes y Augusto Mario Delfino: "La diferencia de edad pesó poco o nada en nuestras relaciones, que fueron desde el principio sin reservas ni distancias de ninguna naturaleza"; Ricardo fue "nuestro hermano mayor".

Aquí en Buenos Aires, madre Naturaleza

Gustavo Riccio publica *Un poeta en la ciudad. Versos*, por La campana de palo, en una bella edición con linograbados de Ret Sellawaj. La dedicatoria reza: "Para Álvaro Yunque, cariñosamente". En la nota incluida al final del libro, firmada por "El grupo editor. Julio de 1926", se aclara que "con la publicación de *Un poeta en la ciudad*, versos de Gustavo Riccio, nuevo poeta, creemos que contribuimos a colaborar en la obra realista y renovadora que está realizando entre nosotros un grupo de poetas jóvenes, al hallar motivos para sus poemas en la afiebrada multaneidad de la urbe y en la dolorosa tragedia cotidiana de sus semejantes."

El poema "Oración del poeta de ciudad" dice así:

"Pero aquí en Buenos Aires, madre Naturaleza,
"yo que te quiero tanto, yo te adoro lo mismo:
"te adoro en los tres metros de cielo que a mi patio
"bajan en un cuadrado desde el séptimo piso;
"y te adoro en los árboles que orillan las veredas
"y en las lindas mujeres que turban mis sentidos..."

"Versos a la calle Rivadavia" concluye:

"Hace veinte años que vivo
"en la calle Rivadavia.
"¡Si habré salido a la puerta
"a que el sol me dé en la cara!
"Yo no conozco otro patio
"que esta vereda tan ancha,
"donde jugué cuando pibe
"con los chicos de la cuadra.
"Y arrimado a este arbolito,

"sentí las primeras ráfagas
"de inquietud que me traían
"las mujeres que pasaban...
"Sobre estas mismas baldosas
"dejé caer la mirada
"cuando a entoldarse de angustia
"mi pobre pecho empezaba.
"Todo: ensueños y proyectos,
"alegrías y esperanzas,
"me los mataron los autos
"de la calle Rivadavia..."

"Pequeña tragedia urbana" es un poema breve e intenso:

"La pantalonera murió en la calle.
"Pasó el automóvil de un rico magnate,
"con tacos de goma, silencioso... Nadie
"lo oyó que llegaba. Gritos. Pitos. Sangre.
"La pantalonera se murió en la calle.
"Como al otro día del taller faltase,
"tuvo un cartelito la puerta de calle
"con estas palabras: *Hay una vacante.*"

"Elogio de los albañiles italianos" remata su alegato:

"Hacen subir las puntas de agudos rascacielos,
"trepan por los andamios; y en lo alto sienten ellos
"que una canción de Italia se les viene al encuentro.
"Más líricos que el pájaro son estos que yo elogio;
"el nido que construyen no es para su reposo,
"el techo que levantan no es para sus retoños...
"¡Ellos cantan haciendo la casa de los otros!"

"Palabras a Milonguita" concluye:

"Y Dios, que es más humano de lo que creen las gentes
"cuando cierres los ojos en la postrer dormida,
"hará que nos veamos en la senda florida
"como ahora nos vemos por Suipacha y Corrientes."

Según el crítico de *La Razón* (5 de noviembre de 1926), con *Un poeta en la ciudad*, Gustavo Riccio se incorpora a los "poetas *objetivos*", y su libro "exterioriza una seriedad a la que nos tienen poco acostumbrados los poetas jóvenes".

La confraternidad más perfecta

"En ambas riberas del Plata, surge una falange de poetas y prosistas, desde los mismos Güiraldes y Girondo con Borges, hasta Ipuche y Silva Valdés, preocupados por hallar un nuevo cauce verbal a sus sentimientos más genuinos", dejó escrito Guillermo de Torre, en "Hacia un estilo autóctono sur-americano", publicado en *Proa* (segunda época, Núm. 12, julio de 1925).

Carlos Alberto Erro, en la nota "El poeta que estamos esperando" (publicada en *Revista de América* en 1926), que se refiere a dos libros de 1925: *Poemas nativos*, de Fernán Silva Valdés, y *Luna de enfrente*, de Jorge Luis Borges, evalúa posibilidades y limitaciones de la nueva poesía, de "tendencia criollista, americanista, terruñista, nativista, autóctona o como se la quiera llamar", expresada en aquellos libros, para concluir en estos términos: "Así es el poeta que espero: diestrísimo cazador de los nuevos motivos que el tiempo planta en América con desusada velocidad, religioso y enérgico. Confiemos ahora en que venga pronto." [También de Erro, *Medida del criollismo*, Imprenta Porter, 1929].

Conforme relata Ildefonso Pereda Valdés ["Memorial de Martín Fierro", en *Testigo. Revista de literatura y arte*, Núm. 3, julio-agosto-septiembre de 1966]: "En el año 1926 me radiqué en Buenos Aires y en 1928 regresé definitivamente a Montevideo. 1926 fue el año culminante de la *revolución martinfierrista*, iniciada en 1924". Destaca que su libro *La guitarra de los negros*, lucía al pie de imprenta Buenos Aires – Montevideo, "para demostrar la confraternidad más perfecta entre las dos ciudades y entre dos grupos de vanguardia, *Martín Fierro*, en Buenos Aires y *La Cruz del Sur* en Montevideo."

Acerca de Evar Méndez expresa: "De mucha más edad que los poetas de la generación martinfierrista, pertenecía a otra generación anterior. [...] Fue, sin embargo, el avalador de nuestra generación. [...] Fue el aglutinador del grupo: él era el reactor y nosotros los átomos. *Martín Fierro* existía gracias al esfuerzo personal de Méndez."

A modo de apostilla, vale consultar la referencia sobre la riña suscitada entre Pereda Valdés y Villar, en versión de Mastronardi. Más significativo, sin duda, es la continuación durante 1926 del contrapunto entre Borges y los poetas uruguayos Pereda Valdés, Silva Valdés, e Ipuche:

(1) Ildefonso Pereda Valdés, "Jorge Luis Borges, poeta de Buenos Aires", en *Nosotros*, Núm. 200-201, enero-febrero de 1926 (escrito en "Montevideo, 1926"): "Para lo mucho que de Borges puedo decir, me basta el conocimiento adquirido de su evolución a través de renuevos, virajes metafóricos, escuelas literarias, cambios de frente. Esa formación difusa, es el mejor hilo de Ariadna, que nos conduzca a desentrañarlo, sin pretensiones de definirlo y sin malicia de destriparlo. [...] Su amor es mayor por el Buenos Aires que fue, que por el que es. [...] Quien leyere a Borges-poeta, debe saber ante todo, en qué lugar de selva apretada se va a meter de explorador, y al que no fuere profundizador ladino le aconsejaría renunciar a la expedición. Borges es una ciudad que requiere un Baedecker especial, escrito en un doble idioma: en criollo y en español ('ni de Castilla, ni del Plata'). [...] Borges es en la actualidad el primer poeta de Buenos Aires, el único al

que envidio de verdad y en cuya admiración y fervor se complace mi espíritu."

(2) Jorge Luis Borges, "Nota bibliográfica al libro de Ildefonso Pereda Valdés", en *Martín Fierro*, segunda época, Año III, Núm. 30-31, 8 de julio de 1926: "Mi felicitación total a Pereda Valdés."

(3) Jorge Luis Borges, "Nota bibliográfica al *Júbilo y miedo* de Ipuche (Montevideo, Agencia General de Librería y Publicaciones, 1926) y *Oriental* por Julio Silva", en *Martín Fierro*, segunda época, Año III, Núm. 33, 3 de septiembre de 1926: "Gran libro este de Ipuche. [...] Yo hago versos para sentirme más en Buenos Aires, para afianzarme en la intimidad recuperada de Buenos Aires; Ipuche hace los suyos para conseguir una recordación esencial de sus pagos viejos, para saberse más de las islas. Ojalá con los días, vea yo definitivamente mis cosas, juicio finalmente, como él"; en cambio, el de Silva, "es un libro muy accidentado".

Carlos Pirán considera que *La guitarra de los negros*, de Pereda Valdés, contiene poemas "ingeniosos algunos, originales otros, de mal gusto muchos." [*Mundo Argentino*, Núm. 827, 24 de noviembre de 1926].

Borges escribió "Palabras finales (Prólogo, breve y discutidor)", para la *Antología de la moderna poesía uruguaya*, seleccionada por Ildefonso Pereda Valdés. (Edición de El Ateneo, Buenos Aires, 1927).

El Viejo Pancho (seudónimo de José Alonso y Trelles) publicó *Paja brava. Versos criollos*, en Montevideo (Agencia General de Librería y Publicaciones) y *Buenos Aires* (Claridad, con el subtítulo *De la ramada, del fogón, de más adentro*).

Vejez y novedad

De los otros libros del género ficción, publicados en Buenos Aires durante 1926, cabe enumerar (por orden alfabético de autor):

Ayarragaray, Lucas, *Dos mundos. Novela dramatizada*, Lajouane y Cía.
Barletta, Leónidas, *Vidas perdidas. Novela de amores sin ventura*, Tor.
Boy, *Las parejas negras*, M. Gleizer.
Castelnuovo, Elías, *Entre los muertos*, Atlas.
Danero, M. S., *Sangre en los labios*, Tor.
De España, José, *La mujer de Shanghai*, M. Gleizer.
Estrella Gutiérrez, Fermín, *Desamparados*, Cooperativa Editorial Buenos Aires, Agencia General de Librería y Publicaciones.
González Arrili, Bernardo, *La invasión de los herejes*, Jesús Menéndez.
González, Julio V., *Tierra fragosa*, Juan Roldán.
Jordán, Luis María, *Agua de fuente*, Pedro García.
Jordán, Luis María, *La bambina*, Buenos Aires Cooperativa Editorial Limitada, Agencia General de Librería y Publicaciones.
Krupkin, Ilka (seudónimo de Elías Jolodovski), *La taza de chocolate*, M. Gleizer.
Leumann, Carlos Alberto, *El empresario del genio*, Cooperativa Editorial Buenos Aires, Agencia General de Librería y Publicaciones.
Mariani, Roberto, *El amor agresivo*, M. Gleizer.
Medina-Onrubia, Salvadora, *El vaso intacto y otros cuentos*, Gleizer.
Méndez Calzada, Enrique, *Y volvió Jesús a Buenos Aires*, América Unida.

Nogueira, Manuel L., *Los excluidos del amor*, M. Gleizer.
Olascoaga, Laurentino, *La leyenda del castillo de Skokloster*, M. Gleizer.
Onelli, Clemente, *Aguafuertes del zoológico*, El Ateneo.
Palma, Angélica, *Tiempos de la patria vieja. Novela histórica*, Nuestra América.
Quiroga, Horacio, *Los desterrados. Tipos de ambiente*, BABEL.
Santiago, Miguel F., *América, la maga*, Talleres Gráficos Araujo Hnos.
Sondereguer, Pedro, *Las fuerzas humanas*, Tor.
Yunque, Álvaro, *Barcos de papel*, El Ateneo.
Yunque, Álvaro, *Zancadillas*, La campana de palo.

Espasa-Calpe de Madrid edita en la serie de Obras Completas, de Carlos Octavio Bunge: *El sabio y la horca; Narraciones ejemplares*, y *La novela de la sangre. Escenas de la vida argentina de mediados del siglo XIX*.

Otros: William Henry Hudson, *Green Mansions. A Romance of the Tropical Forest*, Londres, Dockworth, 1926, con ilustraciones de Keith Henderson. Carlos María Ocantos publicó en Madrid (Imprenta G. Hernández y Galo Sáez), la novela *El secreto del doctor Barbado*.

También en Madrid, Victoria Ocampo publicó *La laguna de los nenúfares. Fábula escénica en doce cuadros*, en la editorial de *Revista de Occidente*. Y en París, *De Francesca a Béatrice. A trávers de La divine comédie*, por Brossard.

Ocampo publicó una nota, "Jacques Rivière" [director de *La Nouvelle Revue Française*], en *La Nación*, del 14 de febrero, en la cual comenta su último libro, *A la trace de Dieu*.

En Gabriela Mistral y Victoria Ocampo, *Esta América nuestra. Correspondencia 1926-1956* (Edición, introducción y notas de Elizabeth Horan y Doris Meyer. Edición y traducción de la introducción y notas, por Edgardo Russo. El cuenco de plata, 2007) se incluye esta nota de Ocampo a Mistral, fechada en París, 22 de marzo de 1926: "Sólo ayer supe que Ud. estaba aquí. Y me es muy penoso irme sin verla. Me voy el lunes. [...] Yo estoy llena de papeles y no tengo un rato libre. [...] La admiro y la quiero a Ud. desde hace años. Reciba estas palabras sin sonrisa. Siempre el afecto es una bella cosa, venga de quien venga."

Fermín Estrella Gutiérrez había publicado *El cántaro de plata* (1924) y *Canciones de la tarde* (1925). El primero de los cuentos incluidos en *Desamparados*, que da nombre al libro, comienza así: "Le llamaban el jorobado y era el hazmerreír de toda la estancia. Pequeño, enclenque, de carnes terrosas y mirar manso, suplicante, parecía siempre asustado, y cuando lo observaban, se encogía tanto, que los dos bracitos flacos y mustios caíanle hacia delante en un amargo abandono. Todos se burlaban de él y cuando le veían pasar llevando la tropilla al bebedero, los más mal intencionados remedaban su paso medroso y enarcaban la espalda, haciendo ademanes ridículos y torpes."

La Razón (5 de noviembre de 1926) reproduce una conceptuosa carta de Carlos Obligado al autor de *Desamparados*: "Obra estimabilísima que permite augurar obra superior".

El empresario del genio, densa y sugerente obra de Carlos Alberto Leumann, empieza diciendo: "La opinión común, vale decir la gente cuya tontería establece opinión en las repúblicas, hallará muy censurable mi determinación de dar a la estampa la historia de Lucio Paz, considerándola deprimente para la virtud argentina, y aún para la dignidad argentina. Pero poco me intimida esa mala hostilidad patriótica y siempre encrespada contra la verdad sencilla y santa. Ya tendré mis defensores, quienes replicarán que la conciencia de los propios vicios es para los pueblos camino único de cualquier posible perfeccionamiento. De todos modos, mi relato se dirige a los lectores capaces de comprender la necesidad o si les parece la urgencia de que los hechos aquí referidos obren como un grito, como un llamamiento al genio aletargado de nuestro país. Yo, Gustavo Amaya, quiero contar el caso con fidelidad, sin otra providencia que cambiar los nombres propios. He sido testigo y también actor impotente en la profunda aventura del protagonista, que por otra parte tuvo repercusión grave en mi hogar. Me había casado con Rosario Ortiz, no sé si realmente enamorado; por lo menos Rosario me gustó mucho, y cuando nació nuestro Julito la felicidad y la armonía nos unieron todavía más. Las primeras tempestades se levantaron, precisamente, con motivo de Lucio."

En 1952, bajo la dirección de Antonio Pagés Larraya, la Editorial Raigal publicó una "edición definitiva" de esa obra de Leumann, en la colección "La aventura creadora", la cual, según reza su presentación, "publicará obras que, en oposición al espejismo engañoso e hibrizador de lo exótico, tiendan a configurar la geografía espiritual y social del país y a expresar a su habitante y su paisaje." (A *El empresario...* siguieron *La raza sufrida*, de Carlos B. Quiroga; *La malhoja*, de Alberto Córdoba).

"Nada más oportuno, pues, para iniciar esta Biblioteca –se lee en la solapa de aquella edición de Raigal–, que *El empresario del genio* de Carlos Alberto Leumann. En efecto, a lo largo de sus páginas se plantea un problema que es viejo achaque de las letras argentinas: el de los *evadidos*, de los escritores que traicionan el mandato de su tierra y renuncian al singular privilegio, a la rara fortuna que la suerte les deparó al hacerlos nacer en un país nuevo, rico en sugestiones artísticas todavía vírgenes, de interpretarlo e incorporarlo, por el aporte de una honesta y original labor literaria, a la universalidad del arte, y en cambio, sometiéndose a los dictados de la moda y sucumbiendo a los halagos espurios y al aplauso convencional de los circulillos esnobs, que viven a espaldas del país, se dedican a la pirueta fácil, de los efímeros y cambiantes *ismos* de importación, que si bien proporcionan la gloria barata, lo invalidan para acometer obra de auténtica y trascendental creación.

"Carlos Alberto Leumann, el fino escritor que acreció su nombre como sutil intérprete de psicologías femeninas en *Adriana Zumarán*, como delicado analista de sentimientos en *La vida victoriosa*, como poeta de de la imaginación en *Trasmundo* y como crítico penetrante en sus agudas y eruditas exégesis de la obra de José Hernández, al abordar en la presente novela tan arduo, debatido y siempre actual asunto, fija el testimonio doloroso e irrecusable de una actitud intelectual desgraciadamente generalizada entre nosotros. Con estilo llano y sencilla técnica narrativa, conveniente a su objeto, pone de relieve, sin rencores, mediante un amable humorismo que no descarta un fondo patético y desilusionado, la infidelidad de los que, al decir de Abelardo Arias hablando de la novelística, olvidan que *lo universal se nos presenta como poliedro del cual cada literatura diferenciada vernacularmente forma una cara*. La defección vergonzante del poeta llamado a dar el verdadero *tono* del alma nacional, los afanes y sinsabores de su amigo *el empresario* para conservarlo fiel a la buena causa y la sofisticación y tontería de las gentes elegantes y ociosas que estimulan escuelas de imitación, propugnan la trivialidad y capitanean cerradas cofradías literarias, divertirán al lector, haciéndolo pensar de manera fecunda, y serán como un índice acusador apuntando a la conciencia de los que se reconozcan en los seres que pueblan este libro."

El Ministro de Instrucción Pública, Antonio Sagarna, y Juan Carlos Rébora y Enrique Rivarola hicieron llegar a Julio V. González comentarios elogiosos sobre *Tierra fragosa*, que reproduce *La Razón* (15 de julio de 1926).

El mismo vespertino, donde se publicó originalmente como folletín *La bambina* (ambientada en Mar del Plata), considera a Luis María Jordán "uno de los narradores mejor considerados en la actualidad" [*La Razón*, 22 de diciembre de 1926]. Anteriormente, había publicado las novelas *La túnica de sol* (Tragant, 1906), *Cavalcanti* (Librería de América, 1907), y *La copa de oro* (El Ateneo, 1914).

Asimismo, *La Razón* (19 de noviembre de 1926) se ocupa de *Almas sedientas*, de Sofía Espíndola –quien se había dado a conocer en el medio con *La sed perdida* (La Novela Porteña, 1922)–, señalándola como "una novela que se lee con interés, porque su estilo es discreto y su técnica denuncia a una escritora hábil que ha distribuido muy bien los capítulos, procurando que no decaiga la curiosidad del lector para desentrañar la complicada madeja", que gira en torno a la vida política argentina.

Jesús en Buenos Aires, exitoso libro de Enrique Méndez Calzada, había sido publicado por Buenos Aires Cooperativa Editorial Limitada, Agencia General de Librería y Publicaciones, en 1922.

La Razón (29 de julio de 1926) elogió *Y volvió Jesús a Buenos Aires*, por su "desenfadada ironía"; "bajo la áspera corteza de este prosista atrayente, hay también un poeta dulce y profundo". Al respecto, la nota recuerda que su libro de poemas *Nuevas devociones*, había sido laureado en el concurso municipal de 1924.

Méndez Calzada publicó en *El Hogar*, "El vendedor de metáforas" (Núm. 867, 28 de mayo de 1926), y "El archivero enloquecido" (Núm. 888, 15 de octubre de 1926).

Boy (seudónimo de Antonio Soto), en *Las parejas negras*, hace jugar al lector con los números 26 y 29 de la ruleta. El protagonista logra hacer saltar la banca, pero termina fundido. Sobre esa novela, comentó Pirán: "Por su ingenio, por su buen gusto, por su sencillez, Boy ha convertido en cuadrilátero aquel primitivo triángulo del humorismo del Plata: Gache, Cancela, Méndez Calzada. Su prestigio deriva naturalmente de sus méritos: a Boy se lo lee siempre con simpatía. [...] Señalemos, pues, con una piedra blanca su incorporación a nuestras letras, y formulemos votos porque el *polígono* del humorismo continúe aumentando sus lados en la incesante aspiración a la circunferencia..."
[*Mundo Argentino*, Núm. 825, 10 de noviembre de 1926].

Los episodios de la novela *Dos mundos*, de Lucas Ayarragaray, transcurren en Buenos Aires y Mar del Plata, época contemporánea, y pasa de esbozo teatral a novela dialogada. Dice el autor en la "Aclaración preliminar": "La edad del absolutismo ha pasado para la política y para la lógica. Asistimos –sin duda, en una de las zonas de la moderna sociedad argentina– al advenimiento de un nuevo espíritu, el cual pareciera, si no extraño, indiferente al menos a la antigua organización moral y al tradicionalismo de nuestro ideal doméstico. En el margen de ese fragmento de nuestra sociedad se mueven los personajes y se encienden las pasiones de mi novela dramatizada *Dos mundos*."

Saber estar solo sin apartarse de nadie

Horacio Quiroga contaba en 1926 con dos grandes apoyos. En el plano de la difusión pública, con el de su compatriota uruguayo Constancio C. Vigil, director y propietario del grupo Atlántida; y en el ámbito específicamente literario, con el del editor Manuel Glusberg (y, por extensión, de Lugones).

Basta tomar la colección de la revista *Atlántida*, para advertir la frecuencia de textos de Quiroga (al igual que las de otro uruguayo, Javier de Viana): "La gallina degollada" (Núm. 406, 21 de enero de 1926); "Los mensú" (*Atlántida*, Núm. 408, 4 de febrero de 1926); "Anaconda" (*Atlántida*, Núm. 410, 18 de febrero de 1926); etc.

"Para Glusberg, Quiroga fue verdadera y cabalmente una figura paterna, la primera de una serie que comprende a otros escritores", señala Córdova Iturburu [*La Revolución Martinfierrista*, Ediciones Culturales Argentinas, 1962], afirmando que para Quiroga, Glusberg se había convertido en su "conciencia estilística": "A él se deben, sin duda, las segundas o terceras ediciones de obras que Quiroga había publicado con un criterio algo caótico y que a partir de su amistad con Glusberg empiezan a adelgazarse y a ganar en coherencia estética. Pocas veces se ha dado, como en este caso, una abnegación tan constante y una objetividad tan apasionada para custodiar la obra ajena. La tarea de Glusberg ha sido verdadera, imaginativa, labor socrática."

Con el título de "Cómo viven y trabajan nuestros escritores: Horacio Quiroga", se publicó en *Caras y*

Caretas (Núm. 1.461), del 2 de octubre de 1926, una nota de tres páginas por Glusberg, firmada con el seudónimo de Enrique (por Heine) Espinoza (por el filósofo holandés), sobre Quiroga en San Ignacio (que incluye muy buenas fotografías): "Es bueno advertir que Quiroga conserva algunas ventajas de la civilización en San Ignacio y no olvida sus hábitos de hombre libre en Buenos Aires. Uno de sus mayores méritos consiste, precisamente, en saber estar solo sin apartarse de nadie.

[...]

"Lo mejor de la casa de Quiroga en San Ignacio (Misiones) es su maravillosa ubicación. La preferencia por tal lugar revela de por sí al artista que supo elegirlo hace más de veinte años, cuando todos despreciaban esa loma pedregosa, sin más encantos que los puramente panorámicos del paisaje. [...] La casa y todo lo que hay en ella es obra de Quiroga. Su cariño a las muchas cosas que contiene nace justamente del esfuerzo que cada una le representa. Son su vida, y lo que es más, su vida de ayer: sus recuerdos de felicidad compartida con la esposa, primero, y con los hijos, después."

En la parte final de la nota, dice Espinoza / Glusberg: "De cuando en cuando, suele caer algún amigo literato de Buenos Aires. Si esto sucede a mediodía, Quiroga le improvisa enseguida unas polainas de trapo contra las mordeduras de víboras. Luego lo conduce a los yerbales inmediatos, le enseña a caminar en el monte y tras un largo paseo le quita toda idea libresca acerca del país, mediante un tranquilo crepúsculo sobre el río.

"De noche, cuando el huésped va a dormirse rendido, después de una cena bajo los naranjos y a la luz de la luna que asoma entre los bambúes, descubre que por las vigas del techo las ratas bajan a leer a Homero, Dante y Virgilio en los anaqueles de una abandonada biblioteca... Entonces confirma que el dueño de casa es un artista, un gran artista, que se lo debe todo a su sensibilidad y a su experiencia. Pero literato al fin, recuerda un verso clásico que, a su juicio, resume la moral y la filosofía de Horacio Quiroga.

"Iguala con la vida el pensamiento.

"Y a fe mía que a nadie puede aplicarse este verso con mayor precisión. La vida de Quiroga es un poema y ese poema es también su obra, áspera, fuerte, salvaje, como el país que él incorporó para siempre a la literatura nacional."

Sobre *Los desterrados*, opinó Carlos Pirán: "Horacio Quiroga aparece como el señor y soberano del cuento argentino. Es una consagración merecida como pocas. [...] Quiroga no es un pródigo; su producción no es abundante. Cada libro suyo significa, por tanto, un acontecimiento, y nosotros, que lo leemos desde hace tanto tiempo, con la admiración que le es debida, queremos subrayar su nombre, una vez más, para que en él se detengan, a la fuerza, los ojos generalmente distraídos del lector apresurado." [*Mundo Argentino*, Núm. 823, 27 de octubre de 1926].

En *Babel*, de Glusberg, Núm. 21, de noviembre de 1926, se destacan las siguientes notas de la serie dedicada a la obra de Quiroga:

A. Storni, en "Horacio Quiroga", dice que "pertenece al grupo de los instintivos geniales, a los escritores desiguales, arbitrarios, unilaterales y personalísimos".

V. Gukovsky, en "La obra de Horacio Quiroga", expresa: "Quiroga, como Hainsem, impone al sentimiento afectivo de sus protagonistas un horizonte siempre encapotado; un retazo de cielo azul, si existe, es para hacer por contraste más terrible el nubarrón que el huracán empuja".

E. Montenegro se ocupa de "Horacio Quiroga, pariente literario de Rudyard Kipling y Jack London".

Se lee con placer y se comenta con interés

"Uno de los que más frecuentaba la buhardilla de Sadí Carnot [actual Mario Bravo] [número 11], era Roberto Arlt. [...] Una vez estuvo aguardando mi llegada desde las nueve de la mañana hasta las nueve de la noche", escribe Elías Castelnuovo en *Memorias*, en el demoledor capítulo "El aprendiz de brujo", que extiende en "Un viaje hacia el otro lado de las cosas". Del mismo tenor son sus declaraciones a Lubrano Zas [*Palabras con Elías Castelnuovo*, Carlos Pérez, 1968].

"Pese a las objeciones que le hacía, no se resignaba con el rechazo de su novela, ni tampoco aceptaba de manera alguna la resolución. Discutía y volvía a discutir obstinadamente. Y que por qué esto, y que por qué aquello. Por último, aprisionó el manuscrito con ambas manos, lo apretó contra su pecho, y me dijo:
"–Está bien. Usted dice que mi novela es mala. Glusberg dice que mi novela es mala. Gleizer dice que mi novela es mala. Pero, yo y mi mujer decimos que mi novela es buena. Muy buena.
"Eran dos contra un regimiento.
"–¡Muy buena! –repitió– ¡Chau!
"Y se retiró violentamente.
"Después volvió como si no hubiese ocurrido nada entre los dos. No era rencoroso.

"Su nerviosidad lo sacudía ordinariamente como una zaranda. No lo dejaba estarse quieto un solo instante. Iba y venía mientras sostenía cualquier conversación. Estuviese en una calle abierta o en una habitación cerrada. Por ese tiempo, el más crítico de su existencia, el más desamparado –los zapatos rotos, la ropa deshilachada–, caminaba de continuo como un maniático. De día y de noche. No se sabía dónde ni cuándo dormía, a pesar de hallarse casado. No andaba solo, sin embargo, nunca.

"Decir que no sabía gramática, significaba un elogio. No sabía siquiera poner una coma para separar un párrafo de otro y difícilmente acertaba en su lugar una zeta o sacar de su sitio una hache. Empleaba, además, muchas palabras cuyo sentido ignoraba y otras que no se las podía encontrar en ningún diccionario de habla castellana, seducido únicamente por el embrujo de su sonoridad."

Sabido es que Elías Castelnuovo rechazó la primera novela de Roberto Arlt y que finalmente Güiraldes propició la publicación de la que, por su sugerencia, pasaría a titularse *El juguete rabioso*, de la cual se anticiparon dos capítulos en *Proa*: "El rengo" (Núm. 8, marzo de 1925), y "El poeta parroquial", que no se incluyó en la novela (Núm. 10).

"En realidad –declara Castelnuovo a Zas–, mientras estuve a cargo de esa colección (*Los Nuevos*), no esperaba que los escritores noveles vinieran a buscarme. Los iba a buscar yo. Así sucedió con Roberto Arlt mediante invitación cursada a través de Nicolás Olivari que lo conocía. El libro de cuentos que me trajo, pese a su fuerza temperamental, ofrecía innumerables fallas de diversa índole, empezando por la ortografía [...] siguiendo por la redacción y terminando por la unidad y la coherencia del texto. Le señalé hasta doce palabras de una suntuosidad insultante, mal colocadas por añadidura, cuyo significado no pudo determinar. Había, asimismo, en su ensambladura, dos estilos distintos y contrapuestos. Una mezcla de Máximo Gorki y de Vargas Vila, cosa que se lo hice notar no bien se presentó a recabar mi juicio. Él me confesó, entonces, que desgraciadamente podía eso ser verdad, pues, estando en Córdoba, había publicado allí una novelita, con prefacio de Soiza Reilly, imitando la manera del famoso colombiano, con gran profusión de términos abracadabrantes, como acostumbraba a hacerlo el autor de la *Clepsidra roja*. En resumen: le dije que así como estaba la obra no se podía publicar. Que la tenía que arreglar. Se la llevó entonces a Ricardo Güiraldes, y él se encargó de efectuar la limpieza que necesitaba. Le cambió hasta el título, dado que inicialmente se llamaba *De la vida puerca* y más tarde se llamó *El juguete rabioso*, nombre éste que denuncia muy a las claras la mano del autor de *Xaimaca*." [Véase también sobre el tema: Elías Castelnuovo, "Valoraciones sobre Roberto Arlt", en *El Día*, La Plata, 20 de abril de 1958).

Arlt entregó en mano el primer ejemplar impreso de *El juguete rabioso* a Ricardo Güiraldes, con esta dedicatoria: "Quisiera profundamente brindarle algo más que estas líneas porque yo he aprendido de usted una gran lección de vida. Roberto Arlt".

Pirán sostuvo que *El juguete rabioso* es "un libro que se lee con placer y se comenta con interés"; "una lectura interesante por la vivacidad de las acciones, la soltura de sus diálogos y lo pintoresco de sus descripciones." [*Mundo Argentino*, Núm. 830, 15 de diciembre de 1926].

Tres años después, "Roberto Arlt sostiene que es de los escritores que van a quedar y hace una inexorable crítica sobre la poca consistencia de la obra de los otros". Divide a los escritores argentinos en tres categorías: (1) *españolizantes*: Banchs, Capdevilla, Bernárdez, Borges; (2) *afrancesados*: Lugones, Obligado, Güiraldes, Córdova Iturburu, Nalé Roxlo, Lazcano Tegui, Mallea, Mariani, en sus actuales tendencias; (3) *rusófilos*: Castelnuovo, Eichelbaum, yo, Barletta, (Héctor) Eandi, Enrique González Tuñón "y en general todos los individuos del grupo llamado de Boedo".

A la pregunta, "Del presente, ¿quedará algo?", responde: "Güiraldes con su *Segundo Sombra*; Larreta con *La gloria de don Ramiro*; Castelnuovo con *Tinieblas*; yo con *El juguete rabioso*; Mallea con *Cuentos para una inglesa desesperada*. De estos libros, algo va a quedar. El resto se hunde."

De los escritores de Florida, "me interesan [...]. Amado Villar, que creo encierra un poeta exquisito (en 1927, El Inca le publicó *Versos con sol y pájaros*), Bernárdez, Mallea, Mastronardi, Olivari y Alberto Pinetta. Esta gente, por todo lo que hasta ahora ha hecho, con excepción de Mallea y Villar, no sabe a dónde va ni lo que quiere. Los libros más interesantes de este grupo son *Cuentos para una inglesa desesperada, Tierra amanecida, La musa de la mala pata* y *Miseria de 5ª edición* (de Pinetta, publicado por Claridad en 1928). De Bernárdez podría citar algunos poemas y de Borges algunos cuentos. En el grupo llamado de Boedo, encontramos a Castelnuovo, Mallea, Eandi, yo y Barletta." [Reportaje publicado en *La Literatura Argentina*, Núm. 12, agosto de 1929].

Aportes sobre el tema: Roberto Mariani, "Roberto Arlt", en *Nueva Gaceta*, septiembre de 1942; Córdova Iturburu, "Evocación de Roberto Arlt. 1. Los sueños y los personajes", en *Cabalgata*, Núm. 1, 1º de octubre de 1946; "Evocación de Roberto Arlt. 2. Autenticidad argentina de su literatura", en *Cabalgata*, Núm. 2, 15 de octubre de 1946; Elías Castelnuovo, "Valoraciones sobre Roberto Arlt", en *El Día* (La Plata), 20 de abril de 1958; Carlos Mastronardi, "La angustia y el prodigio en la obra de Arlt", en *El Mundo*, 2 de noviembre de 1958; Andrés Avellaneda, "De Areco a los suburbios porteños", en *La Opinión*, 13 de junio de 1976.

Aparece la clase trabajadora

César Tiempo, en "Pequeña cronistoria de la generación literaria de Boedo", publicada en *Argentina de hoy* (Núm. 18, del 1º de octubre de 1952), afirma: "Hubo una época en que el meridiano de la literatura nacional pasó por Boedo. Boedo es una calle y un barrio."

Pero el protagonista y testigo se pregunta: "¿Por qué, precisamente de Boedo? Ninguno de sus integrantes vivía en el barrio. El director de la revista que daría nacimiento a la empresa editorial llamada a difundir la labor de los conmilitones (*Claridad*, de Antonio Zamora), se domiciliaba en Wilde, un pueblito de la línea del Sur. Elías Castelnuovo era inquilino de un zaquami enclavado a cinco pisos sobre el nivel de la calle Sadí Carnot (actualmente Mario Bravo). Álvaro Yunque compartía con su madre y sus hermanos una antigua casa porteña de la calle Estados Unidos 1824, en cuya cuadra tenía de vecinos a tres notabilidades, a las que hay que referirse con la melancolía del aoristo: Juan B. Justo, Jaime Yankelevich y Ernesto Morales. Gustavo Riccio vivía en la calle Rivadavia 2014, Roberto Mariani en la Boca, cerca de la casa de Pedro Juan Vignale, que no tardaría en trasladarse de la calle Lamadrid a Villa Ballester y de Villa Ballester a Río de Janeiro. Luis Emilio Soto, en las inmediaciones de 15 de Noviembre y Solís. Leónidas Barletta en Nazarre y Bolivia. Roberto Arlt en Flores. Lorenzo Stanchina en Villa Devoto. Nicolás Olivari en Villa Crespo. Enrique Amorín en su Salto natal, con recaladas en Montevideo y Buenos Aires. José Salas Subirat en el taller de afilación de Garay y Solís. Aristóbulo Echegaray en Monroe, un pueblo de la línea del Ferrocarril Pacífico. Abel Rodríguez, en Rosario.

Juan I. Cendoya en La Plata. Antonio Alejandro Gil en la calle Santiago del Estero y Pedro Echagüe. José Sebastián Tallon en un caserón de la calle Brasil 1388, y Clara Beter en las nubes. Hablo de los boedistas de la primera época, de las etapas fundamentales. Y no sólo no eran vecinos de Boedo, sino que ni siquiera se reunían en algunos de los innumerables cafés de la calle epónima.

"Por otra parte conviene recordar que la editorial que luego los prohijaría no nació en Boedo sino en un tabuco de la calle Entre Ríos 126. Más tarde Lorenzo Rañó les concedió un espacio en su imprenta de la calle Independencia número 3531, y cuando la revista cambió el nombre fachendoso de *Los Pensadores* por el de *Claridad*, el grupo constituyó su sede definitiva en la calle San José 1641, a pocas cuadras de la plaza Constitución. En Boedo 837 tuvo asiento nominal la redacción de *Los Pensadores* en sus salidas iniciales cuando era una publicación destinada exclusivamente a difundir las grandes obras de la literatura clásica y moderna, mucho antes de convertirse en el órgano de combate de aquellos jóvenes de la generación del 22 a quienes el éxtasis y los sentimientos ciegos del arte por el arte fueron siempre extraños.

"¿A qué venía, pues, la etiqueta de marras? La intención del bautista –en quien algunos creyeron reconocer a Enrique González Tuñón, cuya locuacidad era inagotable como su talento– fue evidentemente burlona, despectiva. Al subrayar la procedencia de los integrantes del grupo quiso decir que venían de extramuros, la suburra, que pertenecían al populacho. Lo notable del caso era que el único habitante auténtico de Boedo era González Tuñón, que vivía en la calle Yapeyú, a dos cuadras de la popular arteria de cuyos cafés era además uno de los más empedernidos habitués. Por su parte los de Boedo trataban no menos peyorativamente a sus impugnadores, los escritores agrupados alrededor del periódico *Martín Fierro*, llamándolos *los de Florida*, transfiriendo al plano literario, quizá sin proponérselo, el duelo histórico de la antigua Roma entre patricios y plebeyos."

"Por primera vez en Boedo aparece la clase trabajadora desempeñando un papel fundamental –testimonia Elías Castelnuovo [*Memorias*, Ediciones Culturales Argentinas, 1974]–. Hasta allí la clase trabajadora aparecía como una cosa despreciable en la literatura. Fuimos nosotros, indudablemente, los que la pusimos en primer plano. Los que valoramos su desgracia y su función histórica. Los que sostuvimos la misión social del arte."

Sigue Tiempo: "El hecho de que Boedo tomase como materia prima de sus inquietudes espirituales a la clase trabajadora, no se debió puramente a una determinación estética, sino a que la mayoría de sus componentes procedían de esa misma clase, y trabajaban o habían trabajado manualmente hasta esa fecha.

"Así, por ejemplo, Agustín Riganelli, era tallista; Roberto Arlt, gomero; Nicolás Olivari, peón de almacén; César Tiempo, repartidor de soda; Roberto Mariani, oficinista; Juan Carlos Mauri, carnicero; Abel Rodríguez, albañil; Ernesto L. Castro, sereno; Abraham R. Vigo, José Portogallo y Antonio Gil, pintores de paredes; y Manuel Rojas, en el momento de ser premiado conmigo en el concurso organizado por *La Montaña*, ocupaba una plaza de linotipista en la editorial donde yo ocupaba la otra."

Agrega Castelnuovo: "Si bien nadie ignoraba allí que para escribir era menester no repetir y decir algo diferente, se escribía, no obstante, como se había escrito siempre y como siempre se escribirá, en razón que el lenguaje que se escribe no lo inventa el literato, sino que lo crea el pueblo y es él también quien lo altera y modifica. Salvo Roberto Arlt, que era factor RH negativo del conjunto, no existía allí ningún excéntrico. A ninguno le daba por masticar fósforos como André Bretón ni pintarle un par de bigotes a *La Gioconda* como Salvador Dalí. Los poetas escribían versos llanos y explícitos y todo el mundo los entendía."

César Tiempo añade datos de interés sobre el grupo: "Yunque daba clases particulares de matemáticas. Castelnuovo trabajó como linotipista algún tiempo y luego largó, pues la salud no le permitía mayores excesos. Fue de los pocos que apenas publicado su primer libro, empezó a vivir de sus colaboraciones. Mariani era empleado de una agencia del Banco de la Nación. Riccio llevaba la contabilidad de la Confitería del Molino y traducía del italiano y del francés. Aristóbulo Echegaray era telegrafista del Ferrocarril Pacífico. Yo fui tipógrafo, mandadero de un bazar de la calle Talcahuano, aprendiz de mecánico dentista, empleado de la Editorial Atlántida, hasta desembocar en la compañía de seguros La Continental, en 1924. Recién cumplía los diez y ocho años. Allí conocí a Aristóbulo Echegaray que acababa de llegar de su pueblo. Trabajábamos en la sección Accidentes. El jefe de taquígrafos era José Salas Subirats (traductor al castellano del *Ulyses* de James Joyce, editado por Editorial Rueda, 1945). Yo organicé la primera y única huelga que conoció la compañía y me echaron. Echegaray colaboraba por entonces en las páginas de

La Vanguardia, que dirigía Juan Guijarro (Augusto Gandolfi Herrero)."

[Los testimonios de César Tiempo pueden encontrarse en "Pequeña cronistoria de la generación literaria de Boedo", publicada en *Argentina de hoy*, Núm. 18, 1º de octubre de 1952; en "Los profetas de Boedo", en *Argentina de hoy*, Núm. 19, 1º de noviembre de 1952; y en "Boedo vivo. Un movimiento literario que hizo época y dio notoriedad a un barrio", en *El Nacional*, 23 de enero de 1959].

Pinto añade este testimonio de Tiempo: "Nuestras lecturas eran desordenadas. Naturalmente los grandes rusos, desde Pushkin a Gorki. Castelnuovo era dostoieskofrénico. Yunque, tolstoiano. Mariani, chejovista. Por supuesto que conocíamos al dedillo la literatura nacional. Y teníamos, algunos de nosotros al menos, bien leídos nuestros clásicos. Cuando digo *nuestros*, me refiero a los españoles."

Elías Castelnuovo, Roberto Mariani, Leónidas Barletta, Nicolás Olivari, Gustavo Riccio, Juan Guijarro, Álvaro Yunque, Enrique Amorín, Salas Subirat, Aristóbulo Echegaray, Sebastián Tallon, Luis Emilio Soto, César Tiempo, en la literatura; y los "artistas del pueblo": Agustín Riganelli, Abraham Vigo, José Arato, Adolfo Bellocq, Facio Hébecquer (en cierto modo, el teórico del grupo), Santiago y Juan Palazzo. Tal el formidable elenco tenía en Boedo su sitio de identificación.

Vale remitir a *Exposición de la actual poesía argentina (1922-1927)*, organizada por Pedro Juan Vignale y César Tiempo (Minerva, marzo de 1927), en cuya parte final se incluye la "Tabla de expositores (con sus respectivas profesiones y domicilios)".

Anticipó el renacimiento argentino

Mariani, Ganduglia, Olivari y Amorín colaboraron en *Martín Fierro*. Mariani y César Tiempo, en *Proa. Inicial* (Núm. 3) elogió entusiastamente un libro de Castelnuovo, quien colaboró en el Núm. 6; Castelnuovo llegó a colaborar en *Sur*, Núm. 5; los hermanos González Tuñón colaboraron en *Proa*; Raúl González Tuñón publicó en *Los Anales de Buenos Aires*, Núm. 9, dirigida por Borges y Bioy Casares; la *Antología* de Pedro Juan Vignale y César Tiempo incluye autores de Boedo y Florida.

"Con el andar del tiempo –agrega Tiempo en su "Pequeña cronistoria..."– Enrique González Tuñón y su hermano Raúl impregnarían su obra de un noble y solevantado acento social, exaltarían el suburbio, pondrían su obra bajo la advocación de Carriego, y ante la iniquidad desatada por el nazifascismo se alinearían valientemente en las filas de los escritores de Boedo, claramente definidos frente a las tiranías como fraguas de servidumbre y barbarie que era necesario apagar y aplastar. Y como dato curioso para los historiadores de mañana, conviene anotar que Evar Méndez, el fundador de *Martín Fierro*, pronunciaría una conferencia en nuestra Facultad de Filosofía y Letras celebrando, entre otras cosas, la jerarquización operada en las masas obreras y campesinas por obra de la estructura social vigente (es decir, el peronismo), en tanto Elías Castelnuovo, uno de los hermes de Boedo, hablaría en 1952 en un salón de la calle Florida, frente a un público de profesores eméritos y señoritas beneméritas, presentado por un ex redactor de revistas ultramontanas *ad usum Delphini*, con palabras en las que cabrilleaba la felicidad sibilina de poder exhibir al gran novelista que ayer no más contrariaba a los concilios empeñado, a pesar suyo, en conciliar los contrarios...

"Pero si hubo contusos, desertores e hijos pródigos en ambos bandos, es indiscutible que fue esa generación polarizada por Boedo y Florida la que anticipó el renacimiento argentino sacudiendo de su marasmo la vida intelectual del país."

Continúa Tiempo: "Los fundadores de la publicación (*Claridad*) fueron Antonio Zamora, un joven español que cumplía su aprendizaje de andinista en la falda de *La Montaña*, y llegó a ocupar más tarde una banca en el Senado de la provincia de Buenos Aires, y a controlar un frigorífico en la provincia de Córdoba, y Daniel C. de Rosa, encargado a la sazón de la reventa de *Crítica*. Un año después, de Rosa se separaba de la empresa y Zamora se convertiría en *deus ex machina* de la misma asesorado por el poeta Gustavo Riccio.

"Riccio era un muchacho poseedor de una notable cultura general, un poeta inclinado a la caricatura sin deformaciones ni crueldad, dueño de una simpatía afectuosa que sabía dar a los transportes de la poesía y aun de la amistad una cadencia entre nostálgica y desilusionada. Melómano fervoroso, lector de varios idiomas vivos, se defendía económicamente ayudando a su padre en la relojería de la calle Rivadavia o llevando los libros de contabilidad de la Confitería del Molino. Fue Riccio quien recomendó la mayor parte de los títulos lanzados por *Claridad* hasta 1925 y fueron de su pluma los prólogos y las presentaciones de los autores. También se debió a él la iniciativa de la colección *Los Poetas* y la publicación del primer libro de Álvaro Yunque, ese rumoroso y genesíaco

Versos de la calle que su autor había presentado con anterioridad a un concurso de la Editorial BABEL, y cuyo jurado, compuesto por Leopoldo Lugones, Rafael Alberto Arrieta y Arturo Capdevila, desestimó inclinando sus preferencias por *El grillo*, de Conrado Nalé Roxlo. Riccio, empero, no llegó a integrar prácticamente el grupo de Boedo y ni siquiera fue *Claridad* sino *La campana de palo* quien publicó su primer libro. Minado por un mal incurable, el autor de *Un poeta en la ciudad* realizó en 1925 un viaje al Paraguay, de donde trajo los originales de otra colección de poemas, *Gringo Puraghei*, la salud más socavada, y un deseo de soledad que se proponía dedicar a la ordenación de sus papeles y sus sueños, melancólicamente persuadido de que debía partir en plena juventud. Así fue. La vida de Riccio se extinguió en la puerta misma de su casa el 6 de enero de 1927. Tenía apenas 26 años. Una calle de Flores recuerda hoy su nombre. En ella vive el actor Roberto Escalada."

Raúl Larra traza un personal balance sobre Antonio Zamora y la Editorial Claridad, en su libro *Etcétera* (Ánfora, 1982). También sobre el tema, véase: Alberto Pineta, *Verde memoria. Tres décadas de literatura y periodismo en la autobiografía. Los grupos de Boedo y Florida*, Antonio Zamora, 1962.

Del libro *Zancadillas* de Álvaro Yunque se realizó una edición popular y una edición especial de 150 ejemplares. Es un ejemplo de la extensión de ediciones numeradas, diferencias en el tipo de papel, tapas encargadas a artistas de la época, tipografía particular para las ilustraciones y viñetas, todo lo cual impone un examen de la búsqueda de calidad en la industria editorial argentina. Los tirajes de cabecera hicieron furor en 1926, incluso en editoriales populares como La campana de palo.

Por *Barcos de papel,* Yunque obtuvo el Tercer Premio Municipal. Ese libro tiene portada e ilustraciones de Sellawaj Ret.

Algún violinista

En el cuento que da el título al libro de Elías Castelnuovo, *Entre los muertos (Narraciones)*, se lee: "Lucas, en pleno delirio, manoteaba sin ton ni son como una persona que se estuviese enterrando en un pantano. Por momentos, recobraba su lucidez habitual y sentía que las paredes del estómago se le contraían violentamente. Un dolor agudo se desprendía del píloro y cruzaba como un relámpago todas las fuentes de su sistema nervioso. Al llegar a la cabeza, la onda describía una curva y le pegaba un martillazo en el cráneo que lo aturdía. Lucas, experimentaba la necesidad irrefrenable de lanzar un grito horrendo y taladrante que rompiera los cristales del sanatorio. Cada vez que amenazaba pegar ese alarido cósmico que había estado conteniendo durante tanto tiempo, pasaba por el corredor, la sombra de una lechuza, y hacía:

"–Chissst...

"De rato en rato, una garra siniestra le arañaba el intestino. Lucas tomó asiento en la cama y de pronto sintió algo parecido a una puñalada que lo tumbó al suelo. Luego, quiso incorporarse, pero volvió a caer otra vez. Entonces, empezó a arrastrarse por el piso, aullando como un lobo destripado; abrió las persianas y siguió gateando hasta alcanzar la figura del Cristo del recodo. Se arrastró un poco más, le entrelazó las piernas con sus brazos y le besó los pies. Finalmente, alzó los ojos y le dijo:

"–Mañana me operan... hermano.

"Después, enmudeció."

Así comienza Nicolás Coronado su nota "Desde la platea: *Ánimas benditas*, de Elías Castelnuovo" [*El Hogar*, 6 de abril de 1926]: "La Nueva Sensibilidad está de duelo. La Nueva Sensibilidad acaba de sufrir el más rudo de los fracasos. [...] La Nueva Sensibilidad está de duelo porque el señor Elías Castelnuovo –que la representa– ha sido furiosamente aclamado en uno de los teatros de Buenos Aires. ¿Queréis una tristeza mayor?"

Agrega Coronado que la Nueva Sensibilidad "se halla profundamente dividida. Tenemos a los de Boedo, entre quienes el señor Elías Castelnuovo, autor de *Ánimas benditas*, ocupa un lugar de importancia; tenemos a los de Florida; y tenemos, según me parece, a unos cuantos muchachos ultraístas que se ríen de los de Florida y los de Boedo. [...] *Ánimas benditas* no tiene nada que ver con la nueva sensibilidad. Trátase, en su arquitectura, de una imitación de los dramaturgos rusos, y en su estilo, lento y cansado, de una imitación de *Los ciegos* y de *La intrusa*. [...] El diálogo, muy monótono, revela en el señor Castelnuovo a un escritor a quien le repugna la frase brillante y ridícula, lo que no es poco.

[...]

"Para concluir con el señor Castelnuovo, es preciso que yo incorpore a este artículo un recuerdo personal.

"Fui muy amigo del doctor Ingenieros. El doctor Ingenieros me dispensaba su afecto y su protección. Casi todas las noches paseábamos juntos, y a veces entrábamos a un teatro. En cierta ocasión asistíamos en el Nuevo a la representación de una pieza detestable, en una de cuyas escenas el autor había deslizado una música de violín, lejana y melancólica.

"–Hermano –me dijo aquel amigo ilustre– en las obras malas interviene casi siempre, oculto entre las bambalinas, algún violinista. Desconfía de la música...

"Bueno. En la producción del señor Castelnuovo, y en el primer acto nomás, un violinista, invisible para los espectadores, la atraviesa con tres estocadas musicales..."

Y haciendo un violento esfuerzo, hablaron sinceramente

Última Hora (21 de octubre de 1926), al comentar *Vidas perdidas*, de Leónidas Barletta, presenta al autor dentro del grupo de Boedo que dice que la obra "no responde al concepto que teníamos formado de la nueva sensibilidad del grupo de Boedo. Su manera de perseguir la intensidad emotiva que se busca en la lectura no está en recurrir ni al efecto de los contrastes fantásticos ni a la impresión de las deformidades reales, que impresionan de suyo, sin que se suba la nota. Es armoniosa. Toma una materia común, que da muy poco de sí para el objeto a que sirve, y el resultado conseguido es fruto exclusivo del talento que la explota."

Vida Porteña (Núm. 678, 6 de diciembre de 1926), cita a Barletta: "Nada enseña tanto a los hombres como ver el destino de los hombres"; y presenta su obra en estos términos: "Novela de pasiones, de amor no satisfecho y de amargura. Desde el conventillo hasta el palacio de la aristocracia, desde el estibador hasta el estudiante que vive de las rentas de su madre, todo el Buenos Aires nocturno, la mala vida y la crápula están descriptos en este libro."

Va a continuación un fragmento revelador del estilo y el tono general de *Vidas perdidas*, de Barletta: "Subía de la calle una música de órgano. Era una música espesa y sensual. Música de pueblo vicioso y pobre, música de remordimientos y de lamentaciones, el tango. Ni alegría, ni noble dolor. Pensamiento turbio, mirada de través, mano traidora, eso es el tango. Música de pecado. Se arrastra, se oculta, se enreda.

Dice la miseria del arrabal, la vida del perdulario y de la prostituta, todo lo que avergüenza está en el tango. Por eso la gente adinerada del país lo baila en sus salones. Porque por mucho dinero que tenga y aristocracia que se adjudique, esta gente no podrá desprenderse de un pasado de vergüenza que la une a la canalla, entre dos compases de tango.

"Aquella música que subía de la calle trajo para Elba el recuerdo del conventillo que acababa de dejar y también pensó en su madre. Un minuto estuvieron en su cabeza aquellos entre los cuales había florecido. Recordó sin tristeza que su padre se pudría en lejano presidio. Y finalmente se preguntó qué es lo que hacía en la habitación de un hotel de medio pelo, con un hombre [Eduardo Monje es el nombre del protagonista] a quien apenas conocía.

"Fue hacia una silla y se sentó. Él se había cambiado la ropa y andaba en zapatillas por la habitación. Las dos valijas de su equipaje estaban abiertas.

"De repente un chorro de luz amarilla cayó del techo sobre su alta silueta.

"Mientras por la puerta entornada pedía él la comida, Elba se puso a observarlo.

"Pensó, mirando sus cabellos negros y ondeados, con algunas canas, sus manos nerviosas, su elegancia natural, que no era difícil querer a ese hombre. El amor –se dijo audazmente– no es sino una coincidencia de cualidades. ¿Se puede dejar de querer a un hombre simpático, bueno y con fortuna?

"Cuando él cerró la puerta y se dio vuelta la encontró sonriente y audaz y llena de desenvoltura.

"Entonces él no pudo ocultar su contrariedad y dio vuelta los ojos, los escondió, rehusó la mirarla de frente para no revelar su pensamiento. Pero ya Elba había comprendido. Sus brazos que iban a estrecharlo, cayeron todo a lo largo del cuerpo como cosa muerta.

"Se miraron a los ojos, por primera vez, como dos que están seguros de no engañarse. Y haciendo un violento esfuerzo, hablaron sinceramente:

"–¿Se ha disgustado usted?

"–Eso que usted quería hacer, no es para mí –dijo él.

"–¿Por qué? –preguntó ella.

"–Sé bien que usted no me quiere... yo... tampoco yo... es cualquier cosa, pero no puede ser amor. ¿A qué engañarnos mutuamente? Ya no soy un chico. He vivido y he visto mucho.

"Volvió a tutearla:

"–¿Sabes? Yo... tu madre ha sido mi amante...

"–¡Ah!

"Hicieron un largo silencio durante el cual progresivamente se fueron iluminando los ojos del hombre. La tomó de una mano con un gesto amistoso y la hizo sentar a su lado en el borde del lecho.

"–Ella –dijo exaltándose– ha sido una mujer buena y pura. ¡Qué corazón y qué bondad tiene tu madre! Yo era un pobre hombre perdido, estaba hastiado de todo teniéndolo todo. Era como el que sufre sed en el mar. Marta fue para mí un trago de agua fresca. ¿Ves? Nada más que esto y sin embargo, ¡cuánto!

"Elba lo miraba y sonreía. No se hubiera podido saber al punto si era una sonrisa irónica o gozosa.

"En ese momento tocaron la puerta y entraron la comida.

"La lluvia no cesaba de repiquetear en los vidrios de la ventana.

"Comieron, hablando poco, cada uno con sus ideas.

"Después del café que bebieron a sorbos espiándose tras el pocillo, ella sintió que su mirada la hundía en una sensación muelle y tibia y una gran laxitud aflojó sus músculos y sus nervios.

"Y sintió un poco de temor; pero todo ocurrió como la naturaleza lo ha dispuesto y ella no fue ni más dichosa ni más desgraciada que otras mujeres.

"Al día siguiente despertó y miró asombrada a su alrededor. Tenía la boca seca y agria y pesada la cabeza. Fue recordando los pasos del día anterior en todos sus detalles. A su lado, en el lecho, todavía quedaba la huella de su amante; pero ya había salido.

"El sol daba con fuerza sobre los cristales de la ventana. Sonrió mirando el cuarto revuelto, se echó otra vez sobre la almohada, se dio vuelta hacia la pared y siguió durmiendo."

["Leónidas Barletta: la literatura de la calle Boedo, contra la literatura de la calle Florida", en *Crítica*, 10 de junio de 1926; Leónidas Barletta, "Divagaciones y concretos acerca de un presunto arte izquierdista", en *La Literatura Argentina*, Núm. 3, noviembre de 1928].

Quieres un perpetuo temblor. Juegas con el fuego

Roberto Mariani, tras sus celebrados *Cuentos de oficina* (Claridad / Colección Los Nuevos, 1925), testimonio de la alienación del trabajo, publica *El amor agresivo*, relato sobre la alienación del amor, las deformaciones que falsean las relaciones de pareja.

El editor anuncia: "Libros de posible publicación: *Últimos cuentos de la oficina*, con prólogo de Roberto J. Payró. En preparación: *Laberinto*. Novela. Próxima reimpresión: *Cuentos de la oficina*".

En el final de la escena III de *El amor agresivo*, titulada "María Agustina" (romance con una mujer casada), se lee:

"Yo:

"La vez pasada te dije cuánto me disgusta y cómo me violenta el traje sastre. Te reíste; y dijiste que yo no era capaz de encontrar belleza en las severas líneas arquitectónicas del tailleur, pero yo te repliqué que en la mujer yo amo lo femenino, lo maternal, lo delicado, lo fino, lo dulce, lo frágil, en fin, y acaso por contraste con mi carácter, precisamente lo opuesto a las condiciones del traje sastre. No me gustaba, no me gusta, en la mujer, la línea rígida y dura. Recuerda mis palabras: el traje sastre te substraía una crecida cantidad de feminidad. ¿Qué hiciste tú? Habíamos convenido una cita para el inmediato jueves a las cuatro. El jueves siguiente, a las cuatro, llegaste metida en tu traje sastre de líneas duras y rectas y de groseros faldones de viejo profesor que me recordaron inmediatamente a Mister Buttler que me enseñó inglés. Provocabas mi rabia, mi aversión, mi desamor. Frente a mi disgusto, haciéndote la desentendida y la incomprensiva, me mentiste que tenías algo urgente que cumplir: el médico, el niño, su clase de música; qué se yo... Pero añadiste que volverías a las seis. Dos horas: de las cuatro a las seis. Dos horas de temblor para ti. Pensarías seguramente: 'Él está fastidiado; me gustaría verlo enojado y en seguida transformarse en enamorado meloso'. Eso seguramente pensabas. Y a las seis volviste con un leve y dulce vestido de taffetas, de un amable azul claro, con la pollera combada como una rosa invertida. Y no va el cuello de hombre y la corbata torera, sino la chorrera de encaje bordeando con su espuma el escote palpitante. Venías a destruir con tu encanto nuevo el primer efecto desagradable. Eso es: provocas mi desamor; después reconquistas mi amor. Quieres un perpetuo temblor. Juegas con el fuego. Te quemarás. Eres una mujer enferma.

"Ella:

"¡Qué cruel eres! Yo no puedo razonar tanto como tú para demostrarte que no tienes razón al interpretar mis modos de amor –como dices tú– así desastrosamente para mi sinceridad; te digo, sencillamente, que no tienes razón, que no dices verdad; y hasta diría que, si no te quisiera como te quiero, me sentiría ofendida y castigada por yo no sé qué horribles pensamientos o hechos.

"Yo:

"Si pudieras eslabonar una argumentación sólida y eficaz, convincente y elocuente, la callarías con toda malicia; la callarías dentro de tu pecho, la esconderías como se esconde un tesoro o un horrible pecado, porque para tu gusto es preferible que yo continúe así como estoy, molestado y nervioso."

Roberto Mariani publicó por entonces en *Los pensadores*, el artículo "Nosotros y ellos"; y en *Exposición de la actual poesía argentina (1922-1927)*, organizada por Pedro Juan Vignale y César Tiempo, bajo el título "La extrema izquierda", Mariani reafirma su visión de las diferencias entre Boedo y Florida.

Otro dato de la actitud beligerante de Mariani a favor de Boedo y contra Florida, es la dedicatoria escrita en el ejemplar de *El amor agresivo* enviado a Ricardo Güiraldes. No conocemos la dedicatoria, pero sí la respuesta de Güiraldes, incluida en sus *Obras completas*: "Mi querido Mariani: parece haber en muchos de los escritores con tendencia al desquite social, más propósitos de establecer diferencias y antagonismos que semejanzas y simpatías. Ustedes son muy humanos, no se puede negar, pero es lástima que los límites de su humanitarismo estén señalados por las posiciones pecuniarias y de barrio."

A modo de antecedente, cabe apuntar que Pedro Luis Barcia ["En torno a algunos textos desconocidos de Güiraldes", en *Revista de la Universidad de La Plata*, Núm. 26, 1980] cita la "Carta a Nicolás Olivari" de Mariani (publicada en *Martín Fierro*, Núm. 33, 3 de septiembre de 1926): "Querido amigo: Su *Musa de la mala pata* tiene frecuentemente muy Buena Mano. Pero ha hecho usted bien en llamar así a la patrona de sus versos, desarrapados como una tristeza acostumbrada a romperse el alma en todas las esquinas de los barrios dolorosos e intensos."

A continuación, revela Barcia los dichos, al respecto, del autor de *Don Segundo Sombra*: "¡Qué dedicatoria cariñosa y despreciativa! Para mí contiene una sorpresa. Comprendería que fuera la del libro de Mariani, lleno de tedio y de minucias oficinescas y lleno también de una sumisión perruna (hablo, naturalmente, de los sujetos y tipos pintados), pero el suyo no es así. Su poesía de la Mala Pata o Pata de

Palo, tiene una dignidad atorrante, una altanería de hombre que ha llegado a un desiderátum de soledad y congoja y un orgullo de paria suburbano. Nada veo de sometimiento, ni de cobardía, ni de rutina que ha perdido el rumbo de las grandes aspiraciones líricas. La misma dedicatoria tiene un empaque que se manifiesta en un par de patadas de rebelde: zapateadas al aire que significan todo un solaz literario."

En el ejemplar consultado de *El amor agresivo*, se encuentra esta dedicatoria manuscrita: "A Evar Méndez, animador del momento literario, con un saludo puro desde la otra vereda. R. Mariani. Boulogne sur Mer 280".

Todas las escuelas, menos la primaria

Salomón Wapnir fue uno de los críticos más consistentes, aliado de los escritores congregados en torno de Castelnuovo, Yunque, Barletta, Mariani, Tallón, Cané.

En *Crítica positiva. La nueva sensibilidad. De Florida a Boedo*, publicado en 1926 por Tor, advierte Wapnir en el prefacio sobre el carácter que le atribuye a las notas recopiladas en ese libro: "Libres de todo canon ostentan, como única característica semejante, la idéntica expresión de simpatía hacia el generoso intento de bregar por un ideal de Belleza, Verdad y Justicia". Vale, en consecuencia, repasar algunas de las páginas que dedica a combatir al grupo martinfierrista.

"*La nueva sensibilidad*"

"Un grupo de escritores viene proclamando, de un tiempo a la fecha, la existencia en nuestro país de una nueva sensibilidad, ornando tan grato acontecimiento de aquellos tributos y virtudes que concurren a suponer la presencia de un hecho carente de precedentes en la historia de nuestra literatura. Don Ricardo Rojas, cuidadoso biógrafo de nuestras letras, no registra en los cuatro voluminosos tomos que a ellas dedica, un caso semejante en la trascendencia que sus devotos le asignan.

"Justifícase así que los pregones, proclamas y actividades de los poetas y escritores agrupados en torno a lo que dieran en llamar *la nueva sensibilidad*, despertara un cierto interés público ávido en conocer, a título de mero diletantismo, el exponente artístico de los recientes valores literarios.

"Confieso que pese a las ideas que de este movimiento me formulara desde el comienzo de su introducción en el ambiente y a los concluyentes principios de orden estético en que sustentara mi juicio, una cierta inquietud y vacilación acompañaba mis comentarios expresados al margen de la producción literaria de estas figuras, afónicas a fuer de proclamar a diestra y siniestra, su condición de intérpretes de la tan zarandeada nueva sensibilidad.

"Temía errar en mis conceptos, pecar de imprudente en la emisión de mis opiniones, desprovistas, de hecho, de toda aspiración trascendental. No me bastaba el juzgar apoyándome en la mediocridad de su labor y considerar, por consiguiente, que ante tales productos sólo cuadraba el conceptuarlos en su calidad de artistas de menor cuantía. Suponía que en las regiones íntimas del cerebro, habrían de hospedarse criterios distintos a los que sustentaran en sus obras primerizas, pensamientos acariciados noblemente en discrepancia con la orientación de sus infantiles pasos en el terreno de las letras, ideas de enjundia y vigor destructoras de la falaz torre del malabarismo retórico. Creía, pues, simplemente, con toda buena fe y optimismo, que estos jóvenes escritores, entregados a las risueñas travesuras de una pluma ágil y menuda, descubrirían al artista sincero que en sí encierran, desprovisto de simbolismos y rituales, desnudo ante el recio panorama de la Verdad, e inclinado ante el altar mayor del Arte y de la Vida.

"Quise conocerlos, saber de sus ansias y anhelos, aspiraciones e ideales. Abandoné, amante infiel, mi retiro y de mi pampa fecunda y generosa, alcé vuelo rumbo al escenario en que actúa, en consorcio de ensueño y labor, la nueva generación literaria.

"II

"Y bien: ya he conocido a la *nueva generación*, a la *nueva sensibilidad*. Me acerqué a ellos, me uní a sus andanzas, obtuve notas reales y fidedignas sobre sus orientaciones ideológicas, impresiones directas acerca de su valor intelectual. ¿Cuál es hoy mi manera de pensar frente a estas figuras jóvenes del movimiento innovador? Hemos de verlo enseguida, si es que ello puede interesar.

"Un núcleo de escritores, muchos de ellos muñidos de naturales condiciones de talento, se han dado a la tarea de imponer los preceptos de una diversa manera de pensar y sentir en materia de ideales y géneros artísticos, a la que haya ayer nos rigiera. Vale decir, que encuéntranse abocados al anhelo de transformar los elementos que juzgan arcaicos, consagrando nuevas fórmulas creadoras al pensamiento humano. Otorgan a tal propósito el padrón de una finalidad primordial: destruir los fósiles creados por la retórica y la academia, sosteniendo, en cambio, los ritmos de una nueva sensibilidad. Para el triunfo de esta aspiración cuentan con todos los matices integrantes de un nuevo caso en la degeneración de los modelos literarios, conocido bajo el nombre de *futurismo*. Con modelos múltiples y diversos dispersan su propia producción, animados de la vitalidad requerida para provocar un verdadero movimiento de opinión, señalando época en los anales de la literatura nacional. Hasta aquí las aspiraciones de la falange en cuestión.

"¿Cuáles son los elementos y recursos de que disponen estos heroicos cruzados del Arte para conducir en alas del triunfo tan arrojado ideal? Simples figuras literarias expresadas con la libertad de quien todo ignora y desconoce en materia de estética; banales juegos de metáforas y caprichosos arabescos de palabras ensortijadas a tono con un motivo de común inspiración; concepciones dislocadas desprovistas de todo nexo directriz; pensamientos deshilvanados y desvertebrados; carencia absoluta de emoción y sutileza; prodigalidad de motivos absurdos y ridículos.

"El convencimiento de sus prestigios, lo obtienen frecuentemente. En el subsuelo de algún café donde acostumbran reunirse, escuchándose en silencio y devotamente como cuadra a personas hidalgas, sus propias elucubraciones. Menudean los vítores y prodíganse aplausos. Después de una reunión en *La Peña*, o una colaboración en la *Revista Oral*, puede reposar confiado sobre sus lauros el novel poeta, que ellos habrán de colocarlo a buen resguardo del ingrato olvido de la gloria, casquivana Dulcinea del Toboso. Es observando estos actos y repasando no pocas de las páginas que suscriben, que se siente el peso de realidad y justeza que adquiere el incisivo y rotundo juicio de Alberto Gerchunoff, quien al referirse a ciertos jóvenes escritores les reconoce haber pasado por todas las escuelas, menos la primaria.

"Podría pensarse de ellos al contemplarlos ligados a géneros que explotan con evidente carencia de sinceridad, que constituyen una legión de idólatras del fácil éxito, de la fugaz consagración. Un total desaprovisionamiento de enjundia, de alma, puesta al servicio de una modalidad literaria cualesquiera les resta magnificencia, solidez y vigor a su obra. La poesía futurista, ultraísta, simplista o como quieran llamarle y la prosa insustancial que producen, sólo concurre a distinguirlos del abigarrado conjunto de escritores nuevos, por su modalidad personal, sin duda alguna, pero en ningún caso por un reconocimiento de méritos y valores. No puede haberlos en lo que constituye un arte exento de un soplo real, viviente, humano; carente de un reflejo veraz de las distintas expresiones de la existencia tan pródiga y fecunda en motivos que ofrecen a la paleta del artista sincero y honesto, un valioso concurso de factores y elementos de creación.

"Frente a los inquietantes problemas que los acontecimientos de la última década plantea en el espíritu de los hombres libres y ante las enseñanzas que a diario recogemos en el campo de la evolución social, de la historia, de la sociología y de la política, ¿cómo podrá pensarse sensata y cuerdamente, que sea la nueva sensibilidad artística de nuestro país, estos caprichos banales de un núcleo de escritores desprovistos de una visión humana del siglo en que vivimos?... ¡Ni pensarlo! Lo que a todas luces carece de refutación es que cuanto construyen estos poetas y algunos más que ya dejaron de pertenecer a las filas de la juventud, por la legión de primaveras que vieron transcurrir, será cualquier cosa, lo que al lector se le ocurra que sea, menos expresión de Arte, y mucho menos aún un reflejo de la nueva sensibilidad. Sea dicho esto en forma rotunda, porque creemos que la menor de las cualidades que pueden serle exigidas a un escritor, es el dominio perfecto o discreto del instrumento que emplea. Quien no lo consiga, pese a sus intentos e innegable buena voluntad, mal hace en insistir en un esfuerzo que no habrá de reportarle ni gloria ni provecho.

"La nueva sensibilidad existe, indudablemente, en el terreno de nuestra literatura, pero no ha de ser la que encarnen y representen estos valores esencialmente negativos, a juzgar por los productos que exponen.

"Radica ella, en la extrema izquierda, en el puñado de artistas conscientes de su misión dinámica, en el núcleo de intelectuales hermanados por el idéntico y noble propósito de crear una literatura concordante con las pulsaciones de la humanidad. Cada poeta de la nueva generación deberá inclinarse sobre el corazón de los hombres y escuchar su sístole y diástole. Con tal gesto su obra obtendrá el timbre de la Verdad y el ritmo de la Justicia que señalen su propia consagración.

"Cuando se piensa que el escritor, el pintor, el poeta y el artista son los llamados a educar la sensibilidad de los pueblos, encauzándola hacia el sendero de la Belleza y del Arte, el aspecto de estos escritores jóvenes malogrados por la ausencia de contracción al estudio perseverante, se hace más doliente y amargo. Todo puede esperarse de quienes como José Pedroni, Horacio Rega Molina, José Tallón, Elías Castelnuovo, Álvaro Yunque, Leónidas Barletta, Roberto Mariani, Luis Cané, Carlos Vega, Roberto Ledesma, y algunos más, han perfilado en sus respectivos géneros literarios, una noble tendencia de superación cultural e ideológica, De los que pululan y gravitan en torno a los modelos de Bernárdez, Borges y Girondo, ¿qué podrá esperarse a no ser nuevas posturas en el tinglado de la farsa futurista?

"Lo repetimos una vez más; somos los primeros en creer que estos jóvenes escritores que hoy se agitan nerviosamente tras fórmulas y géneros obtusos, no carecen de talento. Pueden reaccionar, salvarse, acaso, de la absurda y funesta marcha que realizan, si acuden para ello, con cariño y devoción, al divino elemento del trabajo. Basta de cabriolas, basta si, como pensamos, todo ha sido un mero capricho juvenil.

"Conjugando los mágicos tiempos del verbo estudiar, puesto el corazón en la pluma y la visual, amplia y potente, en los problemas de la vida, en sus paisajes emotivos y en sus aspectos sugerentes, vibrando con todos y cada uno de los ritmos de la existencia y reflejando en cada página el espíritu de la Verdad, de la Justicia y del Arte; la consagración sorprenderá en una gloriosa mañana al sincero obrero del intelecto, cuando en su propio corazón la primavera entone un himno de alabanza."

Un puesto de inferioridad

A la precitada del martinfierrismo, Salomón Wapnir opone a continuación, en *Crítica positiva,* la del grupo adversario.

"DE FLORIDA A BOEDO"
"La Sociedad Editorial *Claridad,* bajo cuyos auspicios publícase la biblioteca *Los nuevos,* que agrupa en su seno a un conjunto homogéneo de figuras jóvenes de nuestra balbuceante literatura, ha dado a publicidad la labor en prosa de tres de sus elementos identificados, cada uno de ellos, a través de un volumen de cuentos o narraciones.
"Previamente al comentario que la producción de Roberto Mariani, Leónidas Barletta y Enrique M. Amorín, autores de *Cuentos de la oficina, Los pobres* y *Tangarupá,* respectivamente, nos sugieren, anhelamos emitir, sin aspiraciones de dómine dogmático, nuestro modesto y elemental juicio frente a una de las singulares fases del actual movimiento literario que, en virtud de distintas circunstancias, cobija arraigo e interés.
"Evidentemente, quienes componen las filas de la nueva generación no coinciden en lo que respecta a la necesidad de crear, a la vez que imponer, una literatura en concordancia con las afinidades del espíritu que tutelarmente les rige. Natural y lógica habrá de conceptuarse tal aspiración; ella justifícase plenamente. Los espectadores de las vitales diarias transformaciones de todo orden en los distintos escenarios de la vida cotidiana, no han de aceptar el canon impuesto en los comunes géneros del arte por las generaciones anteriores, ubicadas en planos diversos, a la vez que muñidas de elementos distintos de juicio para la realización constructiva de la obra. Imponíase, cual actitud preliminar e indispensable, la innovación de escuelas y sistemas que colocaran en tono y nivel a los actuales artistas del pensamiento, con la hora inquieta y preñada de motivos en que tócales actuar.
"La anhelada corriente de savia nueva cuyo arribo significara el punto de partida de una distinta era literaria, encuéntrase abocada a la misión por realizar. Un inquieto interrogante aguijonea nuestra curiosidad. El concurso artístico

de la nueva generación, convulsionada y heterogénea, en la cual cífranse no pocas esperanzas, ¿asumirá el aspecto una contribución benéfica, potente, que tienda a realizar nuevas partes del proyectado edificio de nuestra literatura, o por el contrario, sólo habrá de sumar nuevos intentos de mediocre acierto y aisladas muestras de orientación definida con rumbo ejemplar?

"Digamos de inmediato que, en oposición al conjunto de figuras agrupadas en torno a *Los Nuevos*, cuya producción se destaca por el miraje de su honesta manifestación ideológica, militan otras, mayor en número quizá, ligadas a las proclamas del *ultraísmo, futurismo, simplismo,* y múltiples análogas definiciones tan nefastas y absurdas como ficticias. Aisladamente, los retraídos de círculos y cenáculos elaboran, en silencio, su obra. Veamos, empero, el desfile del cortejo.

"Ramón Gómez de la Serna ha logrado rodearse de un núcleo de discípulos dispuestos a imponer el ritmo y el sentido de sus *greguerías*. Si a dicho núcleo le designáramos una figura central, sobre Oliverio Girondo habría de caer la elección. Con *Veinte poemas para ser leídos en el tranvía,* nos dio el anuncio de su trayectoria confirmada con *Calcomanías,* donde ni desmiente la condición de su talento ni otorga cauce diverso a su género. Con *Inquisiciones* Jorge Luis Borges y con *Alcándara* Francisco Luis Bernárdez han proclamado su adhesión manifiesta al ultraísmo que empéñanse en consagrar, no cual efímera característica de una banal preocupación, sino que, por el contrario, cual la expresión de un género meritorio, de indiscutible solidez. Alberto Hidalgo, más egotista, por cierto, aspira a la posesión de un reinado personal y logra para sí la exclusividad del imperio en los dominios del *simplismo*. Todo un perfecto señor feudal.

"Un avisado lector de esta producción y que, para su ventura, no desempeña funciones de comentarista literario, definió con evidente acierto y en figura *simplista* el movimiento que preocupa a los modernos aedas. 'Se me ocurre pensar, decía, en una pomposa celebración justificada por una común y absurda nimiedad.' Tal puede decirse del esfuerzo que realizan los alistados en la legión innovadora: una inútil labor espiritual, sin fecundo sedimento alguno, que sólo concurre a personificar a un grupo determinado de jóvenes sonrientes, algunos de ellos de indudable talento, destinados a malograrse si una atinada y oportuna mirada introspectiva no les sugiere un cambio fundamental en la marcha. Ella se impone si se observa que no es posible otorgarle importancia y trascendencia alguna a la producción de Girondo, Borges, Bernárdez, Hidalgo, etc.

"Con carácter de ensayos caprichosos, de esquemas atrevidos, sólo es posible conceptuar lo que inténtase imponer con visos de arte superior. Suponíamos que los mismos autores de tales piezas, convencidos de la falta absoluta de vigor artístico que caracteriza a su producción, como del absurdo desgaste de energías, sensibilidad y juventud, se dispusieran a labor fecunda y vigorosa sonriendo, indulgentemente, ante el recuerdo de las ágiles travesuras de un ayer anárquico e insustancial, cometidas al amparo generoso de las altas especulaciones del espíritu. Observando cómo mantiénese en pie el centro de aspiraciones que sustenta tal núcleo, se impone, sin titubear, la franca reacción que otorgue a cada uno su precio y ajustado valor.

"El triunfo de la producción literaria o el arraigo de un género determinado se justifica cuando en dosis complementaria a la bondad de su forma y estilo –límpido, claro y directo– súmase la emoción de un motivo humano, a la vez que los arpegios de las notas que caracterizan al conjunto de un vivido problema social o moral.

"Instantes de inquietud estos que asisten al desfile de episodios básicos para la organización de un sistema ético evolucionista, exigen de los artistas más que los suaves cantos de sus ensueños líricos, el noble poema que compendie el espíritu del siglo en sus fases de dolor y de congoja.

"La producción epidérmica, caprichosa y banal, no puede interesar a los pueblos que anhelan que la literatura evidencie, en su máxima expresión, un reflejo acertado de sus ansias y pesares, de sus sueños y anhelos, de sus rebeldías y triunfos. Encauzar los veneros del arte por sentidos diversos significa, de hecho, el malogro de fundamentales fuentes de educación popular que de ser utilizadas en misiones cuyos destinos les están prescriptos, llenarían los nobles preceptos que tienden a mantener, fresco e imperecedero, el recuerdo del género artístico que en tal norma se encuadre. Los nombres de los poetas y artistas que hoy viven en el corazón de los pueblos, no son precisamente por las innovaciones impuestas en el estilo y escuelas; conjuntamente a las reformas realizadas en los cánones consagrados vibró, en todos los casos, una imposición de ideales sólidos y aspiraciones virtuosas, discretamente disimuladas tras el ropaje de la forma literaria.

"¿Cómo ha de aceptarse, pues, la consagración de modalidades literarias netamente transitorias, sin aspecto de belleza, carentes de las más leves tonalidades de vigor, desprovistas de toda expresión humana que consagra inmortales los triunfos; escuelas que permanecen mudas para el espíritu, llamadas a tener vana y efímera existencia y que presentan el espectáculo de una juventud equivocada, errado el sendero y embriagados con los fuegos fatuos de sus propias quimeras incoloras? Digamos, concretando el concepto, que transcurrido el breve lapso menester para la extinción de estas luces endebles, nada restará de cuanto producen estos jóvenes poetas, en quienes es menester reconocer talento e ingenio, lo que hace más sensible aún su ausencia en terrenos y géneros vigorosos, de mayor enjundia, donde no sería aventurado el prever una actuación destacada. Es de lamentar que sólo iluminen débilmente y ello en calidad de fuegos de artificio las actuales horas. El viento del olvido atentará, muy pronto, cuanto producen.

"Los volúmenes pertinentes a Mariani, Barletta y Amorín nos aseguran la presencia de tres figuras que, cualesquiera que fuese el mérito de su obra, han utilizado el noble instrumento que el arte les confiere, para situarse en tono con los múltiples problemas y cuadros de la existencia, observados, analizados y diseñados con la mirada sutil del artista que ansía extraerle a la vida una reflexión, una amenaza o una moraleja.

"En *Cuentos de la oficina*, *Los pobres*, y *Tangarupá*, sus autores han obtenido de los motivos que la observación les brindara, una expresión de realidad, un sentido viviente y dinámico de los pesares y dolores que apesadumbran y acongojan a la humana caravana.

"Roberto Mariani ha penetrado el alma nebulosa y el espíritu estático de nuestra burocracia, presentándonos sus pliegues, escudriñando intensamente, disecando su organismo, a la vez que poniendo en descubierto el manejo de aspiraciones truncas, de sueños quebrantados, de claudicaciones morales, y de miserias ocultas bajo el prejuicio candente. Argumentos tejidos con criterio lógico y veracidad descriptiva concurren a brindarle al autor un eficaz conducto de realización literaria. De las objeciones que pudieran hacérsele, citemos, sin ánimo de restar méritos al conjunto, ciertas lagunas en el idioma, tanto más lamentables si conceptuamos que Mariani nos ofrece en el mismo volumen admirables muestras de síntesis y composición. Un cierto espíritu detallista de minucias peligra con transformar en difusa la clara línea de la trama. 'Santana', estudio de corte psicológico, caracteriza la situación aludida.

"Leónidas Barletta logra superarse en cada uno de sus nuevos libros. Trabajador honesto, ha realizado páginas de fiel expresión humana, acertadas reproducciones de sugestivas escenas naturales, humildes tragedias, problemas inquietantes y dolientes que agítanse en el seno de los desheredados. Podría decirse que encarna, a conciencia, los preceptos de una noble moral. La literatura rusa, fuente de nobles enseñanzas, orientó su tendencia. Empero, ni Gorki, ni Turgenef, ni Tolstoy, ni Andreiev, ni los modernos y contemporáneos autores de dicha literatura, le dictan a Barlettta de por sí su rumbo. De tales estilos, siempre eficaces, directos e incisivos, posee reflejos evidentes; habiendo, en realidad, bebido tan sólo de sus cauces el común anhelo de redención humana, de superación cultural, de grandeza ética que vibra en cada una de las piezas de dichas figuras.

"Un real sentido de verdad imprime Amorín a las narraciones de *Tangarupá*. Por el imperio de su sutil espíritu creador, ellas adquieren fases diversas, un vivificante colorido y una risueña tonalidad. Los cuadros que desfilan, no carecen de pujanza. Un hálito de vida se desliza por las escenas. Descripciones amenas, motivos interesantes con relieves acertados, confirman los juicios que mereciera su labor anterior. Amorín es un intérprete de la belleza. Las páginas de *Tangarupá*, en las cuales se perfilan rudos caracteres, evidencian la seguridad de sus pasos y la sazón de su talento.

"Son estos elementos los antípodas a los *ultraístas* e innovadores de moda, los llamados a la consagración en el aproximado día en que, dominantes de los factores indispensables a la elaboración equilibrada de sus obras, pletóricas en motivos vigorosos, nos brinden el fruto de una gestación primorosa.

"Por otra parte, la nueva generación no debe permanecer en silencio ante el panorama que señala la proximidad de un mañana no exento de auroras auspiciosas y ha de beber en todas sus fuentes el néctar indispensable para fecundar, en la vida o en el arte, el símbolo ejemplar de una literatura humana, moral y veraz.

"Realidad, generosa ideología y belleza, lo que exigirse debe a los que anhelan triunfar con nobles armas; simplemente esto, señores, *ultraístas, simplistas, futuristas*, etc.: culto al Arte y a la Verdad."

También en *Crítica positiva*, se ocupa Wapnir, en "Julio Fingerit versus Leopoldo Lugones", de aplaudir el ya citado libro *Un enemigo de la civilización*: "No nos es dado ocuparnos con frecuencia de libros tan meritorios por la índole de su género, su finalidad y su realización"; "debiera ser leído detenidamente por el pueblo; leído y estudiado descubriendo las virtudes que cada una de sus páginas contiene".

Salomón Wapnir, en su libro *A izquierda y derecha. Semblanzas y contornos literarios* (M. Gleizer, 1931), titula el primero de los ensayos reunidos "La crítica literaria"; en el punto "IV. Vicios y virtudes de la crítica" escribe: "Con relación a lo que el país ha producido en materia literaria, la crítica ocupa un puesto de inferioridad junto a los demás géneros. Aisladamente se ha hecho y se sigue haciendo crítica solvente. Con excepción de las revistas de carácter netamente literario, dotadas de secciones especiales, la prensa otorga, en general, escasa importancia al movimiento literario del país. En reemplazo a la información seria, responsable, que guíe y que señale rumbos, se ofrece la gacetilla, la noticia, el corriente comentario de circunstancias que desorienta a quien busca en la opinión del periodismo el índice de sus lecturas.

"Esta anomalía ha sido considerada por los autores y por el público que ha terminado por aceptar con reservas todo juicio encomiástico o negativo que no se encuentre abonado por la autoridad de un crítico o autor de probidad intelectual reconocida. Enrique Méndez Calzada, que ha juzgado en un sabroso comentario esta situación difícil para la crítica, que no afecta tan solo a la de nuestro país, sino a la crítica universal, hace la siguiente reflexión: "La influencia ejercida por el espíritu de camarilla y de cenáculo, la del factor efectivo, la del simple conocimiento personal, que, coartando la

independencia de ánimo del crítico, le cohíben y le maniatan cuando se trata de oponer reparos a la tela, a la estatua, o al libro cuyo genitor le pagará el café al día siguiente, deben también tenerse muy en cuenta.
[...]
"[...] pese a todo esto que gravita sobre el género crítico y a pesar de los errores, las vacilaciones, renunciamientos y apostasías, la crítica – la noble y leal crítica – va cumpliendo su tarea, venciendo la intolerancia de los propios autores en lucha de intereses y pasiones. No solo lleva a cabo su cometido, que es el de comprender vivificar el esfuerzo de un escritor, desentrañando cuanto en él ha volcado, sino que también prepara la presencia de un nuevo crítico en cada lector al dotarlo de un mínimum de elementales nociones de gusto literario y sentido crítico.

"Cuando se trata, como en nuestro caso, de una literatura que recién empieza a cobrar vitalidad y caracteres propios, el deber fundamental es el de la tolerancia. No entender así la misión del género, su responsabilidad el deber de las dimensiones históricas del medio ambiente, sería destruir, en nombre de fórmulas y cánones, el retoño antes de conocer la capacidad de su desarrollo y los frutos que pueda descubrir en la hora de su natural florecimiento. Esta tolerancia y esta indulgencia para con el autor y su obra, no significa oficiar de cómplices frente a las desviaciones del buen gusto, los errores técnicos que anulan el valor artístico o estético de la obra; la síntesis, la precisión, la honradez intelectual y la probidad creadora. En este concepto de la crítica reside el rol creador del género, su función estética y sus cauces para volcar en ellos principios de belleza y armonía."

Wapnir, en *La crítica literaria argentina* (Acanto, 1956) reformula y amplía aquel trabajo del año 1931.

En *Lápiz rojo. Crítica literaria* (Claridad, 1933, colección "Críticos literarios de hoy"), define en el prefacio: "Mientras el mundo entero se bambolea en sus cimientos, haciendo temblar los principios más arraigados en la conciencia de los pueblos, creo indispensable contribuir, en la medida de nuestras modestas fuerzas, a poner a salvo aquellas virtudes que constituyen la levadura de todas las civilizaciones."

El primer barrio de la capital que se sintió independiente

Última Hora publicó durante los meses de enero y febrero de 1926 diversas crónicas sobre el barrio de Boedo, que se reseñan a continuación:

(1) "Así ha surgido Boedo. Todo un nuevo Buenos Aires se ha manifestado en la calle Boedo, algo que hace 30 años, era decir el lugar *donde el diablo perdió el poncho*. Es Boedo hoy parte integrante de la capital, un milagro de América, como dirían en Europa. No se concibe, en efecto, cómo en tan relativo corto tiempo se haya reunido tanta población en lo que fuera pampa y creado un ambiente social y económico que campea decididamente por sus respetos." [*Última Hora*, 6 de enero de 1926].

(2) "En Boedo, la típica barriada porteña, se desliza la vida alternando el trabajo activo y el dulce sosiego – El populoso vecindario puede sentirse orgulloso de prescindir del centro – Nada falta allí para grato esparcimiento después del tributo de labor.

"Ni Flores, Belgrano, Palermo, el mismo Once, han podido vivir hasta hace poco sin ser tributarios del famoso centro metropolitano. Había que ir a Florida por todo, era algo así como la manía sugestiva general que no hacía aceptar sino lo acabado de llegar de París.

"Boedo fue el primer barrio de la capital que se sintió independiente. Se desembarazó de todo tutelaje bien pronto. Nada falta allí para poder vivir sin echar a menos todo lo que es necesario o de buen tono que disfruta el corazón de Buenos Aires. Teatro, cine, bar, recreos, paseos... De todo hay para disfrutar del merecido descanso, al fin de la jornada del tributo *pane lucrando*... [...] La fecundidad es un rasgo bien característico de la activa zona. S.O.S. de la urbe. El precepto bíblico Creced y multiplicaos, está allí a la orden del día. Lo comprueban las bandadas de chiquillos que pululan más que en otra barriada. El piberío constituye una nota de color y alegría. Vivarachos, inquietos, rebosantes de salud son el encanto de los padres que para criarlos a gusto –y aumentar el número sucesivamente– han elegido por residencia al típico Boedo." [*Última Hora*, 16 de enero de 1926].

(3) "El pibe de Boedo hace el elogio de su barrio".

"Las chicas cuentan con una particular característica al extremo *faubourg* porteño. Las hay en profusión y generalmente bonitas, sencillamente elegantes, sin nada que envidiar a las demás de la urbe. Posiblemente tengan ventajas apreciables como es la de hacer una vida de menor encierro que por todas partes. Allí el fresco no hay que tomarlo por dosis de balcón o de patio. Se hace *vie au gran air* en plena vía pública. [...] Entre los tipos populares de Boedo destácase con rasgos inconfundibles el *compadre*, un tanto modificado del de antaño. Usa ahora saco estilo pijama y *canotier*, prescinde del clavel en la oreja y en el ala del chambergo. [...] Pasado el período de ensayo con las cafeteras que van pasando a la historia, se han establecido líneas regulares de coches que nada tienen que envidiar a los de Londres o París. [...] Chiclana, San Juan, Independencia, en Boedo no faltan anchas arterias donde se hace vida al aire libre. Será un *boulevardismo* particular, pero no desmerece al de las capitales europeas." [*Última Hora*, 16 de enero de 1926].

(4) "Boedo rinde culto a las artes del *Brillant Savarin*".

"En la típica barriada, los *gourmets* forman legión, así lo advierten las actividades gastronómicas de restaurantes, parrillas, glorietas y fogones. [...] Desde el *pollo allo spiedo* a la parrillada, nada falta allí, donde se vive a la *derniere*, pero se mantiene incólume el prestigio de la cocina criolla." [*Última Hora*, 3 de febrero de 1926].

(5) "Colgando la última noche de orgía, Milonguita volvió al retiro de su vieja Chiclana. [...] La calle que se empinó sobre los yuyos para verla nacer, también se ha regenerado. [...] Las *broncas* con Boedo, las infantiles *agarradas*, pasaron a la historia como cosas perdidas. [...] ¡Chiclana! Tus dos aceras, limpias y nuevas, te muestran: la una, Boedo, la antesala de la ciudad; la otra, avenida Sáenz, la línea recta que lleva a la vida *misha*." [*Última Hora*, 8 de febrero de 1926].

También *La Razón* (23 de febrero de 1926) se ocupó del barrio: "Hace cuarenta años no más, el límite de la ciudad era la actual calle Boedo". Pasa revista a las atracciones de la zona: el café Dante, el bar Academia, el cine Los Andes, los aficionados a San Lorenzo de Almagro, los canillitas. Concluye: "Boedo es el más alegre de los barrios de la metrópoli. Todas las notas de su calle son de alegría. Es un público que trabaja y vive en paz y que entiende que la vida no se ha hecho para amontonar dinero, sino para gastarlo. Por eso vive feliz en su calle, lo mismo sea saboreando cerveza en los cafés, que tomando fresco en mangas de camisa en el frente de sus casas."

La calle de la aristocracia tradicional

El domingo 23 de mayo de 1926 se organizó un gran despliegue de vidrieras a lo largo de la calle Florida. Así lo registró *Última Hora* (24 de mayo de 1926): "Ayer, Florida, la calle de la aristocracia tradicional, vivió un asombrado momento democrático. [...] Desde temprano, gentes de todos los barrios de la ciudad acudieron al desfile que no alcanzó a malograr el día poco propicio. [...] Florida, la aristocrática Florida de la tradición porteña, vivió ayer momentos de intensa emoción democrática. Desde temprano gentes de todos los barrios bonaerenses recorrieron su calzada ilustre y sus aceras pulidas, y ella, acostumbrada al reposo total de los domingos, se acordó que había sido niña y que había nacido en un pueblo, y, alegre y confiada, se empilchó con lo mejor que tiene y se largó a oír piropos, toda llena de polvos de arroz y con los dedos deslumbradores de sortijas de fantasía. [...] Nunca estuvieron las vidrieras de Florida tan esmeradamente adornadas y nunca, nunca, ni aguzando el ingenio al último reducto del sentido común, podría llegarse a concebir, por eso, lo que experimentarían frente a ellas las mujercitas de Barracas o de Vélez Sarsfield". Las vidrieras más destacadas fueron las de Gath y Chávez, Los Gobelinos, Nordiska, Ciudad de México, Casa Icardo.

En julio, tuvo lugar una nueva promoción de la calle más elegante de la ciudad en la época: "Anoche Florida estuvo más concurrida que ninguno de los domingos anteriores", señaló *La Razón* (5 de julio de 1926) y continuó (en su edición del 12): "El corso dominical de Florida quedó definitivamente consagrado ayer con la asistencia del presidente Alvear".

Un porvenir en la urbe metropolitana

Tomando a Buenos Aires como tema central, durante 1926 se publicaron estos otros libros:

Amorín, Enrique, *Horizontes y bocacalles*, El Inca.

Cadícamo, Enrique D., *Canciones grises*, Talleres Gráficos Porter Hermanos.

González Tuñón, Enrique, *Tangos*, M. Gleizer.

Cadícamo dedica *Canciones grises* al dirigente radical yrigoyenista Víctor Juan Guillot. En el extenso poema "Invitación al pecado" comienza diciendo:

"Ven Mimi, tú primero, luego vendrán las otras...
"En mi alcoba el incienso sahuma y contagia
"el deseo de orar una misa sáfica...
"Tú serás la rosada divinidad que en una
"noche de desvaríos imaginé adorar...
"El pebetero quiere mi alcoba perfumar...
"A la usanza oriental
"con un kimono hecho
"para reales señores
"te esperaré en la semi-
"penumbra de mi lecho...

El soneto "La vecinita que no tiene novio" prefigura la letra del tango "Nunca tuvo novio":

"Tienes la pureza de las oraciones,
"tienes la alegría de las resignadas,
"y en tus ojos tristes hay dulces miradas
"que tejen caricias en los corazones.

"Espera vecina que llame a tu puerta
"el amor portando su aljaba y su flecha,
"los velos nupciales que esperan tu flecha
"que siempre te encuentren sonriente y despierta.

"Y cuando ese día, lleno de ilusiones,
"hacia el Himeneo, benditas regiones,
"partas entre azahares y los responsorios,
"irá a saludarte mi amargo lirismo
"con el ramillete del escepticismo
"y la reverencia de los Juan Tenorios...

Jorge Luis Borges publica "La presencia de Buenos Aires en la poesía", en *La Prensa* (Segunda Sección, 11 de julio de 1926). Comienza así: "Alguna noche, suelo ubicar mis horas en la serenidad del barrio de Almagro: empresa que tiene su poco de catástrofe en cada punta, pues para ir y volver es obligatorio descender a la tierra como los muertos e inclinarse en una hilera de ajetreos que hay entre la plaza de Mayo y la estación Loria, y resurgir con una sensación de milagro incómodo y de personalidad barajada, al mundo en que hay cielo. Claro está que esas plutónicas y agachadas andanzas tienen su compensación: tal vez la más segura es poder considerar ese grande y bien iluminado plano de Buenos Aires que ilustra las paredes enterradas de los andenes. ¡Qué maravilla definida y prolija de un plano de Buenos Aires! Los barrios ya pesados de recuerdos, los que tienen cargado el nombre: la Recoleta, el Once, Palermo, Villa Alvear, Villa Urquiza; los barrios allegados a una amistad o una caminata: Saavedra, Núñez, los Patricios, el Sur; los barrios en que no estuve nunca y que la fantasía puede rellenar de torres de colores, de novias, de compadritos que caminan bailando, de puestas de sol que nunca se apagan, de ángeles: Pueblo Piñeiro, San Cristóbal, Villa Domínico. Lo indesmentible es que la realidad de Buenos Aires también es realidad de poesía, y que su alusión ya es intensificadora en cualquier verso. Quiero historiar con brevedad las poesías que han trabajado en su endiosamiento, los que sin un sacudón, un sobresalto, sin inconveniente alguno edilicio, han hospedado en la eternidad nuestras calles."

Evoca a Domingo Martinto, Eduardo Wilde, Evaristo Carriego, Marcelo del Mazo, Enrique Banchs, Fernández Moreno: "Su libro (*Ciudad*) es íntegra conquista. Es libro desganado, varonil, orgulloso, tal vez perfecto. Otros fueron siguiéndolo, otros que historiaré en un próximo ensayo: Blomberg, Herreros, Yunque, Olivari, Raúl González Tuñón..."

Borges, en "Bibliografía. *Exposición de la Actual Poesía Argentina*, organizada por Pedro Juan Vignale y César Tiempo", *Síntesis*, Núm. 4, septiembre de 1927, afirma que se trata de un "libro que debiera ser de gran júbilo, porque se manifiesta en él la mucha poesía que en nuestro Buenos Aires de todos se está viviendo."

Para los que amamos las cosas de la tierra natal

Entre las obras de autores de provincias que publicaron en 1926 se cuentan:

Berisso, Emilio, *En los esteros*, J. Lajouane y Cía., con prólogo de Martiniano Leguizamón, fechado en marzo de 1925.

Booz, Mateo (seudónimo de Miguel Ángel Correa), *La tierra del agua y del sol*, América Unida (Primer millar) (Segundo millar), con portada de Enrique Policastro.

Bufano, Alfredo R., *Aconcagua*, Buenos Aires Cooperativa Editorial Limitada, Agencia General de Librería y Publicaciones.

Burgos, Fausto, *La sonrisa de Puca-Puca. Cuentos de una raza vencida*, Buenos Aires, Tor.

Carrizo, Juan Alfonso, *Antiguos cantos populares argentinos. Cancionero de Catamarca*, La Facultad / Silla Hermanos.

Díaz Usandivaras, Julio, *La flor de mi campo. Primera selección de las mejores composiciones del autor aumentadas con nuevas producciones inéditas*, Editorial *Campera*, de la revista *Nativa*.

Díaz Usandivaras, Julio, *El alma de la tierra. Cuentos, relatos, evocaciones y descripciones de nuestros campos*, Editorial *Campera*, de la revista *Nativa*.

Elflein, Ada María, *Por campos históricos. Impresiones de viaje*, L. J. Rosso.

Franco, Luis, *Los hijos de Llastay*, BABEL.

Heredia, Pedro, *Alma norteña. Cuentos de la montaña*, con prólogo de Alfredo R. Bufano y dibujos del autor, Tor.

Quiroga, Carlos B., *La montaña bárbara y misteriosa*, Nuestra América.

San Martín, Félix, *Entre mate y mate*, Imprenta Tunduri (Reeditado por la Biblioteca del Suboficial, Núm. 39, 1928).

Leemos en Mateo Booz, *La tierra del agua y del sol*: "Se allegaban a la finca numerosos indios de los contornos, a pedir alguna cosa. Ventura les daba una moneda o un cigarrillo o una sandía de las que guardaba en la ramada.

"–Usted los envicia, señor –declaraba Querejeta–. Esa gente no se cansa de limosnear. ¡Si los conoceré yo! Pero, la verdad, no son pretenciosos. Con cualquier achura se contentan.

"Algunas veces intentó Ventura sostener largas conversaciones con sus visitantes, enterarse de su género de vida y de costumbres, indagar la naturaleza de sus aspiraciones. Pero los esfuerzos eran vanos. De las frases incoloras y evasivas de esos individuos no podía sacar otra consecuencia que una innata desconfianza para comunicar los pensamientos. Nunca afirmaban nada; nunca contradecían al interlocutor. Cerraban su alma presurosos a todas las investigaciones, sin dejar por ello de columbrarse tras su hurñía un fondo de perspicacia cazurra."

Luis Franco, entre *Coplas* (Ediciones Selectas América, 1921) y *Coplas de pueblo (1920-1926)* (M. Gleizer, 1927) publica *Los hijos del Llastay*, cuyo primer texto, titulado "El Llastay" dice: "Hablamos ya de él en una ocasión. Dijimos que en grande extensión andina es el dueño de las aves del cielo y de las bestias de la tierra, en lo ancho de los campos y en lo alto de los cerros; que quienes lo han visto –muy pocos– aseguran que se parece al duende: petizo, de ojillos suaves y terribles –de paloma y de halcón– con un sombrerete aludo y ojotas que son como alas de sus pies cuando corre por los cerros y los médanos; que tiene una flauta de húmero de cóndor, y cuando en una de esas lúcidas mañanitas serranas se pone a flautear, chillan de contento lo pájaros, carcajea la chuña, algún cóndor ladea la calva testa escuchando, tal cual guanaco relincha con júbilo de plata."

Agrega que "para el buen cazador", el Llastay "es, de modo magnífico, amigo leal y servicial."

Remata: "Cierta vez un cazador, caído así en desgracia, vio un gran guanaco blanco, esbelto y hermoso como jamás conociera en su vida. Le echó los perros, que lloriqueaban de impaciencia. Cuando, recién al anochecer, después de un día de vagar sin rumbo, pudo encontrarlos, estaban atados con sogas de chaguar al tronco de un algarrobo... Por cierto que el guanaco blanco era el mismísimo Llastay."

El último de los poemas recopilados por Julio Díaz Usandivaras en *La flor de mi campo* se titula "El gurí" (pájaro errante de los montes chaqueños), está dedicado "al querido maestro Alberto Williams", y cierra con esta cuarteta:

"Todo aquel que sea huérfano
"es, en el mundo, un Gurí:
"canción triste, vida triste...
"Lo mismo me ocurrió a mí".

Uno de los relatos de Díaz Usandivaras incluidos en *El alma de la tierra* se refiere a "Un rancho típico", y comienza con esta descripción: "Para los que amamos las cosas de la tierra natal, y sin que por ello se nos pueda tachar de retrógrados, es motivo emocional la contemplación de uno de estos ranchitos criollos, de los últimos que van quedando.

"El patio de tierra lisa pero bien barrido, por la clásica escoba de pichana; el pozo y el brocal, ostentando el viejo balde; el hornito de barro puro (donde se cuece el mejor pan del mundo) (y donde a menudo ponen las pollas que no se molestan en hacer nido); la hilera de tarros a lo largo del frente del rancho conteniendo albahaca, ruda, menta, yerbabuena... Más allá el palenque, donde se ata al pingo fiel de los mandados; y, cerrando el cuadro, el corral de trancas, de trancas torcidas, de ñandubay y tala, como las primitivas."

Julio Díaz Usandivaras fundó y dirigió *Nativa. Revista ilustrada de tradición argentina y de difusión de asuntos americanos*. De tirada mensual, alcanzó los 453 números: del 30 de enero de 1924 a junio de 1961.

<small>Vale consultar en el número del 20 de junio de 1961, el "Homenaje a Julio Díaz Usandivaras", que incluye textos de Arturo Capdevila, Ricardo M. Llanes, Nicandro Pereyra, Apolonio Alderete, Juan Eduardo Seri, Bernardo González Arrili, Artemio Arán, Marcelo Montes Pacheco, Godofredo Lazcano Colodrero, Demetrio Fernández, Ismael Moya, Álvaro M. Martínez.</small>

En los esteros, libro póstumo de Emilio Berisso, describe personajes y ambientes de los campos de Entre Ríos, particularmente en la zona de Gualeguaychú, prestando especial atención al vocabulario local. En la parte inicial del capítulo II "Cororó" expresa: "Más acá, frente a los grandes corrales de palo a pique, poniendo un límite a la ancha playa de arena y conchilla, las dependencias del capataz y del peonaje, compuestas de los largos galpones techados con teja y de una ruinosa ramada de multa, destacábase clara y duramente como un calco.

"Los peones, según su costumbre, se habían puesto en movimiento mucho antes de que amaneciera;

dos de ellos montaron en sus respectivos caballos –que desde la víspera dejaron atados a soga para el caso– y salieron al campo a recoger las mansas; algunos ordenaban el apero que les había servido de cama para dormir al descubierto; y otros, junto al fuego, que con el fin de librarse del humo y del calor excesivo encendieron fuera de la cocina, sentados en rústicos escabeles de ceibo, en aspudas cabezas de vaca, o en el suelo, sobre los culeros grasientos, tomaban por turno el mate que hacía circular una mestiza de largas trenzas, la cual, de tiempo en tiempo arrimaba nuevas brasas al asado del desayuno –la mitad de una oveja– que se iba dorando poco a poco encima de una maltrecha y maloliente parrilla de alambre.

"Desde el palenque más próximo llegaba como un estertor brillante el furioso resuello de un bagual alazán, que ya casi descogotado y a riesgo de desmenearse forcejeaba desesperadamente por cortar el cabestro.

"En el chiquero de ramas medio escondido por un grupo de curupíes, una mocetona cobriza puesta en cuclillas, con la falda de percal recogida entre las piernas, en chancletas y encapuchada por un pañuelo de zarza punzó, a dos manos ordeñaba una lechera."

Acerca de *El provincianito*, de Cornelio Gutiérrez, dijo *La Razón* (12 de noviembre de 1926) que se trataba de una novela "por cuyas páginas flota un tibio calor nacionalista, que hace simpática y atrayente su lectura desde los primeros renglones". *Última Hora* (26 de noviembre de 1926) resume el argumento como "la lucha de un joven de provincias por labrarse un porvenir en la urbe metropolitana: escenas claves en la playa de Necochea durante la temporada estival", y celebra "el grato momento" que con la lectura del libro "nos ha hecho pasar" el autor.

El criollo mismo ha dicho

El catamarqueño Carlos B. Quiroga publica en 1924, con el sello de la editorial Nuestra América, la segunda edición ("limpia de algunas ampulosidades que contenía la primera edición, sale ahora esta segunda, esmeradamente corregida") de su obra *Cerro nativo. El hombre y la naturaleza (espíritu de la región)*. La primera edición había sido publicada por Nosotros, en 1921. En ambas se incluye "El elogio del cóndor. A modo de prólogo", por Saúl de Navarro.

En el apéndice agrega Quiroga el texto "Función política y humana del arte nacional": "Si somos un pueblo, ya tenemos un arte nacional: sobre todo una poesía y una música, que son por excelencia, en la civilización cristiana, las artes populares". Cierra con una suerte de advocación: "Un día me acerqué al corazón de la patria en silenciosa ignispicia, y comprendí que aquel latía al unísono con el corazón del mundo, en la profunda vibración del arte. Y glorifiqué el arte nacional, que hunde su mirada de luz hasta el principio de vida que anima átomo por átomo, brizna por brizna y sol por sol."

En *La partícula ilusionada (el hombre en la naturaleza)* (Nueva Revista, 1924), Carlos B. Quiroga advertía que dicho libro "es de una concepción más amplia que *Cerro nativo*, con el cual forma *La partícula ilusionada* una sola obra". En el primer texto, titulado "El éter desnudo", comienza diciendo: "La cumbre tiene la virtud de hacer olvidar a la mente atraída por la infinita variedad de las cosas, el sentido de las relatividades humanas, pues sumerge el espíritu en el resplandor purísimo del espacio, donde no hay más que luminosa inmensidad. [...] En una palabra, en la cumbre se siente uno sumergido en la unidad energética del todo. [...] Por donde se mire, todo es sidéreo abismo; y la misma tierra es apenas el trampolín en cuyo borde pisamos ya para dar cósmico salto al infinito. Nos sustenta la trama de luz de los astros y viajamos por lo increado en una etérea vibración. Hasta en los minúsculos concretos que percibimos palpita la inmensidad, que los aspira hacia sí con su aliento poderoso."

También de 1924 es el libro de Carlos B. Quiroga, *Alma popular* (Buenos Aires Cooperativa Editorial Limitada, Agencia General de Librería y Publicaciones). Dedicada "Al notable pensador José Ingenieros", desarrolla dos grandes temas "El arte popular catamarqueño" y "La musa popular catamarqueña": "¿Quiénes enseñaron al pueblo catamarqueño de los campos a cantar? En primer lugar, el idioma español, con su ritmo, con sus refranes, con sus coplas; y después la vida y la naturaleza habitada por la sociedad argentina. Y como esa enseñanza le vino del idioma, de la naturaleza y de la vida, llegamos a la conclusión de que, adquirida la aptitud, el canto popular es no aprendido, casi como el de las aves entre la fronda de las selvas.

"El criollo mismo ha dicho con gracia y con insospechada verdad cuáles son sus maestros:

"Canta el gallo entre las piedras,
"y el gallo al amanecer:
"ellos cantan porque saben;
"yo canto por aprender.

"Así, pues, de la naturaleza y de la vida ha obtenido el criollo su maestría ahora congénita con él para cantar."

El último texto lleva por título "Psicología del pueblo catamarqueño de los campos anunciada por su arte y por las distintas manifestaciones de su vida".

Estos antecedentes sirven para presentar la obra de Carlos B. Quiroga, *La montaña bárbara y misteriosa (el hombre en la naturaleza)*, que publica Nuestra América, en 1926. Comprende textos que recogen vivencias, experiencias y leyendas norteñas.

El ejemplar consultado conserva manuscrita esta dedicatoria: "A Rafael Alberto Arrieta, con alta estimación intelectual por sus bellos e ilustrados libros, su devoto lector y admirador. A. B. Quiroga – Catamarca, oct./926".

Un fragmento de "La montaña y el mar": "Cuando la ola presta su versatilidad al espíritu ligero, retorno sin esperar su respuesta al monte nativo, y veo que es, en efecto, hondo y abismático cual el piélago amargo.

Sopla el viento sobre el pastizal como en un verde oleaje y ágilmente se levanta a la región de la roca sumergida en el océano azul del espacio. La piedra bruna, callada eternamente para la frágil criatura humana, ¿qué le indagará a ese espacio cuando hunde en él como una proa la arista que rompe los cristalinos aires? ¿Qué secreto incomunicable devela en la alta noche la peña aguda bajo el luminoso parpadeo de las estrellas? ¿Qué diálogo sostiene con las indecisas sombras del crepúsculo el pico roscoso, entre el apagado rumor de la tarde que muere? ¡Oh, pico basáltico, suspenso en los altos niveles de la tierra, tú cobras a mi vista un sentido humano: eres el eterno anhelo con que el hombre quiere ahondar en el corazón de las cosas para descubrir la primera razón de las razones todas! Y tú, suave colina, ¿eres acaso el deseo furtivo, el placer cambiable, la caprichosa versatilidad del espíritu alado, un artístico juego, un claro placer de los sentidos? Porque en la montaña, como en el mar, está todo el cambiante matiz del espíritu, su música íntima y el movimiento y el color de la fantasía."

Carlos B. Quiroga, en *El paisaje argentino en función de arte* (Tor, sin fecha de edición) avanzaría sobre su concepción de las posibilidades de expresión de lo nacional.

Es obra de buen nacionalismo

Sobre el *Cancionero*, de Juan Alfonso Carrizo, apunta Olga Fernández Latour de Botas (en el ya citado artículo *Aportes*...): "Existe más de un punto de coincidencia entre Borges y Carrizo respecto del tema de la poesía gauchesca. El primero es la lucha que ambos entablaron contra las falsas tesis indigenistas imperantes por entonces, y Carrizo lo capta claramente cuando, en una nota sobre la edición crítica del poema de Hernández realizada por Eleuterio Tiscornia (que publicó en *Nosotros* bajo el título de *La poesía popular y el "Martín Fierro"*, en 1928) cita el artículo de Borges de 1926 para fortalecer su tesis sobre la filiación hispánica del cancionero tradicional argentino. [...] Así, pues, en 1926, Juan Alfonso Carrizo establece la filiación hispánica del cancionero tradicional argentino, señala la diferencia entre folklore poético y poesía gauchesca y sostiene, finalmente, que esta última deriva directamente de los romances de guapos y valentones de la España del siglo XVI."

Bruno Jacovella [*Juan Alfonso Carrizo*, Ediciones Culturales Argentinas, 1963], tras referir que en 1926 Rafael Jijena Sánchez "aprestaba la revelación de sus cantares de la tierra calchaquí", destaca que el *Cancionero* de Carrizo debió de llevar un prólogo de Ricardo Rojas, pero que se publicó, sin embargo, con otro, de Ernesto E. Padilla. La razón de este cambio parte de la urticante carta del rector Rojas a Carrizo, que contiene descalificaciones de este tenor: "Su 'Discurso preliminar' está lleno de desplantes, y a la poca justicia para con sus colegas, une usted poca reflexión para con su asunto"; a la que responde Carrizo. El desencuentro sigue con la crítica negativa de la obra publicada por Rojas en *La Nación*, a la que sigue la carta de Carrizo al diario.

"¿Fue el doctor Padilla quien lo empujó a Carrizo a recorrer las provincias del norte, compilando su poesía tradicional? Indudablemente –escribe Jacovella–, sin el doctor Padilla, que lo acicateaba, le conseguía las licencias con viáticos del Consejo y el dinero para pagar al impresor las primeras cuotas de sus costosos cancioneros, Carrizo no habría podido pasar de su primera obra y habría tenido que seguir ejerciendo el cargo de maestro que se le había hecho odioso."

[Carlos Vega, *Apuntes para la Historia del Movimiento Tradicionalista Argentino*, Instituto Nacional de Musicología "Carlos Vega", 1981. Notas publicadas en la revista *Folklore*, de la Editorial Honegger de Buenos Aires, del Núm. 48 al Núm. 99, agosto de 1963 a julio de 1965].

En *La Razón* del 15 de noviembre de 1926, comienza a publicarse como folletín la novela *El corazón del pueblo*, de César Carrizo. Este autor había logrado difusión mediante las series publicadas en *La Novela Semanal*: *Confesiones de una mujer* (1918), *Holocausto* (1918), *El último brindis* (1918), *El silencio* (1919), *Más allá del odio* (1921), *Los hombres tienen sed* (1922), *A ciegas* (1923). En 1925 publicó la novela *Santificada sea* (Tor).

Escribe Alfredo Buffano en el Prólogo de *Alma norteña*: "Mi amigo Pedro Heredia, el autor de este libro, es ingeniero. El desempeño de su profesión lo ha llevado a las regiones más apartadas del país. Ha recorrido casi todas las provincias y territorios del Norte. Y como Pedro Heredia, además de ser ingeniero, tiene un alma contemplativa y abierta a las bellezas de Dios, ha aprovechado sus viajes y sus momentos de ocio para hacer un libro. Este libro es *Alma norteña*." Esa obra tiene un vocabulario en que se explican el significado de 69 palabras usadas en el Norte argentino.

Leyendas guaraníes, de Ernesto Morales, y *Jujuy*, de Julio Aramburu, fueron votados para el Premio Municipal de 1926.

Rafael Jijena Sánchez, tucumano de nacimiento, se radica en Turdera, en zona contigua a la Costa Brava, feudo de los hermanos Iberra, próximo a la vecindad de la Madre María. Tras cumplir el servicio militar, en 1925, se incorpora a los Cursos de Cultura Católica, a la peña de La Cosechera, y después a la del Tortoni, con lo cual se torna frecuentador de la noche porteña. En una noche fría de 1925 escribe en el café La Armonía, de la Avenida de Mayo, "La canción de amor calchaquí", que se publica en el Núm. 15 de *Proa*. En La Perla del Once conoce a Macedonio, Borges y otros frecuentadores del cónclave. Con esos materiales y vivencias, elaboraría *Achalay*, publicado en 1928, que logra el Primer Premio Municipal [Arturo López Peña, *Rafael Jijena Sánchez y su mundo poético*, Ediciones Culturales Argentinas, 1975].

Lisardo Zía, rosarino, se instala con su familia en Buenos Aires en la década de 1920. Se relaciona con José Portogalo, hace sus primeras armas en *La campana de palo*, y traba amistad a partir de 1927 con Pedro Juan Vignale (vecino de Villa Ballester) con quien dirigiría *La Gaceta de Buenos Aires* [Luis Soler Cañás, *Lisardo Zía*, Ediciones Culturales Argentinas, 1962].

La actividad de la Sociedad de Arte Nativo es destacada por *Última Hora*, en su edición del 19 de marzo de 1926: "Es obra de buen nacionalismo divulgar nuestro folklore y propender al afianzamiento del arte argentino. La Sociedad de Arte Nativo desarrolla una eficiente acción recopilando y dando a conocer el cancionero poético y musical aborigen y colonia animando a cultivar la inspiración popular". Constituida el 3 de septiembre de 1921, tuvo como presidente a Domingo

V. Lombardi; la comisión honoraria estaba integrada por Martiniano Leguizamón, Ricardo Rojas, Elías Regules, Emilio Agrelo, Carlos Ripamonte, Enrique Udaondo, Rodolfo Franco, José J. Podestá; también eran miembros de la Sociedad, el profesor de guitarra Adolfo V. Luna (pro tesorero), y el cantor tradicionalista Andrés Beltrame (tesorero). La entidad inició la documentación denominada *El cancionero criollo*, del cual aparecieron quince obras, bajo la dirección del compositor Vicente Forte. Estableció su local social en Gallo 1273, donde se impartía la enseñanza gratuita de bailes nativos y del cancionero autóctono.

Un maestro de las nuevas generaciones

Otros libros de ensayo publicados en 1926 (por orden alfabético de autor) fueron:

Aldao de Díaz, Elvira, *París: 1914-1919. Impresiones*, Buenos Aires Cooperativa Editorial Limitada, Agencia General de Librería y Publicaciones.

Ayarragaray, Lucas, *Cuestiones y problemas argentinos contemporáneos*, J. Lajouane. En el tomo I (pp. 181-196) se incluye el "epistolario político", expresión de un "cambio de ideas" entre el autor y Leopoldo Lugones, sostenido en julio-agosto de 1925.

Barrenechea, Mariano Antonio, *Excelencia y miseria de la inteligencia*, J. Samet.

Beccar Varela, Adrián, *Torcuato de Alvear, primer Intendente Municipal de la Ciudad de Buenos Aires. Su acción edilicia*, Kraft.

Berenguer Carisomo, Arturo, *La política de Aristóteles*, Universidad de Buenos Aires.

Bermann, Gregorio, *José Ingenieros*, M. Gleizer.

Bucich Escobar, Ismael, *Vida de Nicolás Avellaneda*, Imprenta Ferrari.

Bunge de Gálvez, Delfina, *Los malos tiempos de hoy*, Buenos Aires Cooperativa Editorial Limitada, Agencia General de Librería y Publicaciones.

Busaniche, José Luis, *Estanislao López y el federalismo del Litoral*, sin editor, buena parte del material había sido publicado en el diario *Nueva Época* y en la revista *Verbum*.

Calzada, Rafael, *Cincuenta años de América. Notas autobiográficas*, Librería y Casa Editorial de Jesús Menéndez.

Cárcano, Ramón J., *En el camino*, El Inca.

Carranza, Arturo B., *La cuestión capital de la República. 1826-1887 (antecedentes, debates parlamentarios, iniciativas, proyectos y leyes)*, L. J. Rosso.

Coronado, Nicolás, *Nuevas críticas negativas*, Buenos Aires Cooperativa Editorial Limitada, Agencia General de Librería y Publicaciones.

Coronado, Nicolás, *Obras completas*, Ocho volúmenes, Talleres Gráficos Lorenzo Rañó.

Correa Luna, Carlos, *Alvear y la diplomacia de 1824-1825 (en Inglaterra, Estados Unidos y Alto Perú. Con Canning, Monroe, Quincy Adams, Bolívar y Sucre)*, M. Gleizer (Correa Luna dirigió el semanario *Fray Mocho*, que publicó 908 números, de 1912 a 1929).

De Torti, Alicia T., *Impresiones de Oriente*, prólogo de Alió Baudillo, L. J. Rosso.

Dellepiane, Antonio, *Dorrego y el federalismo argentino*, América Unida.

Díaz de Molina, Alfredo, *América, levanta*, J. Samet.

Fariña Núñez, Eloy, *Conceptos estéticos. Mitos guaraníes*, Mariano Pastor.

Fingermann, Gregorio, *Estudios de psicología y de estética*, M. Gleizer.

Gabriel, José, *Vindicación de las artes*, Imprenta Mercatali.

Ingenieros, José, *Las fuerzas morales. A la juventud de la América Latina* (obra póstuma), L. J. Rosso.

Leguizamón, Martiniano, *Hombres y cosas que pasaron*, J. Lajouane.

Longhi de Bracaglia, Leopoldo, *Reconstrucción y versión poética del Edipo Rey de Sófocles*, Biblioteca Humanidades de la Universidad de La Plata.

Marasso, Arturo, *Hesíodo en la literatura castellana. Apuntes para un estudio*, Coni.

Melián Lafinur, Álvaro, *Figuras americanas*, París, Editorial Franco-Ibero-Americana, con prólogo de Francisco García Calderón.

Montero, Belisario J., *La enseñanza de la vieja química. Recuerdos de la vida universitaria de mi diario*, Coni.

Morales, Ernesto, *El sentimiento popular en la literatura argentina (poesía, teatro, novela)*, portada y dibujos de Sellawaj Ret, El Ateneo.

Mosquera Kelly, Florencio, *Del Plata al Illimani*, prólogo de Manuel Montes de Oca, M. Gleizer.

Napal, Dionisio R., *Junto al surco*, Buenos Aires Cooperativa Editorial Limitada, Agencia General de Librería y Publicaciones.

Napal, Dionisio R., *Visiones y recuerdos del camino. A bordo de la fragata Presidente Sarmiento: 1925-1926*, América Unida.

Obligado, Miguel, *La conquista del Chaco Austral*.

Ravignani, Emilio, *Historia constitucional de la República Argentina*, notas tomadas por los alumnos Luis Praprotnik y Luciano Sicard. Jacobo Peuser.

Resnick, Salomón traduce la obra de Piotr Alexeivich, príncipe de Kropotkin, *Los ideales y la realidad en la literatura rusa*, publicada por M. Gleizer.

Richard Lavalle, Enrique, *Tres novelas coloniales*.

Rivarola, Rodolfo, *"...en la cumbre de la vida..." Trilogía de Mitre: poema, notas y reminiscencias*, Revista Argentina de Ciencias Políticas.

Sáenz Hayes, Ricardo, *La polémica de Alberdi con Sarmiento y otras páginas*, M. Gleizer.

Schiaffino, Eduardo, *Recodos en el sendero*, París, Excelsior / Gleizer.

Terán, Juan B., *La salud de la América española*, París, Franco-Ibero-Americana.

Túmburus, Juan, *Síntesis histórica de la medicina argentina*, El Ateneo.

Vera y González, E., *Historia de la República Argentina desde el gobierno del general Viamonte hasta nuestros días*, tres tomos, Juan Roldán.

Vigil, Constancio C., *El clero católico y la educación*, Tor.
Vila Ortiz, Rubén, *Crítica y estética. Esbozos*, Romanos.

Las obras de Nicolás Coronado y José Gabriel lograron el Primer y Segundo Premio Municipal.

M. Gleizer reeditó los libros de Carlos Ibarguren *De nuestra tierra* (primera edición, de Buenos Aires Cooperativa Editorial Limitada, Agencia General de Librería y Publicaciones, 1917), *Manuelita Rosas* (tercera edición); y el de Alberto Palcos *El genio. Ensayo sobre su génesis, sus factores biológicos, psicológicos y sociales, y sus funciones en la especie y en la sociedad* (primera edición también de Buenos Aires Cooperativa, 1920).

Ernesto Quesada publica *La época de Rosas*. Nueva edición corregida y aumentada (con el sello de Editorial Artes y Letras) con un prólogo sobre "El criterio doctrinario en estas investigaciones históricas", en el cual, tras ocuparse de la obra de Vicente Fidel López y su polémica con Mitre, sostiene: "Deber, pues, de la historia es estudiar la época de Rosas sin prevenciones partidistas y sin el odio ciego de la emigración de entonces. [...] Tiempo es ya de emanciparnos de una tutela partidista que, so color de la palabra *tiranía*, nos niega el derecho de ver con nuestros ojos y de juzgar con nuestro criterio. Nosotros no somos partidistas de la época: los que hemos nacido después de la caída de Rosas, estamos en perfecta independencia para examinar las piezas del proceso y para condenar los excesos de la tiranía y las claudicaciones de la emigración. [...] Es, pues, tarea digna de espíritus levantados tratar de estudiar aquella época histórica con el criterio más imparcial posible, para apreciar los excesos a que nos condujo la situación singularísima del país durante nuestras tremendas luchas civiles."

También Ernesto Quesada publica *La Madrid y la Coalición del Norte. Época de Rosas*. Segundo de los cinco volúmenes dedicados al período. Asimismo, Quesada pronuncia la conferencia "Spengler y el movimiento intelectual contemporáneo", en la Universidad Mayor de San Andrés, en La Paz, el 15 de enero de 1926. [*Humanidades*, tomo XII].

Sobre la época de la Confederación, se publican en 1926 el libro de Julio Costa, *Rosas y Lavalle*, L. J. Rosso; y el de José de España, *Psicología de Rosas*, M. Gleizer. A esas obras se agregaría la de Martín A. Lascano, *Un puñado de verdades. Estudios psicológicos sobre Don Juan Manuel de Rosas y su gobierno. Juicio reivindicatorio*, J. Lajouane, 1927.

Vindicación de las artes, por José Gabriel –obra que el autor dedica "Al excelentísimo Señor Gobernador (de la Provincia de Buenos Aires) Don José Luis Cantilo", notorio radical yrigoyenista–, fue comentado por *La Razón* (15 de diciembre de 1926): "Bellamente pensado y escrito en forma tan correcta y castiza que recuerda a la prosa de los escasos maestros actuales de nuestra lengua".

En ese libro, a modo de conclusión, José Gabriel afirma: "El cultivo promisor del arte es posible ahora y siempre. Sólo que para cultivarlo con posibilidad hay que conocerlo, y para conocerlo hay que inmiscuirse en sus condiciones naturales. El arte es una actitud. Hay actitudes artísticas. El arte es objetivo. Como toda objetividad, conlleva el vigor de un derecho antecedente de las actitudes. Puédese malear ese derecho para dar cabida a la actitud en la objetividad. En la proporción en que se logre uno se obtendrá lo otro.

Pero el reconocimiento del derecho objetivo es previo a la actitud, como en el vuelo de la paloma los invisibles peldaños del aire. Los artistas de vanguardia son insurrectos de la objetividad del arte. Jamás lograrán una actitud artística. Mucho será si por compensación de exceso con el espectáculo de su impotencia alborotadora devuelven el entendimiento a la gracia."

Si bien la obra se refiere centralmente a las artes plásticas, bajo el título "Argumentos de la nueva poesía", José Gabriel polemiza contra las vanguardias literarias, en estos términos: "Hace años que, particularmente en tierras americanas, se oye la cantinela antirretórica. Por lo demás, es argumento de fácil refutación. Cuando Homero discurría ciego y armonioso por los montes del Ática no había retóricas escritas; pero las leyes de la poesía épica que la retórica desentrañó, codificó y escribió más tarde, existían antes de Homero y de todos los poetas; como que si no hubiesen existido, ni Homero ni ningún otro habrían podido cantar. Es de suponer que los antirretóricos no desearán convencernos de que el estómago no digería hasta que Claudio Bernard organizó la ciencia fisiológica. Nada más sencillo. Y nada más erróneo que presumir que en una actuación coordinada podemos dispensarnos de las leyes. Si omitimos unas acataremos otras.

"Pero entonces los poetas acuden con el argumento de la poesía metafórica y *creacionista*. La poesía tradicional responderá a las leyes o condiciones que la suya no observa, no lo dudan; pero es que pueden y deben eximirse de esas condiciones, porque su poesía es *otra cosa*. La anterior era directa, melodramática e imitativa; la suya es alegórica, pictórica y creacionista. La anterior remedaba un mundo; la suya lo crea. La anterior se adhería a sus objetivos; la suya es impasible de su propia ficción. La anterior daba cosas; la suya da imágenes. También alguna vez el poeta antiguo apelaba a la imagen; pero era una imagen introducida por los sentidos y empotrada en un organismo literal, mientras la imagen del poeta nuevo es creación pura de la mente y se basta a sí misma.

"Y aquí ya el menos desprevenido titubea. En vista de tal alegato puede incluso experimentar el rubor de haberse detenido a señalar en la nueva poesía la insignificante falta de acento. Le parecerá como si hubiese desechado la Biblia por una mala encuadernación."

José Gabriel reedita *Evaristo Carriego (su vida y su obra)* en 1926, por Nosotros, con subtítulo agregado en la tapa. El interior es facsímil de la edición de 1921, de la Agencia Sudamericana de Libros. El ensayo consta de cinco capítulos: "I. Una vida simple"; "II. La poesía argentina, hasta Carriego"; "III. Un aprendiz de poeta"; "IV. Un poeta discreto"; "V. Un poeta"; y tres "notas marginales": "Lo eterno femenino"; "El alma del tango"; "Lo pasado que perdura".

Pregunta José Gabriel: "¿Qué obra artística no es un lamento tácito por lo perdido? Esta condición retrógrada primordial, lo es en grado sumo de la poesía criolla."

A modo de conclusión, responde: "Por los arrabales de Buenos Aires, hacia el sur, se ha metido en la ciudad un aura pampeana que tal vez algún día llegue a soplar hacia el norte con el mismo cálido aliento del indio rebelado. La pugna entre los elementos nativos y la metrópoli, sigue siendo hoy la de hace siglos.

"Tuvo, pues, la resignación del gaucho, su poeta: Hernández; la resignación del suburbio porteño, que lleva latente en sí un hálito del alma gaucha, lo tuvo también: Carriego. Más artista que Hernández (y uno y otro más que Almafuerte, que es demasiado intelectual), Carriego se nos aparece aún más objetivo y, por así decirlo, más cruel, pues no nos oculta en su obra la faz mala –que también tiene, en sus bondades– del momento bonaerense que le da inspiración; pero, su objetividad misma da una vida poderosa a ese momento, y, con la vida –es claro– un alma: el alma del tango, esa alma resignada siempre que alienta en sus versos."

Jorge Luis Borges, en *Evaristo Carriego*, cuarto volumen de las *Obras Completas*, al cuidado de José Edmundo Clemente, publicado por Emecé en 1955, reproduce el prólogo de la edición de 1930, donde Borges admite: "He utilizado el libro servicialísimo de Gabriel". Afirma en "Palermo de Buenos Aires": "Del Maldonado no quedará sino nuestro recuerdo, alto y solo...". Concluye: "¿Qué porvenir el de Carriego? [...] Creo que fue el primer espectador de nuestros barrios pobres y que para la historia de nuestra poesía, eso importa. El primero, es decir el descubridor, el inventor."

En la edición de 1955, Borges agregó "Historia del tango", donde afirma: "Tal vez la misión del tango sea esa: dar a los argentinos la certidumbre de haber sido valientes, de haber cumplido ya con las exigencias del valor y el honor."

Francisco García Jiménez, en "Carriego, personaje de Carriego" (nota incluida en su libro *Estampas de tango*) apunta: "Evaristo Carriego fue su propio personaje, según la frase feliz. El Carriego del barrio de Palermo; el del Café de los Inmortales, de la calle Corrientes; el de las caminatas conversadoras de la vieja bohemia porteña. En una metrópoli cosmopolita y un mundo y un siglo en que el hombre es un trompo al servicio de cualquier piolín de circunstancias, Evaristo Carriego, ciudadano sencillo y sin lujos, se dio el lujo singular de no tener otra profesión que la de poeta."

Ernesto Morales, en *El sentimiento popular en la literatura argentina*, se refiere a Evaristo Carriego en estos términos: "Con este poeta vuelve a aparecer la épica popular, pero entroncada con la lírica culta. De ésta tiene la influencia exótica que lo hace deambular sin norte por las sendas peligrosas del decadentismo. De aquélla su intuición que lo había de salvar definitivamente, pues aun cuando siga apegado al soneto –forma nada popular y un tanto artificiosa– por su sencillez, sus temas y su claridad de expresión, Carriego llega a ser un poeta popular que a la vez se merece la admiración de los hombres cultos."

Morales cita completo y se detiene en el análisis del poema de Carriego "La silla que ahora nadie ocupa": "¿Puede darse en un lenguaje más sencillo una emoción más honda, una más intensa palpitación de humanidad? ¡Esto sí es originalidad, esta poesía sí que no es feudataria de ningún poeta francés!

"¿Pero de dónde le viene esta originalidad a Carriego si no es de la épica popular que él hace lírica culta vertiéndola en forma de soneto? Porque en él se funden las dos tendencias, me he detenido a estudiar la obra de este poeta que con Hernández y Almafuerte, presenta la personalidad más propia de nuestro parnaso. Por ello, y por las posibilidades que su obra abrió entre nosotros, él fue quien sembró poesía en la realidad cotidiana; y esa poesía ha fructificado; ya otros siembran y recogen en el surco por él abierto. La ciudad tiene ahora quienes la canten y, palmo a palmo –porque todavía son muy pocos– la van conquistando. Carriego cantó al suburbio, las vidas humildes, plenas de dolor silencioso y olvidado. No es un poeta de urbe, le falta energía y salud para serlo. Es demasiado sentimental, y no es su sensibilidad enfermiza la más apta para adueñarse de esa emoción fuerte, áspera y terrible de las calles, ennegrecidas de gentes y ensoberbecidas por el tumulto y la voz estentórea de las máquinas. Carriego es dulce, manso y bueno. De su corazón intenso de poeta, surge un hilo de agua clara de manantial, aromada con hierbas campesinas; y ese hilo de agua corre por las callejas mal empedradas del suburbio cosmopolita. Por ello, el creador de *La canción del barrio* es un poeta de transición, semi provinciano todavía. Lo cual no es querer escatimar méritos a su obra, sino señalar su modalidad. ¡Porque quién sabe cuánto tiempo pasará antes que aparezca un poeta más poeta que este humilde cantor del suburbio doloroso!"

Tras otras "citas reveladoras de los hallazgos de expresión y de sentimiento, exclusivos del inspirado", Morales concluye: "Se fue, pero nos legó su obra, y con ella una lección: la de saber arrancar a la realidad de todos los días el arte que en ella se esconde. Por eso, aunque aparentemente no haya dejado discípulos, ya que los que han intentado cantar al suburbio lo han remedado groseramente, Carriego puede ser considerado un maestro de las nuevas generaciones. Él señaló esa pauta que siempre ha hecho clásico, o sea inmortal, el arte. Porque él abrió la senda que va de lo actual a lo que de eterno hay en el fugitivo minuto que parece huir entre nosotros, sin dejar nada.

"Toca a los nuevos insistir sobre esta senda si es que pretenden realizar una labor fecunda. Ya que todo lo demás, eso que agrupa a los poetas en *capillas* y *escuelas* e *ismos*, que se niegan entre sí, es culto a la forma. Y lo perecedero en el arte de la palabra que es la poesía, es eso precisamente: hacer primar la palabra sobre lo que en ella se encierra de espiritual e indefinible. Esto es lo que de tarde en tarde consigue realizar algún privilegiado."

Otro interesante texto de José Gabriel es "Vasconcelos, el amante de la Argentina", en *Caras y Caretas*, Núm. 1.449, 10 de julio de 1926.

Cuánto falta por hacer

A Rafael Calzada se le obsequió el 29 de noviembre de 1924, en el Club Español, un gran banquete celebrando la publicación de sus *Obras Completas*: "Fue un acto imponente, que me impresionó mucho y que será para mí verdaderamente memorable –escribe Calzada–. Me lo ofreció en un discurso sentidísimo el ilustre García Velloso. Una colectividad, compuesta en su casi totalidad de comerciantes e industriales, celebrando un acontecimiento puramente literario, editorial, parece cosa extraña, inverosímil. Sin embargo, fue y, por lo mismo, obligó doblemente mi gratitud." El 19 de noviembre de 1925 se cumplieron los 50 años de su llegada a la Argentina, acontecimiento presentado con gran repercusión por *El Diario Español* [Rafael Calzada, Obras completas. Tomo V: Cincuenta años de América. Notas autobiográficas. Vol. II, Librería y Casa Editorial de Jesús Menéndez, 1927].

E. Díaz-Canedo, en la nota "La producción literaria española en el primer semestre de 1926", publicada en La *Nación*, del 22 de agosto, se refiere a las obras de Baroja, *El grandioso torbellino del mundo*; Blasco Ibáñez, *El papa del mar*; Pérez de Ayala, *Tigre Juan* y *El curandero de su honra*; y los libros de poemas de Emilio Pardos, *Tiempo*, y de Fernando Dicenta, *Valencia*; así como de diversas obras de ensayo y crítica literaria.

Jorge Luis Borges había demostrado su admirado interés por "El *Ulises* de Joyce", desde las páginas de *Proa* (segunda época, Núm. 6, enero de 1925): "Soy el primer aventurero hispánico que ha arribado al libro de Joyce. [...] Joyce es audaz como una proa y universal como la rosa de los vientos". En ese mismo número del *Proa* se publica la traducción de Borges a "La última hoja del *Ulises*".

Por otra parte, es sabido que Ricardo Güiraldes cultivaba la amistad de Valery Larbaud, traductor del *Ulises* al francés, y de Adrienne Monnier, dueña de la librería "*La Maison des Amis des Livres*", en 7, *Rue de l'Odéon*, París, frente a la de Sylvia Beach, "*Shakespeare and Company*", convertida desde entonces en una capilla destinada al culto de Joyce (Ricardo

Güiraldes, "Quien habla con Monnier no olvida", afirmaba en *Proa*, Núm. 4). Monnier protegió numerosas revistas de vanguardia, para terminar fundando y dirigiendo dos revistas propias: *Le Navire d'Argent* y la *Gazette des Amis des Livres* [*Les Gazettes d'Adrienne Monnier. 1925-1945*, editado por René Jullier, en París, en 1953].

Ramón Pérez de Ayala publicó la nota "Sobre Joyce. Superficialidades", en *La Prensa*, del 11 de agosto, en la cual apunta: "Después de leer a Joyce dudé si el público y la crítica llegarían a tomarlo en serio; pero lo que no podía presumir es que a su autor lo declararían un genio literario". En una nueva nota sobre Joyce, también publicada en *La Prensa*, del 15 de septiembre, Pérez de Ayala protesta porque Valery Larbaud en *La Nouvelle Revue Française* lo considera el escritor más grande de la literatura inglesa por su obra *Ulises*.

Tal vez hayan servido estas introducciones para señalar que la cuestión de las relaciones literarias entre la Argentina y España es uno de los temas centrales entre los que ocupan el interés de Eduardo Schiaffino, según se refleja en su libro *Recodos en el sendero*. El prefacio, fechado en Turín, abril de 1925, lleva por título "El *boycott* al libro americano", y refiere la controversia suscitada en abril-mayo de 1923 con el escritor español Eduardo Gómez de Baquero, centrada en el diario *El Sol*, de Madrid. En la "Postdata Hispano Americana" (dice al pie de página: "El autor del presente artículo intentó sin resultado publicarlo en Madrid"), Schiaffino acentúa la polémica: "El señor Unamuno, escritor genial y corresponsal bien conocido en América como en su patria, ha intervenido en la revista *España*, al margen de la discusión habida en *El Sol* entre el señor Gómez de Baquero y el que suscribe, sobre intercambio literario hispano-americano."

Lamenta que Unamuno, en su nota "Pequeñeces literario-mercantiles", haya reducido "la cuestión del libro hispano-americano a una simple cuestión de libro de Caja; es decir, de toma y daca", que "olvidado completamente del interés de los lectores, se siente pura y exclusivamente autor, y declara sin ambages que ésta es una cuestión de mostrador y lo que importa es cobrar."

"A nadie se le puede ocurrir –continúa Schiaffino- tomar la profesión literaria como un medio para hacerse rico. Naturalmente, en esta profesión como en tantas otras hay sus milagros: la suerte inverosímil del jugador de lotería, que se alza con un premio entero de algunos millones y puede retirarse a vivir de rentas; la suerte del novelista argentino Hugo Wast, que realiza tiradas de ciento cincuenta mil ejemplares; ilustrativas, de paso, de que en aquel ambiente, al que se le niega estímulo y consideración por la producción intelectual, un hombre de letras puede vivir de su pluma y un artista de sus obras; y el caso de Hugo Wast es más característico que el de Blasco Ibáñez, otro privilegiado de la fortuna, porque el célebre novelista español vende sus obras en América y en España, mientras que el escritor argentino, de fama localizada en las márgenes del Plata, vende las suyas en un rincón de América.

"Mientras nuestros pueblos demuestran cada vez más el interés que en ellos despierta el pensamiento español, no sólo mediante la lectura de sus libros y la presencia de sus corresponsales en los grandes diarios de ultramar, sino por medio de sucesivas invitaciones a los profesores españoles para dictar cursos en las universidades americanas, y especialmente argentinas, se desconoce de parte de publicistas como el señor Unamuno el interés moral de esa enorme masa de lectores y estudiantes, rebajando la discusión que vengo sosteniendo desinteresadamente a una vulgar cuestión de intereses materiales de autores y editores; como si el propósito fuera enterrar el problema de la reciprocidad literaria entre España y América, haciéndole funerales de ínfima categoría."

Schiaffino concluye deplorando "cuánto falta por hacer para que el problema de las relaciones literarias hispano-americanas entre al fin en el período de la comprensión, precursor de toda solución. Esta vez la cuestión ha sido agitada como nunca lo fue, y a pesar de los inevitables extravíos voluntarios, ya podemos apuntar un resultado favorable en perspectiva: la promesa de la editorial Calpe –que actualmente tiene abierta en Madrid una Exposición del Libro Francés y del Libro Español– de que seguirán después la del Libro Italiano y la del Libro Latino-americano, el cual, si el proyecto se realiza (1), hará por primera vez su aparición ante el público español". En la nota al pie de página, se lee: "(1) Esta promesa no se ha cumplido".

La contemporánea del hombre primitivo

Delfina Bunge de Gálvez era la directora de *Ichthys*, revista mensual que llegó a los 107 números, entre julio de 1921 y abril de 1931. Publicación del Centro de Estudios Religiosos para Señoras y Señoritas, predicaba la misión de "dar a la mujer argentina convicciones profundas de la fe católica que profesa. [...] *Ichthys* se dirige a las señoras y señoritas que teniendo que actuar en el mundo necesitan una seria formación intelectual moral y religiosa para ejercer de acuerdo con las enseñanzas de Jesucristo, la más alta influencia social en su ministerio femenino". En la revista se publicaron textos de Manuel Gálvez, Ángel de Estrada, Sofía Suárez, Juan Torrendel, Hugo Wast, Carlos Pedro Goyena.

Del libro de Delfina Bunge, *Los malos tiempos de hoy*, van a continuación fragmentos de las notas tituladas "La *clase humilde* (del diario de una mujer tímida)" y "Las *ideas modernas* (del diario de una mujer poco mundana)".

De "La *clase humilde* (del diario de una mujer tímida)": "Debo comenzar por declarar que pertenezco a la clase... orgullosa, ya que de ninguna manera podría catalogarme dentro de la clase humilde. Sin embargo ¡infeliz de mí! ¿Poseo acaso las aptitudes que a la clase orgullosa corresponden? No me ha dotado Dios de un carácter enérgico, de un aspecto imponente, de una voz imperiosa. Dijérase que más bien estaba yo hecha para la clase humilde... si la clase humilde no fuera tan orgullosa. A nadie intimido, nadie tiembla delante de mí. Y sólo Dios sabe los males que este dulce aspecto me ha traído.

[...]
"Aquella frase característica que es como el clisé de la clase humilde, la he oído cien, doscientas veces, y aquí en la soledad me río de ella; pero en cuanto advierto el gesto que la precede como el relámpago que anuncia el trueno, me pongo casi a temblar... No me olvido de la primera vez que la oí. En un tono casi amistoso había yo dicho a mi *femme de chambre*: 'No sea zonza, Pilar'. Y he aquí que Pilar se yergue delante de mí; su estatura parecía aumentada en diez centímetros; me mira de arriba abajo, y luego, con una indignación auténtica y envidiable exclama: '¿Zonza yo? ¿Yo, zonza? A mí nadie me ha dicho zonza, y no será en esta casa donde se me diga por la primera vez'. Quedeme en el primer instante anonadada; pareciome, a juzgar por los efectos, que yo había cometido un atentado; pero luego, reponiéndome un poco, le dije a Pilar, a guisa de consuelo: 'Pues a mí..., a mí me han dicho zonza muchas veces'. Ella parecía no oírme y seguía repitiendo con aquel énfasis y seguridad que tanto admiro: 'Nadie, nadie me ha dicho zonza...'. 'Pero Pilar, ensayaba yo de nuevo: ¿no ha tenido usted hermanos, ni padres, ni siquiera primos?' –'Y no será en esta casa...' –continuaba ella. No recuerdo cómo terminó el incidente, pero lo que con seguridad puede conjeturarse es que la que salió airosa no fui yo sino ella.

"Otra vez fue Justina, la niñera. Vestía ella a mi chiquillo de tres años escasos cuando, no sé lo que pasó que de pronto púsose la criatura a mover manos y pies, luchando por su libertad. En una de estas manotadas dio con el hombro de su niñera. Con una dignidad insospechada hasta aquel momento, vi entonces a Juana apartarse a dos metros de distancia, y mirándonos por turno al delincuente y a mí, declarar: '¡Señora, a mí nadie me ha puesto la mano encima! Y no seré en esta casa...' A pesar de mi cobardía, tuve esta vez el valor de sonreír: '¡Pero mujer, si se trata de un bebé!' 'Se tratará de lo que usted quiera; pero a mí ¿ponerme la mano encima? ¡Sólo que fuera mi padre! ¡Ni mis padres me han tocado, y no será aquí!...' Y dando media vuelta, salió del cuarto con aquella solemnidad y aparato inimitables para mí, que pertenezco a la clase altiva."

En "Las *ideas modernas* (del diario de una mujer poco mundana)", al cabo de señalar la autora su concepto de la modernidad como regresión al primitivismo, concluye: "Después de la novedad del Pecado haciendo irrupción en el Paraíso terrenal, una sola cosa nueva había habido en el mundo moral, una sola novedad: el Cristianismo. Tan nuevas eran las ideas cristianas, que muchos, aun creyéndose cristianos, no las comprendían todavía; que muchas mujeres que hacían profesión de cristianismo se vestían y bailaban aún como paganas, creyendo que esto era *moderno*, cuando, lo he dicho, era tan viejo como el Pecado. Y estas mujeres seguían encontrando *raras* a las que, habiendo entendido un poquitín más la *novedad* cristiana, se vestían y mantenían en cristiana actitud. A la luz de estas reflexiones y de esta mirada retrospectiva, ¡cuán vieja –moralmente–, cuán anticuada parecíame mi bella compañera de salón con los brazos y espaldas descubiertos! Ella me resultaba ser la contemporánea del *hombre primitivo* y de todas las antiguas sociedades paganas. ¡Ah! Los viejos profetas y algunos justos de la antigüedad tuvieron, sin duda, un espíritu algo más *nuevo* que el de estas jóvenes que se creen *modernas*. Porque, sin haber tenido la dicha de alcanzar la *Buena Nueva*, ellos –mejor y más que las jóvenes *modernas*– algo entendieron y presintieron del futuro Cristianismo, única novedad sobre la tierra..."

Aquí no lo tiene

A modo de balance de cierre de año, Carlos Pirán, desde su habitual página de *Mundo Argentino* (Núm. 831, 22 de diciembre de 1926) bajo el título "El año literario", sentenció:

(1) "El artificio de la literatura gauchesca": "Algunos poetas meritorios –de la vecina orilla del Plata, en especial– lo cultivan aún con gallardía. Entre nosotros, afirmémoslo, no puede tener ningún significado. Simple moda literaria, vivirá, como todas las modas, una existencia fugitiva". No se refiere explícitamente a Güiraldes ni a ningún autor, ni libro.

(2) "También nuestra literatura se europeíza": "Las mismas aspiraciones de Europa nos agitan, los mismos problemas nos conturban; y si surge por allá y se afianza y se propaga un movimiento de literatura de vanguardia, por ejemplo, al poco tiempo o simultáneamente aparece entre nosotros. No es imitación; es solidaridad. Las sociedades modernas presentan tal identidad de estructura que tienen una historia, en cierto modo, común."

(3) "Un ejemplo de lo que *no es* nuestra literatura": "Han transcurrido cuatro meses, y no obstante encontrarse en todas las vidrieras, nadie se acuerda ya del *Zogoibi*. La novela maravillosa de que se nos hablaba, ha pasado al rincón de los libros vulgares, como la joven pareja cuyo casamiento sacudió al mundo social se convierte, a poco andar, en uno de los tantos matrimonios... Apenas leídas las primeras páginas, el público sincero –el buen público que se ríe de los elogios adulones– comprendió que el libro tan ruidosamente pregonado, nada tenía de *argentino*. Se hablaba de la pampa; cierto es; algunos de

sus personajes andaban a caballo, pero dejando a un lado la indigencia de la trama y lo grotesco de las escenas, había un murallón entre el público y el libro. Ese murallón era el idioma: sin razonarlo mucho, sin atreverse a confesárselo tal vez, el público reconocía que *aquello* no estaba escrito en *argentino*. Ni por la construcción, ni por el léxico, la prosa de *Zogoibi* podía conmoverlo. Había allí demasiado olor a cosas viejas, a ropas guardadas, a habitaciones que no se abren desde hace mucho tiempo."

No se ha inventado cosa más humana

El ambiente literario se nutría de la vida literaria, animada en las infinitas peñas, reuniones, tertulias, comidas, ágapes y farras del incansable Buenos Aires.

Sobre el tema, resulta indispensable evocar a Ramón Gómez de la Serna y su obra *Pombo* (Madrid, Imprenta, Mesón de Paños, 8, 1918). [Edición argentina: *Pombo. Biografía del célebre café y de otros cafés famosos*, Juventud Argentina, 1941].

En "El café como institución", despliega greguerías, tales como: "En el *Café* se siente la lámpara viva del tiempo y el sabio reloj de arena está en cada mesa". Bajo el título "Dignificación del café", escribe: "El Café es el triunfo de los más ungidos en los que se aviva el goce del corazón. En la calle, el olvido, el silencio; en el Café, la integridad del corazón de la ciudad que vive gravemente en el interior". Refiriéndose al banquete, afirma Ramón: "Yo creo en los banquetes. No se ha inventado cosa más humana".

De la extensa galería de personajes retratados, vale evocar a Rafael Cansinos-Assens: "Judío de verdad, Cansinos quizá es el Jesús que todos los israelitas esperan, embobados, mirando al cielo. Él no lo dirá, pero su paso y su intento de obscurecerse dicen que lo es. (En un banquete a él, últimamente verificado, hizo el milagro de los panes, pues volaron por los aires, en la refriega final, muchos más panes que los que había.) Cansinos Assens, con su cabeza de pelo rizado de ese modo bochornoso que aflige al que lo tiene (cabello doloroso, apretado, duro, pertinaz, pelo ingrato, tupido, con ondulaciones muy menudas; pelo que aburre al que lo lleva y pesa y se agrava sobre los rostros lívidos y que parece como una peluca natural, pero peluca que agobia. ¡Qué duro de peinar a la mañana, qué penoso y hasta febril!), pasa por entre nosotros con una sonrisa desdeñosa, desilusionada y magnánima que no es de este mundo; la sonrisa retorcida en forma de caracol, rizada como su pelo, como sus miradas, como sus palabras. Quizá resulta un poco afeminado, pero se le puede perdonar, porque ¡qué diablo!, eso demuestra más que es Jesús, el Jesús que esperan los israelitas y que quizá hayan dejado pasar en vano sobre la faz de la tierra. Nadie más afeminado que Jesús. [...] Cansinos tiene discípulos de apóstol, no discípulos de profesional, discípulos de Jesús, y por lo tanto, un poco corrompidos por él (¡corruptor Jesús!). Él les inicia y les conduce a las catacumbas de las que él sabe por dónde se entra y en las que explica los martirios y descifra las inscripciones escritas en las paredes bajo las torpes imágenes de los Santos que estuvieron allí."

Jorge Luis Borges se refiere a *Pombo*, lugar que proclama haber frecuentado en sus jóvenes años de estancia en Madrid, en su nota "Ramón Gómez de la Serna" [*Inicial*, Núm. 6, agosto de 1924; mismo texto, con el título "Ramón y Pombo", en *Martín Fierro*, segunda época, Año II, Núm. 14-15, 24 de enero de 1925]: "La Sagrada Cripta de Pombo es el más reciente volumen de la asombrosa Enciclopedia o Libro de todas las cosas y otras muchas más, que compone Ramón. Es una intensa atestiguación del café y de la numerosa humanidad que a la vera de las mesitas de mármol se oye vivir. [...]. De las seiscientas páginas de este libro ninguna está escrita en blanco y en ninguna cabe un bostezo."

Ramón Gómez de la Serna reedita *Gollerías* (con ilustraciones del autor) (Valencia, Sampere, 1926). En el prólogo fechado en Nápoles en ese mismo año, expresa: "Mi técnica y mi estética aceptan el vagido de lo que se combina en el azar de la realidad y de la imaginación, con clamativa razón para ser archivado entre lo que no debe pasar desapercibido."

Una suerte de literatura celebratoria

Tal vez haya sido el grupo nucleado en torno de *Martín Fierro* el que haya desplegado tanta profusión de encuentros, reuniones y acciones de cofradía: "La publicación de un libro o la partida de alguno de los colaboradores –enseña Adolfo Prieto [(Selección y prólogo), *El periódico Martín Fierro*, Buenos Aires, Galerna, 1968]– sirvió de frecuente pretexto para reuniones en las que no faltó nunca la contribución de una suerte de *literatura celebratoria*, condicionada de hecho por el propósito inmediato y pasajero, pero con cualidades de humor y de ingenio que el aseguran cierta perdurabilidad. [...] El espíritu lúdico, la actitud deportiva, tan indicativos de los gestos de aquella promoción, encontraron sus más eficaces atributos expresivos en los moldes de esta literatura de circunstancias."

Córdova Iturburu refiere detalles de las reuniones organizadas Evar Méndez y Samuel Glusberg para exponer "el proyecto de la publicación de un periódico", que sería *Martín Fierro*, en el verano de 1923 a 1924, en La Cosechera, de la Avenida de Mayo y Perú (que se trasladó al poco tiempo al Café Tortoni), y en la Richmond, de Florida, y a las que concurrieron Ernesto Palacio, Conrado Nalé Roxlo, Pablo Rojas Paz, Luis Franco y el propio Córdova Iturburu. [*La Revolución Martinfierrista*, Buenos Aires, Ediciones Culturales Argentinas, 1962].

Ildefonso Pereda Valdés refiere que "como de costumbre, marchamos todos los martinfierristas al Royal Keller, de la calle Corrientes, donde se reunían unos cuantos poetas peruanos que se odiaban entre sí, bajo el pontificado máximo de otro peruano, Alberto Hidalgo, que predicaba el simplismo, una especie de futurismo porteño, con el escepticismo de no catequizar adeptos. A la peña de Hidalgo concurríamos los martinfierristas, entre los más asiduos: Borges, Molinari, Mastronardi, Marechal (estos tres últimos formaban el grupo de las tres M)." ["Memorial de Martín Fierro", en *Testigo. Revista de literatura y arte*, Núm. 3, julio-agosto-septiembre de 1966].

Carlos Mastronardi señala como lugares de encuentros del grupo que formaba con Borges, Xul Solar, Ibarra, la librería Samet, la confitería Pedigree ("acaso la más antigua de Palermo"), una cantina frente al Mercado de Abasto ("que la grey frecuentó mucho"), el bar Munich de la Avenida de Mayo [*Memorias de un provinciano*, Buenos Aires, Ediciones Culturales Argentinas, 1967].

Conrado Nalé Roxlo se refiere extensamente a las reuniones en La Cosechera [*Borrador de memorias*, Plus Ultra, 1978].

Leopoldo Marechal recuerda los cafés que frecuentaba por entonces: "Por las tardes, el Richmond de la calle Florida, y por las noches el sótano del Royal Keller en la esquina de Esmeralda y Corrientes donde Raúl Scalabrini Ortiz descubrió a su *hombre que está solo y espera*." [Alfredo Andrés (Reportaje y antología), *Palabras con Leopoldo Marechal*].

"Esmeralda – Calle de intenso tráfico, actividad comercial y bulliciosa alegría", dice *La Razón* (11 de febrero de 1926): "Hoy puede llamársela, sin disputa, la arteria bulliciosa y especulativa, la arteria de la fiebre y del lujo."

"Pero la más comentada de todas las comidas – sostiene Eduardo González Lanuza–, la que fue objeto de una preparación más cuidadosa y original, fue la que nunca llegó a realizarse: la comida en autosbañadera (que por ser una novedad del momento se consideraban el *non plus ultra* de la modernidad) que a través de toda la ciudad –supuestamente atónita– se serviría en honor del pontífice máximo de Pombo, don Ramón Gómez de la Serna. [...] Se pensó hacer de su llegada al país un acto simbólico de proclamación definitiva de la Libertad Estética. [...] Pero Ramón a última hora suspendió el viaje, y la comida sobre ruedas, destinada a espantar a los cretinos, pasó directamente al recuerdo sin que mediara su enojoso tránsito por la realidad." [*Los Martinfierristas*, Ediciones Culturales Argentinas, 1962].

Recuérdese que en el primer número de *Proa*, celebró Borges el libro de poemas de Eduardo González Lanuza, *Prismas* (editado en 1924), en estos términos: "He leído sus versos admirables, he paladeado la dulce mansedumbre de su música, he sentido cumplidamente la grandeza de algunas traslaciones. [...] González Lanuza ha hecho el libro ejemplar del ultraísmo y ha diseñado un cuadro de nuestro unánime sentir."

Qué rumbo había tomado desde el primer día

La Peña del Tortoni, denominada Agrupación de Artes y Letras, bajo la capitanía del pintor Benito Quinquela Martín, se inauguró oficialmente la noche del 24 de mayo de 1926.

La Prensa (27 de mayo de 1926) publicó una crónica del acto, a la que tituló "Una interesante reunión".
"En un ambiente de cordialidad y camaradería se desarrolló un programa improvisado en su mayor parte, lo que hizo aún más grata su audición al selecto auditorio, entre el que se notaba la presencia de señoras y señoritas, pues a La Peña pueden concurrir las familias de los socios.
"El doctor Edmundo J. Rosas, miembro de la comisión organizadora, en breves palabras trazó el programa de la nueva institución.
"El escritor español Federico García Sanchís ocupó dos veces la tribuna, la primera para exteriorizar sus ideas sobre el futuro de La Peña, y la segunda para señalar qué rumbo había tomado desde el primer día.
"Los duetistas criollos Ruiz-Acuña, uno de los mejores conjuntos cultores de la música nativa, fueron muy celebrados por sus castizamente criollas interpretaciones de canciones y danzas del cancionero, y dos excelentes aficionados al baile popular, la señorita Julia Puigdendolas y Alberto Fernández Austerlitz, exteriorizaron la elegancia y espiritualidad de nuestras danzas, de las que son intérpretes insuperables, con el concurso de los señores Ruiz Acuña y Segundo Juárez.
"Por pedido de la concurrencia, Juan de Dios Filiberto y Arturo Bochatón ejecutaron varios tangos de los que son autores; el distinguido actor chileno Alejandro Flores recitó dos bellas poesías suyas: *Actor* y *Parravichini*; los poetas Alejandro S. Tomatis, Andrés L. Caro y Pedro V. Blake recitaron sus obras: *Il sogno, Dice del Paraguay* y *Quebracho, El poema de la pampa*, y *Tranvía*, respectivamente; el conocido periodista y literato peruano señor Vedoya habló sobre la importancia del movimiento intelectual argentino; el doctor Edmundo J. Rosas recitó dos cantos de *La Divina Comedia*

que también comentó, y el señor Germán de Elizalde ejecutó en piano obras de Grieg y Debussy.

"Celebrando la fiesta patria, el 25 por la noche, con el gentil concurso de la compañía de bailes y canciones criollas Arte de América, se realizó una interesante velada tradicionalista, siendo muy aplaudida la conocida estilista Patrocina Díaz, que hemos elogiado tantas veces, así como las bailarinas y una orquesta típica perteneciente a ese excelente conjunto de arte, del cual nos hemos ocupado el año pasado, que ha realizado desde entonces sorprendentes progresos.

"Raúl González Tuñón y Francisco Luis Bernárdez recitaron por pedido de la concurrencia varias poesías de las que son autores."

Integraban la primera Junta Directiva de La Peña: Jorge Bunge, Germán de Elizalde, Benito Quinquela Martín, Arturo Romay, Eduardo J. Rosas, Alejandro Savelieff, Gastón O. Talamón.

Al comienzo, funcionaba en las mesas de la vereda o del interior, según fuera el clima. Su crecimiento motivó que Germán de Elizalde encarase al dueño para solicitarle un lugar donde pudiesen reunirse reservadamente. Monsieur Curuchet les ofreció la cueva de vinos, con la condición de que los peñistas la acondicionaran [Folleto *Café Tortoni. 1858-1988*, Buenos Aires, 1988, reproduce la nota "Simpática iniciativa", *La Fronda*, 12 de mayo de 1926; Andrés Muñoz, *Vida novelesca de Quinquela Martín*, Buenos Aires, 1949 (Cap. XXII: "Nacimiento y trayectoria de *La Peña*"); Arturo Lagorio, *Cronicón de un almacén literario*, Ediciones Culturales Argentinas, 1962].

Por entonces, funcionaba también a instancias de Quinquela Martín y del músico Juan de Dios Filiberto, el Ateneo Popular de la Boca.

La admiración y el tributo consagratorio de maestro

"Ya era por entonces contertulio de autoridad y respeto Macedonio Fernández, el que salió a relucir con la primera *Proa*, decía Borges, y de ese precursor del movimiento renovador de ideas, lírica, lenguaje, en que navegábamos, había yo –escribe Evar Méndez– descubierto y republicado antiguos poemas donde se anticipa a ello, cuando le animaría el fervor juvenil y reconocimiento de su mérito a dejarse arrancar páginas de su impar humorística que fueron escalonando la admiración y el tributo consagratorio de maestro, hasta que, reunidos, constituyeron la mayoría de sus *Papeles de Recienvenido*, editados en mis *Cuadernos del Plata*, 1929. Se revelaría un pensador denso y profundo en su libro de alta especulación filosófica *No toda es vigilia la de los ojos abiertos*, primero que dio a luz inducido por martinfierristas. Y un intenso poeta de un arte abstracto en cuya obra se confunden la mística y la metafísica con la pura poesía, como surge de sus poemas de Elena Bellamuerte y otros inéditos cuyo espíritu incide en la orientación presente de la juventud. Es Macedonio otro ejemplo de los valores intelectuales que hizo emerger, y obligó a rendir y superarse *Martín Fierro*." [Evar Méndez, "La generación de poetas del periódico *Martín Fierro*", en *Contrapunto*, Año I, Núm. 5, Buenos Aires, agosto de 1945].

Ventura Chumillas, en su libro *Letras argentinas (crítica literaria)* (José Vicente Gil, 1930), crítico literario del diario *El Pueblo*, en el capítulo titulado "Despistadores intelectuales. Filosofías perniciosas", arremete contra *No toda es vigilia la de los ojos abiertos*: "El culturismo filosófico está en auge. Artículos sobre cuestiones metafísicas, o sobre temas muy relacionados con la Metafísica, aparecen a cada paso en determinadas revistas y en los *suplementos* dominicales de los grandes rotativos. Existe en esta capital un núcleo de sedicentes *pensadores* y *filósofos*, indígenas unos, y otros, radicados aquí desde hace largos años, que se ocupan en filosofar, de palabra y por escrito, con harta frecuencia.

[...]

"Hay que saber distinguir entre los sinceros, graves y positivamente sabios, como Hans Diresch (quien presentó irrefutable prueba científica de la existencia del alma), y los que usurpan el nombre de filósofos y de maestros, y sólo son confusionistas y despistadores intelectuales...

"De estos confusionistas y despistadores hay también bastantes entre los *filósofos* de aquí, o que residen habitualmente aquí.

"El doctor Macedonio Fernández es uno de ellos.

"Un libro suyo, aparecido no hace mucho tiempo, y titulado *No toda es vigilia la de los ojos abiertos*, se exhibe ahora en los escaparates de las librerías y, según mis noticias, se han vendido ya muchos ejemplares. De este libro se ha dicho que es la obra no ya de un aficionado a la filosofía, sino de un *verdadero filósofo, original y profundo*. Sé por el editor Gleizer que Ortega y Gasset, apenas llegó a Buenos Aires, pidió que le llevasen a su hotel un ejemplar de ese libro, al que conocía ya por referencias encomiásticas.

"Yo acabo de leerlo. Está redactado con una sintaxis enrevesada y pésima en que se refleja la neurosis de la excentricidad y de la extravagancia. Es un libro en que se propugna el idealismo absoluto y se niega toda realidad objetiva."

Remata Ventura Chumillas: "¿A dónde se va a parar por ese camino? ¿Qué bienes reportan libros como el que comento y en qué contribuyen al progreso y al bienestar moral de un pueblo? ¿A cuántos males nos puede arrastrar la lujuria mental, engendradora de esas descabelladas filosofías?". En el mismo libro se incluye una interesante nota sobre Borges).

[Sobre el rol de Macedonio Fernández en las vanguardias literarias de la época puede verse: *Un lenguaje nacional. Tomo III: La* escritura *de Macedonio Fernández*, Estudio Entelman, 1976 (César Fernández Moreno, "El existidor"; Noé Jitrik, "La novela futura"); César Fernández Moreno, *Introducción a Macedonio Fernández*, Talía, 1960; Vicente Trípoli, *Macedonio Fernández. Esbozo de una inteligencia*, Colombo, 1964; Germán Leopoldo García, *Hablan de Macedonio Fernández (entrevistas)*, Carlos Pérez, 1968; *Buenos Aires literaria*, Núm. 9, junio de 1953: Dedicado a Macedonio; Horacio Salas, "Todos le debemos algo", en *Análisis*, Núm. 316, 3 de abril de 1967; Manuel Peyrou y otros, "La imagen secreta de Macedonio Fernández", en *Adán*, Núm. 20, marzo de 1968].

En la confitería La Perla, frente a Plaza Miserere, congregaba a Macedonio Fernández con su grey. Macedonio era vecino del lugar: vivía en Rivadavia 2625 según consta en el *Índice de la nueva poesía americana*, de Hidalgo, Huidobro y Borges.

"Nadie como Macedonio –escribe Eduardo González Lanuza [Los Martinfierristas]– al final de las comidas contribuyó con sus discursos a suscitar y mantener lo novedoso de la *nueva sensibilidad,* a justificar al grupo que había reconocido en él, más que a un pensador, a un solitario que estuvo aguardando su llegada."

Carlos Mastronardi [Memorias de un provinciano] traza una cálida evocación de Macedonio, quien "atraía sin artificio a la caterva juvenil": "Sin pedirle nada al futuro, pensó este mundo y todos los mundos posibles, hizo de la Pasión la cosa en sí, sostuvo que el arte debe crear estados y no presentar ambientes o cosas, y vislumbró que el tiempo huidizo y blando de los hombres sólo puede ser detenido o represado por la intensidad, que es la esencia de lo eterno."

Córdova Iturburu, por su parte, refiere la "batalla del Once": una descomunal gresca entre vanguardistas y pasatistas luego de la comida organizada por Ingenieros y la presencia masiva de martinfierristas en honor a Pettoruti en el restaurante Sumus, en Pueyrredón cerca de plaza Once [*Pettoruti*, Ediciones Culturales Argentinas, 1963].

En poco tiempo un verdadero ejército de línea

"Ocupaba una buhardilla en el cuarto piso de una construcción del tiempo de Rosas –comienza Castelnuovo describiendo su ya referido habitáculo de la calle Sadí Carnot–, con un techo de pizarra en ochava y su ventanilla telescópica, muy semejante a la buhardilla clásica del poeta romántico y bohemio, que solía siempre albergarse a nivel de la azotea, con vistas al séptimo cielo, no por romanticismo, desde luego, sino porque no podía nunca pagarse el lujo de alquilar una pieza en la planta baja del edificio. Para llegar a mi nueva residencia, era menester subir por una escalera de pino de setenta y tres escalones, que se remontaba a través de un cuadrángulo que mediría fácilmente veinte metros de altura."

El editor Antonio Zamora lo designa jefe de redacción de *Claridad*. "Medió como peón de brega únicamente Gustavo Riccio que hacía sus primeras armas en el periodismo", anota Castelnuovo. La revista que fue longevo exponente del pensamiento socialista, se editaba en los talleres gráficos de Lorenzo Rañó, en Boedo 837: "Se aglutinaron infinidad de jóvenes, quienes formarían pronto el grupo que asumiría el nombre de la calle y del barrio homónimo donde se hallaba instalada esa imprenta."

Continúa Castelnuovo refiriéndose al grupo de Boedo, "que empezó con sólo tres francotiradores –Nicolás Olivari, Lorenzo Stanchina y el que suscribe–, engrosó rápidamente sus efectivos, pasando a revistar en poco tiempo un verdadero ejército de línea con asientos estratégicos en Rosario, La Plata y Montevideo. Su cuartel general funcionaba en la buhardilla de Sadí Carnot. Todos los sábados impostergablemente tenía lugar allí una reunión del estado mayor. La batalla entre Boedo y Florida se inició sin previo aviso." [Elías Castelnuovo, *Memorias*].

Conforme el testimonio de César Tiempo [Juan Pinto, *Breviario*...]: "Yunque y Castelnuovo no se conocían. Fui yo quien los presenté. Fuimos una noche, Yunque, Soto y yo a buscarlo a Castelnuovo a su desván de la calle Sadí Carnot. Allí se echaron las bases de *Claridad*. El editor, naturalmente, sería Zamora. Los primeros secretarios de redacción fuimos Barletta y yo."

Somos hombres de fe jurada

Más importante que por su obra escrita, la presencia y la actividad de Alberto Hidalgo fueron los cimientos de su prestigio en el medio literario de Buenos Aires. A él se debe uno de los mayores acontecimientos literarios de aquel memorable año 1926: el lanzamiento de la *Revista Oral*.

Última Hora, en su edición del 11 de abril de 1926, rescata mediante una extensa crónica (que incluye una fotografía) el lanzamiento de tan original apuesta literaria:

"Desde anoche Buenos Aires cuenta con una nueva revista que se imprime en el aire.

"La peña literaria del Royal Keller que preside Alberto Hidalgo lanzó a la circulación la *Revista oral*."

"La noticia de que la *Revista Oral* surgía a la vida circuló vertiginosamente en nuestro ambiente literario y, así, la sala de máquinas del Royal Keller se vio desde temprano invadida por numerosos periodistas y escritores entre los que recordamos a Nicolás Coronado, Conrado Nalé Roxlo, Fernández Moreno, Emilio Soto, Álvaro Yunque, Ortelli, Brandán Caraffa, Seoane, Bonomi, Carlos Erro, Enrique Méndez Calzada, Enrique Amorín, etc.

"A las 22 se abrió el primer ejemplar de *Revista Oral*. Hidalgo leyó el editorial, y luego dijeron verso y prosa los colaboradores Marechal, Fernández Moreno, Borges, Bernárdez, Scalabrini Ortiz y José S. Tallón.

"Se dijo de Fernández Moreno, que era el espíritu más alto de la generación anterior. Caraffa hizo algunas acotaciones intencionales y, por último se cerró el número entre los aplausos de la concurrencia."

(Trascripción del artículo de fondo de Hidalgo).

"Está prohibido dar voces, porque no aceptamos colaboraciones espontáneas. Está prohibido silbar porque no nos gusta la literatura orquestal. Está prohibido abrir demasiado la boca porque nuestras metáforas se os pueden introducir en ella e indigestaros de una manera horrible. Está prohibido detenerse en las erratas que se nos escapen porque nuestro dinamismo os puede poner en movimiento.

"Los impresores de la *Revista Oral* hacemos constar editorialmente, que según es lógico en una revista escrita en el aire, venimos, pues, a llenar un vacío. Vamos a empapelar de voces la ciudad y como cada cual usa una distinta y propia, Buenos Aires quedará por nuestro decreto ascendida al difícil cargo de arco iris.

"A todos nosotros nos une un abrazo. Somos hombres de fe jurada. Tenemos una orientación que no es tortuosa, ni siquiera curva. Sabemos que somos todo el presente del mismo modo que otros fueron el ayer, mas declamamos que, al revés de aquellos, queremos también ser el mañana. Esto quiere decir que los que vengan después de nosotros serán nuestros maestros, porque creemos que la palabra les pertenece siempre a los más jóvenes. Mas no se asusten los tímidos: nosotros trataremos de superarles.

"Está aquí Macedonio Fernández, que ha encerrado la genialidad dentro de sus habitaciones y se gasta el lujo de dejarla escapar a pequeñas dosis por el ojo de la cerradura.

"Está aquí Nora Lange, cuyas suaves palabras se han acurrucado tantas veces en nuestros corazones.

"Está aquí Leopoldo Marechal, jinete sobre una ola, sobre un capítulo de la Biblia, sobre el rojo de una paleta; hombre desmelenado e incisivo que puede ocasionar una pulmonía porque tiene algo de viento.

"Está aquí Borges, el milagrero, el bienquerido Jorge Luis Borges que se está quedando ciego de tanto mirarse para adentro.

"Está Paco Luis Bernárdez, siempre asomado a la ventana de su sonrisa que mira la inmensidad con protección y socarronería, como diciéndole: no importa ahora; otro día serás mía.

"Pérez Ruiz, que podría abrir un negocio con este título: casa de repuestos para inteligencia. Imágenes de todas clases, greguerías, hipérboles, traslaciones, trucos y demás objetos de la utilería poética actual.

"Roberto Ortelli, que casi nunca viene porque el ansia de sobrepasar sus posibilidades, que son del mismo tamaño que las nuestras, lo tiene encerrado entre las cuatro paredes de la meditación.

"González Lanuza, que ha visto y expresado insuperablemente la eternidad de las fábricas, de los automóviles, de los ascensores, de los caminos, de las esquinas, esos lugares donde la vida se para a mirar para ambos lados como si no supiera qué ruta tomar.

"Chávez, que ha venido del Perú en uno de esos rebotes que da el cielo de Arequipa al golpear como una pelota sobre las crestas de los Andes.

"Scalabrini Ortiz, cuyos párrafos se encogen y estiran como músculos y que algunas veces alcanzan la eficacia de un swing a la mandíbula.

"Están todos, en fin, todos los cuyos nombres mis labios no dicen pero que mi corazón deletrea íntegramente.

"El formato de esta revista ha de variar conforme lo vayan exigiendo las necesidades. Luego ganaremos la vía pública y en las esquinas y las plazas haremos marchar nuestras rotativas apresuradas por llevar cada vez con mayor exactitud el compás que les imponga el viento de las circunstancias."
(Fin de la transcripción de la crónica de *Última Hora*).

"La *Revista* fue una primicia mundial: así nos lo aseguró –afirman Héctor René Lafleur, Sergio D. Provenzano, Fernando P. Alonso [*Las revistas literarias argentinas. 1893-1967*, Centro Editor de América Latina, 1968]–, en cierta tarde desapacible del invierno de 1960 su inventor, organizador y director, el propio Alberto Hidalgo. En el reducido escenario del Royal Keller se congregaba el auditorio frente a una hilera de mesas ocupadas por los redactores. Leía el director las páginas editoriales, que eran aceptadas o no por los contertulios. Restablecida la calma, tocaba el turno a los colaboradores, según el sumario prefijado. Y de nuevo el alboroto, debate libre o *mesa redonda*, como se lo llama ahora.

"Hubo noches memorables, verdaderos números extraordinarios, como aquellas en que se enjuició a Lugones y a Gerchunoff. La acusación corría siempre por cuenta de Alberto Hidalgo; y para la defensa se elegía a alguien no muy convencido de la inocencia de su apadrinado: verbigracia, el *caso* Gerchunoff defendido por Borges."

Se le atribuía a Gerchunoff haber dicho: "Estos jóvenes han pasado por todas las escuelas, menos por la escuela primaria." (así lo dice Gálvez en *La Argentina en nuestros libros*; también, el crítico Salomón Wapnir, en una nota que se transcribirá páginas adelante).

"Se *editaron* diez números en Buenos Aires. El onceano en Córdoba, y otros en Tucumán y La Plata.

De regreso a Buenos Aires, la *Revista Oral* concluyó en el mismo escenario en que había nacido, con el número 16. Publicó dos suplementos gráficos. En uno se reproduce la *Ubicación de Lenin*; en el otro, la *Biografía de la palabra revolución*, ambos de Alberto Hidalgo." [Lafleur, Provenzano, Alonso, *Las revistas*...].

"La creó Alberto Hidalgo, poeta de Arequipa, quien se encargaba de reservar todos los sábados las mesas del Royal Keller en que *se decían* sus números –declara Leopoldo Marechal–: era una revista oral *a sangre*, anterior, por supuesto, al periodismo oral que lanzó después la radiofonía. Llegada la hora, Hidalgo se ponía de pie y anunciaba: *Revista Oral*, año primero, número cinco. Luego leíamos los editoriales, hacíamos las críticas o recitábamos los poemas.

"Recuerdo que una noche Scalabrini Ortiz, en tren de critica, transcribió en un pizarrón un fragmento de prosa de Gerchunoff (al que se consideraba un estilista), y fue tachando las palabras que, a su entender eran ociosas: sólo quedaron en el pizarrón tres preposiciones y una conjunción copulativa.

"Otra vez recibimos en el sótano la visita de algunos jóvenes poetas peruanos. Uno de ellos, en fervor de vanguardista, se dirigió a Macedonio Fernández y le dijo: '¡Lucharemos! ¿Y qué nos importa que nos manden a la m...?'. 'Claro –aprobó Macedonio– ¡y habiendo tantos tranvías!'

[...]

"Nuestras amistades, los parroquianos del sótano, almas nocturnas que estaban solas y esperaban (¡gracias, Raúl!) y los calaveras que hacían tiempo hasta que se iniciase el turno de la noche del Tabarís. Conversiones a la poesía se pueden lograr en cualquier sitio y con toda clase de gentes." [Alfredo Andrés (Reportaje y antología), *Palabras con Leopoldo Marechal*].

"En las pocas peñas del Royal Keller cualquiera pudo ocupar una mesa, condición indispensable para tal fin –recuerda Arturo Lagorio [*Cronicón de un almacén literario*, Ediciones Culturales Argentinas, 1962]–. El pagar la consumición da el derecho de irse cuando a uno le viene en gana. Y desaforarse si le place. En ese sótano bullía, con calores de altos hornos, Alberto Hidalgo, poderoso agitador y gran estratego literario, útil removedor de charlas retóricas y oportuno divulgador del ultraísmo: fenómeno literario evidentemente americano por sus adalides: el chileno Huidobro y nuestro Lascano Tegui... El pater lírico fue Lugones con su *Lunario Sentimental*. Hidalgo propaló el advenimiento de versos no adormilados con su *Revista Oral*.

[...]

"Y fue memorable la noche del juicio literario a Gerchunoff. Era una especie de suicidio ser el fiscal acusador de una eminencia de *La Nación*. Jorge Luis Borges, más conciliador, por su formación humanista, se reservó la parte de la defensa.

[...]

"En el Royal también nos reuníamos con Ricardo Güiraldes, Amador y el escultor Alberto Lagos (el suave turco) ya camaradas en París, y algunos más. Güiraldes no era portaestandarte de ninguna facción. A lo sumo accedía a dejarse llevar. Un dejo de supercriticismo por su obra le retaba bríos. Llegó a dudar –me lo confesó– de la perennidad de su *Don Segundo Sombra*."

Arturo Lagorio publicó en 1925 su libro de poesías *Las tres respuestas*, con grabados en madera por Valentín Thibon de Libian. Suárez Calimano lo incluye entre sus *21 ensayos*:

"Sanguíneo, meridional, entusiasta, Lagorio nos descubre una ideología actual, activa, batalladora".

"Un público desprevenido y por completo ajeno a los afanes artísticos se mezclaba con el auditorio de escritores que asistía a dichas sesiones", completa Carlos Mastronardi [*Memorias de un provinciano*], quien destaca que en aquellos encuentros recibieron elogios colaboraciones de Fernández Moreno (soneto en homenaje al vuelo del Plus Ultra), Rega Molina, José Sebastián Tallón.

Representamos el ala que está del lado del corazón

De *Índice de la nueva poesía americana*, prólogos de Alberto Hidalgo, Vicente Huidobro y Jorge Luis Borges, El Inca –otro de los libros fundamentales del memorable año 1926–, se imprimieron 30 ejemplares sobre papel de Japón, numerados y firmados; y 1.500 sobre papel pluma inglés, para la venta.

Los tres prólogos iniciales pueden considerarse como *manifiestos* en que se exponen, desde diferentes ópticas, algunos de los principios en que la nueva poesía se fundaba.

Dice Hidalgo en su prólogo: "No hemos nacido por generación espontánea. Hace algunos años estas cosas tuvieron su evidente anticipación en la obra breve, pero cabal, del inmenso poeta peruano José María Eguren. Cuando la gente rubendariaba aún a voz en cuello, mi paisano publicó los libros *Simbólicas* y *La canción de las figuras* que son para los americanos lo que para los franceses la obra de Rimbaud: la percusión. Acaso los procedimientos empleados por él sobrelleven alguna edad, pero el espíritu es nuevo, nuestro. Tras de eso no hubo nada importante hasta que apareció Huidobro. Huidobro, en España, derroca el rubendarismo, y si bien puede afirmarse que su acción es igual a cero en América, algo se filtra aquí, a través de los ultraístas argentinos, puesto que el ultraísmo es hechura suya. Así, el poeta se asemeja a Rubén. Ambos aprenden el tono de la hora en Francia y lo trasladan a España. Con ellos Verlaine y Reverdy entran por turno en América. Ahora, bajo el sosiego de los años, empiezan unos a dar voces nuevas, apartándose de las escuelas iniciales, y otros inventan sistemas para uso propio, del mismo modo que cada quien se ajusta los pantalones a la altura que le conviene. Representamos el ala que está del lado del corazón. ¿Es que hay mejor manera de ser poetas? Todo lo grande llega por el mismo camino."

Vicente Huidobro publica en 1926 *Vientos contrarios* (Santiago de Chile, Nascimento).

Los escritores argentinos incluidos en *Índice* son: Francisco Luis Bernárdez, Jorge Luis Borges, Alfredo Brandán Caraffa, Andrés Caro, Macedonio Fernández, Jacobo Fijman, Eduardo González Lanuza, Guillermo Juan, Ricardo Güiraldes, Eduardo Keller Sarmiento, Nora Lange, Leopoldo Marechal, Ricardo Molinari, Nicolás Olivari, Roberto Ortelli, y Francisco Piñero.

La revista *Inicial* (Núm. 11, febrero de 1927) en una nota sin firma, comenta el *Índice* en estos términos: "Ciertamente, el volumen ha sido realizado con un criterio fanático. Alberto Hidalgo es, literariamente, un escritor extremista. Y este volumen parece una justificación de su obra. Se ha tomado de cada autor lo más arbitrario de su obra, lo más impersonal e irrepresentativo. Y se han excluido nombres sin ninguna razón valedera, dando injusto lugar a escritores francamente pasatistas. Oliverio Girondo, por ejemplo, no existe para el compilador, y, sin embargo, cree de su bando al redondillero J. Rubén Romero, al becqueriano Pereda Valdés, a Paco Luis Bernárdez, a Molinari, etc. Es claro que estos mismos aparecen con lo menos bueno de su obra, salvo alguna equivocación..."

Otra crítica bibliográfica de interés es la de ESC (Emilio Suárez Calimano), "Letras hispano-americanas. *Índice de la Nueva Poesía Argentina*, prólogos de Alberto Hidalgo, Vicente Huidobro y Jorge Luis Borges, Buenos Aires, 1926", en *Nosotros*, marzo de 1927.

El más bibliófilo

Horacio Zorraquín Becú refiere en su libro *En el cincuentenario de la Sociedad de Bibliófilos Argentinos. 1928 - 20 de agosto - 1978* [Buenos Aires, Impreso en el Taller-Escuela "Francisco A. Colombo", en San Antonio de Areco], que el 20 de agosto de 1928 comenzaron las deliberaciones, se aprobó con enmiendas el estatuto de la Sociedad, y se constituyó la primera comisión directiva, presidida por Enrique Ruiz Guiñazú. La reunión tuvo lugar en una de las salas de la Biblioteca Nacional, a la sazón en la calle México, por entonces bajo la dirección de Paul Groussac.

El objetivo de la Sociedad era "cultivar y fomentar el arte tipográfico y las artes decorativas complementarias de los buenos libros". El número de socios se limitó a 90, y a 100 los ejemplares que se tirarían de cada publicación. Deberían ser impresos en la Argentina y ser argentinos quienes los ilustraran.

Por distintas razones, recién en 1935 apareció el primer libro editado por la Sociedad: *Facundo*, de Sarmiento, con grabados de Alfredo Guido, impreso bajo la dirección de Eduardo Bullrich y Carlos M. Mayer, en las prensas de Francisco A. Colombo.

"El *Don Segundo Sombra* –señala Horacio Zorraquín Becú– es de julio de 1926, pero cuatro años antes, en febrero de 1922 y en las mismas prensas, ya se habían tirado los doscientos ejemplares de la edición privada del *Rosaura*. Y al año siguiente, en noviembre, *Xaimaca*. De manera que cuando en 1935 lanza la Sociedad el *Facundo*, su primer libro, don Francisco A. Colombo ya había compuesto cincuenta y tantos libros de lujo, verdaderas joyas impresas en el linde de la pampa. Borges, Macedonio Fernández, el poeta Molinari, Alfonso Reyes, Fijman, Anzoátegui, Oliverio Girondo, Bioy Casares, Jorge M. Furt ya le habían confiado sus obras. En sus prensas ya se habían impreso los célebres *Martín Fierro* y *Fausto* de Amigos de Arte, las *Quince Acuarelas Inéditas* de Vidal, el *Santos Vega* de Obligado y el Carriego, editados por

Viau y Zona y el excepcional Interlunio. Pudo por eso decir Valéry Larbaud –'*ce vice imponi, la lecture*' – que San Antonio de Areco sería 'un rincón ilustre en la bibliografía americana del siglo XX."

[Nicanor Sarmiento, *Historia del libro y de las bibliotecas argentinas*, Buenos Aires, Imprenta Luis Veggia, 1930; Juan Rómulo Fernández, *Historia del periodismo argentino*, Buenos Aires, Círculo de la Prensa, 1943; Celedonio Galván Moreno, *El periodismo argentino. Historia desde sus orígenes hasta el presente*, Buenos Aires, 1944; Domingo Buonocore, *Libreros, editores e impresores de Buenos Aires*, El Ateneo, 1944 (nueva edición: Buenos Aires, Bowker, 1974); Antonio Pagés Larraya, *Sala Groussac*, Buenos Aires, Kraft, 1965; Eustasio Antonio García, *Desarrollo de la industria editorial argentina*, Buenos Aires, Fundación Interamericana de Bibliotecología Franklin, 1965; Verónica Delgado y Fabio Espósito, "1920-1937. La emergencia del editor moderno", en José Luis de Diego, *Editores y políticas editoriales en Argentina, 1880-2000*, Buenos Aires, Fondo de Cultura Económica, 2006; Horacio Zabala (coordinador), Galería de personalidades relacionadas con la bibliotecología argentina. Disponible en línea: www.sai.com.ar/bab_galeria].

Entre las curiosidades bibliográficas de 1926 figura el *Boletín que habla de libros argentinos. Desde la A hasta la Z. Así como de libreros, autores y bibliotecas. Con otras notas culturales serias y festivas.* Tiraje de cien copias, impresas en papel especial el día XXV de enero del año de gracia de MCMXXVII. El ejemplar número 20 está dedicado al Sr. Jesús Menéndez, "el más bibliófilo de los que en la urbe porteña venden libros", por ser su discípulo Nicolás García Olarro, el 19 de febrero de 1927.

En la biblioteca de González Garaño se conservó de la colección *Les livrets du bibliophile*, publicada bajo la dirección de A. A. M. Stols, librero editor de Maastricht, con venta en la librería de Claude Aveline, en París, un ejemplar del número 3 de la serie: Anatole France, *Le livre du bibliophile*, con advertencia preliminar de A. Lemerre.

Leemos en "I. *Du texte*": "*Etablir un bon texte est d'une importance de premier ordre. C'est là le but capital d'une reimpressión, et les soins plastiques si complexes dont ce texte va être l'objet ne tendront qu'à le mettre en lumière selon toutes les convenances et, par conséquent, avec une parfaite beauté. Tout le travail de l'editeur será dépensé en pure perte s'il ne s'excerse pas sur un texte irréprochable."*

La Biblioteca del Consejo Nacional de Mujeres organizó en el Teatro Colón, el martes 15 de junio de 1926, una nueva edición de la Fiesta del Libro, oficializada por decreto del presidente Marcelo T. de Alvear. La ceremonia fue encabezada por Antonio Sagarna, Ministro de Justicia e Instrucción Pública. Hablaron la presidenta del Consejo, Carolina Lena de Argerich, y la escritora y educadora española María de Maeztu. Fueron entregados diplomas a las alumnas de los cursos de declamación, idiomas extranjeros, literatura y otras disciplinas "que la Biblioteca tiene tan admirablemente organizados para elevar la espiritualidad de la mujer." [*La Nación*, 16 de junio de 1926].

La Comisión Protectora de Bibliotecas Populares contaba con estas autoridades: presidente, Miguel F. Rodríguez; vicepresidente, Carlos Vega Belgrano; vocales, Eduardo Tibiletti, Pablo Pizurno, Francisco de Veyga. Publica la revista *Libros y Bibliotecas* (Año I, Núm. 1, octubre de 1926; Núms. 2 y 3, noviembre-diciembre de 1926), conforme la cual en 1926 había 1.177 bibliotecas populares en todo el país, a las que había que agregar 65 bibliotecas militares.

En aplicación del decreto del 18 de marzo de 1925, sobre difusión de publicaciones argentinas en el exterior, la Comisión establece una "Sección argentina" en las bibliotecas nacionales de Montevideo, Asunción, Lima, Quito y Bogotá.

La Razón (23 de febrero de 1926) destaca: "Los libros argentinos se difunden con liberalidad en el exterior. La Comisión Protectora de Bibliotecas Populares está realizando intensamente esta iniciativa". Presidida por Miguel F. Rodríguez, se formalizó una importante donación: en la Biblioteca Nacional de Montevideo quedó inaugurada la Sección Argentina, "con más de 1.500 valiosos volúmenes".

Ismael Bucich Escobar es designado miembro de la comisión organizadora de bibliotecas de la Municipalidad, que incluía en su comisión a Álvaro Melián Lafinur y Ricardo Güiraldes [*El Suplemento*, Núm. 180, 17 de noviembre de 1926].

D. de Faría, en *Los enemigos de nuestros libros* (Buenos Aires, 1926) señala: "La cantidad de lectores que concurre a una biblioteca está en relación directa con la capacidad y dedicación del personal: dime qué bibliotecario tiene la biblioteca y te diré cuánto público concurre a ella". A continuación, el autor se ocupa de las "diversas especies de bibliotecas": obreras, escolares, infantiles y circulantes.

Otros libros de interés sobre el tema son: Alfredo Console, *El bibliotecario y la biblioteca. Fundación y organización de bibliotecas populares*, Buenos Aires (segunda edición corregida y aumentada), Librería de A. García Santos, 1929 (la primera edición data de 1927), con prólogo de Antonio Z. Molinari; y E. Sparn, *El crecimiento de las grandes bibliotecas de la tierra*, Córdoba, 1926.

El juego de los intereses conjuntos

Según *La Nación* (28 de julio de 1929), en el libro de Horacio F. Rodríguez, *Propiedad artística y literaria* (A. M. de Tommasi, 1929), "se encuentra todo lo que debe estar, histórica, crítica y jurídicamente hablando, en correcta disposición y bajo buen criterio científico". Conforme *La Razón* (1º de agosto de 1929), se trataba de "una valiosa obra jurídica que viene a satisfacer una necesidad largamente sentida en nuestro medio, tan precario a todo lo que atañe a cuestiones de propiedad artística y literaria". Rodríguez presenta un análisis de la Ley 7092, de septiembre de 1910, modificada por Ley 9510, de septiembre de 1914, y la jurisprudencia; se ocupa además de las sociedades de autores ante la ley; propone una reforma legislativa; incluye textos de leyes de propiedad artística y literaria de México, Uruguay, Chile y Brasil, y los proyectos de leyes presentados en el Congreso Nacional por los diputados Carlos Baires, Eleodoro Lobos (1897), el radical yrigoyenista Leopoldo Bard, y el senador conservador Matías Sánchez Sorondo.

J. A. & E. de Marval (Agentes de patentes y marcas), dio a publicidad el mismo año 1929, el libro *Protección de los inventos y de las marcas*, que compendia la información referente a las patentes de invención y a las marcas de fábrica de comercio y de agricultura en la República Argentina, con breves notas sobre la legislación en los países extranjeros, y un apéndice relativo a la propiedad científica, literaria y artística, la ley de identificación de mercaderías, la aprobación de especialidades medicinales, etc. Asimismo, se ocupa de la Ley 7092 y su modificación por la 9510.

El *Anteproyecto de Ley de Propiedad Literaria, presentado al Honorable Congreso de la Nación, por la Sociedad Argentina de Escritores*, puede consultarse en el Suplemento extraordinario del Boletín de la SADE., editado en 1933. La Comisión Directiva de la Sociedad estaba integrada por: Ezequiel Martínez Estrada (Presidente); Juan Torrendell (Vicepresidente); Ramón Doll y Nicolás Olivari (Secretarios);

Fermín Estrella Gutiérrez (Tesorero); Leónidas Barletta, Armando Cascella, E. M. S. Danero, Samuel Eichelbaum, César Tiempo y Pedro Juan Vignale (Vocales).

"Al asumir la responsabilidad de dar cuerpo al anhelo del gremio –dice la SADE en la nota de presentación–, ha procurado plantearse el problema de la Propiedad Literaria bajo todas sus fases, y cree con plena certidumbre que, dentro de lo que es posible, ha construido un sistema en el cual las 60 cláusulas regulan con precisión el juego de los intereses conjuntos. En consecuencia, estima que ha procedido con equidad, y con respecto a los intereses gremiales que patrocina, con lealtad". Considera a la Ley 7092 y su modificatoria, "una ley provisoria, evidentemente hecha por razones de no dejar el sitio que debe tener dentro de un cuerpo de legislación que con tanta sabiduría atiende a otros órdenes de intereses."

Un fascista sin carnet

Del 7 al 27 de junio de 1926 visitó Buenos Aires el patriarca del futurismo, Filippo Tommaso Marinetti, quien conmovió al ambiente intelectual: un banquete en su honor hizo época.

A modo introductorio y como anécdota periodística, encontramos también en este caso un contrapunto entre *Última Hora* y *La Razón*. "Los chicos de la *Revista Oral* y de *La Peña* vivirán días frenéticos. Nos darán la lata del futurismo". "¿Cómo pueden conciliarse en el cerebro de Marinetti cosas tan antagónicas como el futurismo y el fascismo? Como veis, nuestro ruidoso huésped es muy poco serio", tituló *Última Hora*, la segunda página de su edición del 7 de junio de 1926.

Al día siguiente, publicó en primera plana la caricatura "El loco del día", y en la página 2, la nota titulada "Marinetti: mucho ruido, cabeza hueca..."

El día 11, anunció: "El loco del futurismo da esta noche su primer espectáculo", que comentó el 12 con estos titulares: "El loco del futurismo debutó sin éxito, en medio de una frialdad que lo abrumaba"; "La máquina de estruendo no le funcionó, ni se le vino estrepitosamente abajo. No hubo ruido: fue un completo fracaso".

Por el contrario, *La Razón* ponderó la presencia del artista italiano en Buenos Aires: "En el Re Vittorio llega esta noche al país el futurista Marinetti"; "A su paso por Montevideo, hace interesantes manifestaciones al enviado especial de *La Razón*": "Vengo aquí, a estos países nuevos y prósperos, con el propósito de conocerlos, lo que constituye algo así como una aspiración"; "nunca me doy por satisfecho si no lo veo por mis propios ojos. [...] Es falso, enteramente falso que traiga ninguna misión del gobierno de Italia, ni de nadie. Mi temperamento me lo impediría. [...] Es cierto que he sido uno de los creadores del fascismo, uno de los que participaron activamente en sus batallas. He estado en el frente de la guerra, pero soy única y enteramente futurista."

"América del Sur es un campo propicio para las renovaciones de las reglas del arte" –tituló *La Razón*, 8 de junio de 1926, p. 2–, "Marinetti recibe a los periodistas a cualquier hora, muchas veces, y lo mismo declaró al abandonar el lecho para atendernos, pues desea, por sobre todas las cosas, que sean los diarios los portadores de su prédica original, que tiende a destruir todo lo clásico. [...] En cuanto pueda resolver mis compromisos de conferencias, visitas, etc., acompañado por algunos amigos que me conocieron en Italia y Francia, visitaré el campo. Las maravillosas descripciones poéticas de la pampa, el tradicional ombú y las costumbres camperas, en general, me interesan. No vengo a conocer el espíritu de ustedes a través del artificio de las ciudades, sino que iré a la fuente de origen, al campo, donde todavía la raza conserva sus rasgos característicos.

[...]

"Sé que el movimiento futurista es nuevo en América del Sur, pero también estoy enterado que ya existen tendencias más o menos remarcadas y hasta algunas personalidades literarias y pictóricas de ese estilo.

"Conozco las publicaciones principales. He seguido casi número por número a los escritores y tengo la impresión que pronto Buenos Aires contará con un verdadero baluarte del futurismo.

"En general, con mi reciente visita a Brasil, donde hay positivos valores, lo que sé de la juventud izquierdista de Uruguay, la Argentina y Chile, creo que en la América del Sur el futurismo tiene un campo propicio.

"Hay razones fundamentales para afirmarlo: estos países nuevos, con una juventud rozagante, producto de varias razas fuertes, están en condiciones de acabar con las viejas tendencias y de crear porque les sobra virilidad. Y eso es lo que se necesita para que el futurismo se imponga: fuerza creadora y voluntad a toda prueba aún en los casos en que la hostilidad se haga sistemática.

"Por otra parte, el futurismo para la juventud de América no es una sorpresa. Estos países se están formando de acuerdo con las tendencias modernas. Puede decirse que comienzan a progresar cuando se ha llegado a la casi perfección de la mecánica, de la electricidad y de todos los medios modernos de la ciencia. Así que están en ventaja con relación a los países de Europa. Mientras los europeos han visto paciente y lentamente la evolución de los vehículos antiguos hasta el rápido automóvil del presente, estos países han adoptado el automóvil como medio de transporte sin interesarse por seguir el progreso evolutivo del vehículo antiguo. De allí que el espíritu de ustedes sea modernista, a pesar de todo."

Marinetti llegó acompañado de su mujer, Benedetta Cappa, artista plástica, y de un secretario, Antonio Backes, periodista brasileño.

Al día siguiente, *La Razón* publicó: "En su visita de ayer, Marinetti se expresó elogiosamente de nuestro diario y nuestro país".

"Conversador amable y de clarísima dicción en su idioma o en francés, tuvo un rato de charla con nuestro director, a quien manifestó la complacencia con que se encontraba en *La Razón*, diario al que conoce desde años atrás y cuyos progresos ha podido apreciar y valorar. Viejo amigo de Enrique Gómez Carrillo –su padrino y ahijado en dos duelos– conocía también a la Argentina, que tiene en nuestro colaborador un propagandista entusiasta, lo que no le ha impedido, por cierto, asombrarse ante el aspecto magnífico de Buenos Aires.

"En otro orden de cosas, recordó el fundador del futurismo su amistad con Maffi y Trilussa, sus eminentes compatriotas tan allegados a nosotros y hablando después de Italia, evocó la guerra, período a la vez sombrío y glorioso en que fue actor desde las líneas de fuego y que tuvo algo así como una contaminación interna con el auge del comunismo en la península, combatido sin descanso por Marinetti."

Desde las páginas de *La Nación* (16 de junio de 1926), donde era colaborador habitual, Lucas Ayarragaray se ocupa de Marinetti bajo el título "Divagaciones antifuturistas", en estos términos: "En la tradición se manifiesta la perpetuidad del alma humana. El hombre es efímero, no así su espíritu ni su obra que son perdurables. [...] El futurismo implica la concepción mutilada del progreso y se basa en un sistema de imaginación geométrico, en un sistema mecánico, pues desconoce la complejidad viviente del alma y del corazón; es el hombre desconociéndose a sí mismo. El progreso se extinguiría sin el concurso armónico del esfuerzo de todas las edades, porque el destino de la humanidad es múltiple. Eliminada la solidaridad de sus afanes ideales concluiría por cernirse sobre un trágico vacío. Careciendo el futurismo de filosofía, se reduce a un empirismo elemental. [...] Por ser el futurismo sistemático, desconoce las más nobles porciones del mundo y del espíritu humano y del espíritu de la historia. No es capaz de contemplar sino fragmentos estrechos de arte en vez de conjuntos, de la universalidad. El arte, la filosofía, la ciencia, la literatura, la cultura, en fin, son eclécticos, pero jamás parciales. Solamente el empirismo sectario es parcial. El hombre de ideas generales y de honda cultura columbra integralmente la verdad, la belleza, la emoción y el amor. Fuera de esas puras esferas el espíritu exclusivista tropieza con conceptos calcinados, con mundos estériles. El futurismo engendraría, sobre todo en países jóvenes e incipientes el materialismo y la vulgaridad. Todo lo grande y alto hasta ahora lo realizó la humanidad con entusiasmos trascendentes."

El comentario de Ayarragaray dio motivo a que Marinetti enviase una carta al diario: "Estimado director de *La Nación*.

"Permítame usted responder al ilustre escritor argentino que defendió la tradición en sus notas antifuturistas de *La Nación*.

"Si por tradición se entiende el grueso de los mediocres artistas tradicionales ligados por una misma pasión absurda hacia el museo y el plagio, estoy satisfecho de ser el destructor feroz de la tradición.

"Yo, por el contrario, entiendo por tradición la gran familia maravillosa de los artistas creadores, todos los cuales, sucesivamente, revolucionaron el arte, olvidaron lo ya hecho por lo nuevo y fueron todos ellos, en mayor o menor medida, futuristas, desde Giotto a Miguel Ángel, a Manet, Cezanne, Fattori, Previati, Medardo Rosso, Boccioni, Russolo, Balla, Depero, Prampolini.

"Todos estos artistas pensaban como Gaugin que en arte no hay sino revolucionarios y plagiarios. Ellos constituyen la tradición revolucionaria del arte.

"Los críticos *passatistas* encontrarán que yo me ocupo de aguar mi propio vino porque razono lógicamente.

"Por el contrario, lo que hago es tomarme el trabajo de convertir el agua turbia, y estancada de sus cerebros en un alegre y transparente vino futurista, semejante al vino lleno de rosada fantasía que mana del potente trapiche de vida nocturna de la calle Corrientes.

"El agua turbia de los críticos *passatistas* ha pretendido falsear grotescamente las líneas de mi personalidad.

"A mi llegada a Buenos Aires, algunos diarios me presentaron bajo el aspecto de un hombre político enmascarado de poeta futurista, venido a América para enseñar el fascismo.

"Soy un fascista sin carnet, amigo de Benito Mussolini y orgulloso de haber colaborado en la grandeza de la Italia de hoy.

"No tengo ningún encargo gubernativo y no hago política. Vivo como poeta futurista.

"Como jefe del movimiento futurista italiano –nacido hace 18 años– fui invitado por el empresario Viggiani, de Río de Janeiro, a dar conferencias en el Brasil y en la Argentina. Acepté el ofrecimiento que me permitía conocer profundamente la vanguardia modernista y futurista de la América del Sur, y de hacer conocer a ustedes el genio creador italiano en sus formas más audaces y más discutidas.

"En Río de Janeiro y en San Pablo, los modernistas y futuristas Graça Aranha, Ronald de Carvallo,

Agripino Grieco, Bandeira, Mario de Andrade, Pongetti, Guillermo de Almeida, Silveira, auspiciaron y defendieron once triunfales conferencias mías.

"Sólo en la primera velada de San Pablo el pasatismo más o menos consciente pudo abrigar la ilusión de vencerme. Hablé, no obstante, por espacio de tres horas, sobrenadando en un océano tumultuoso de cabezas perforadas y silbantes. Afuera la caballería cargaba reiteradamente contra otra masa de público que pretendía asaltar el teatro.

"En Buenos Aires, los aplausos entusiastas que he recibido en el Coliseo, en la Escuela de Arquitectura, en la Asociación Wagneriana, y en el Círculo Italiano, me demuestran que el público argentino, con una intuición fulminante, ha sabido substraerse a las insidias de los críticos *passatistas*.

"El público argentino no ha imitado simiescamente a nadie. Ha escuchado y ha entendido.

"En el espléndido y ultraespiritual banquete que *Martín Fierro* me ofreció anoche, ha anudado una alianza amplia y afectuosa con los grupos modernistas, innovadores y futuristas de *Martín Fierro, Proa, Inicial, Valoraciones, Revista Oral, Nosotros*, y he aconsejado mantener una genial solidaridad entre ellos, para favorecer, agigantar el arte y la literatura de la Argentina por sobre su privilegiada base de fuerza financiera, agrícola, industrial, comercial.

"Le agradezco anticipadamente, gentil director, la inserción de esta carta, y le expreso toda mi simpatía. – F. T. Marinetti." [*La Nación*, 19 de junio de 1926].

[En *El Hogar* se publicaron estas notas: Ernesto Mario Barreda, "F. T. Marinetti será nuestro próximo huésped. El profeta del futurismo", Núm. 863, 30 de abril de 1926; Pozzo Ardizzi, "Marinetti", Núm. 870, 18 de junio de 1926; Lucrecia Estévez, "Marinetti", Núm. 871, 25 de junio de 1926].

De Felipe Marinetti se publicaron por entonces en Buenos Aires: *El futurismo*: I. *El futurismo*. II. *Manifiestos* (versiones apócrifas de los originales, con traducciones de Germán Gómez de la Mata y H. Hernández Luquero. Presumiblemente impresos en Tor); y *Cómo se seducen las mujeres y se traicionan los hombres*, Colección Afrodita (144 pp.), con la Introducción "Marinetti íntimo" por Corra-Settinelli. J. Salas-Subirat publicó *Un ensayo sobre los fósiles del futurismo*, con el sello de Tor, obra en la cual describe como *alienados* a D'Anunzio, Mussolini y Marinetti.

Merece el agradecimiento de *Martín Fierro*

En la nota "*Martín Fierro* y Marinetti", publicada en esa revista, dice: "Ante todo: nos afirmamos en nuestra convicción de la importancia que Marinetti –principal y más célebre propagandista de ideas estéticas nuevas que existen hoy en el mundo– tiene para nuestro ambiente. Su visita, sus conferencias dirigidas a la masa, la repercusión de sus teorías en la prensa, son una colaboración valiosísima al movimiento de renovación en que estamos empeñados hace tiempo un núcleo de hombres de buena fe y larga esperanza". Y concluye: "Marinetti, hombre sincero y caballeresco lleno de simpatía personal, deja aquí amistades y el grato recuerdo de su insistencia en recomendar al público que ayude a realizar la obra de los nuevos escritores y artistas. Ese generoso interés merece el agradecimiento de *Martín Fierro*." [*Martín Fierro*, segunda época, Año III, Núm. 30-31, 8 de julio de 1926].

Según la misma revista, el banquete ofrecido a Marinetti fue una "fiesta original y única".

En una nota gráfica quedó registrada "parte de los asistentes a la comida de fraternidad intelectual", organizada por *Martín Fierro* y en la que estuvieron representadas las revistas *Inicial*, *Revista de América*, *Valoraciones* y *Estudiantina*. Aparecen sentados: Guillermo Korn, Villareal, Sandro Plantanida, Delia del Carril, Marinetti, Héctor Pedro Blomberg, A. Mugnat, Petrone, Alietto, Ricardo Güiraldes, José de España, Leopoldo Marechal. Parados: Jorge Luis Borges, Roberto A. Ortelli, F. López Merino, Córdova Iturburu, Antonio Gullo, Lysandro Z. D. Galtier, Nicolás Olivari, Benedetta Cappa de Marinetti, Emilio Pettoruti, Adelina del Carril de Güiraldes, Pietro Illari,

Manuel Gálvez, Alberto Franco, Pelele, Bakhes, Sandro Volta, Antonio Mordini, Alfredo Bigatti, Pedro Blake, Xul Solar, Juan B. Tapia, Raúl Sosa, Absalón Rojas, Carlos A. Erro, Evar Méndez, Oliverio Girondo, Pablo Rojas Paz, Domingo Moreno, Francisco Luis Bernárdez

En el texto aprobado por Evar Méndez, Oliverio Girondo, Alberto Prebisch, Eduardo J. Bullrich, presentado en el acto organizado por la Comisión Directiva de la Sociedad Argentina de Escritores, con motivo de cumplirse veinticinco años de la aparición del periódico, el 27 de octubre de 1949, en la Casa del Escritor, se lee: "Ni *Martín Fierro* ni sus redactores jamás fueron futuristas, pero reconocían el dinamismo infatigable de su talentoso promotor, y la discutida pero innegable repercusión de ese movimiento en todos los *ismos* posteriores. [...] Poco tiempo después de la comida que el periódico ofrece a Marinetti, donde éste promovió un pintoresco y agitado debate, se realiza la que dedica al maestro Ansermet, repleta de barbas auténticas y postizas, la de Piñeiro y Borges, conjuntamente, y -aunque de índole diversa- la fiesta no menos memorable con que se inaugura -casi al año de haberse alquilado- el local de Florida."

Evocando aquella memorable comida de los martinfierristas al ilustres huésped, Marechal cuenta: "Recibimos al futurista Marinetti con una canción de mi cosecha que decía, según la música de un estribillo popular: *Non è vero que é morto Marinetti, ¡pum, Marinetti, pum, Marinetti!* ¡Y ciertamente, a la llegada del poeta italiano, el *futurismo* ya estaba muerto!"
[Alfredo Andrés (Reportaje y antología), *Palabras con Leopoldo Marechal*].

Un clásico... opinando y comiendo tallarines

"La *gran noche* de la *Revista Oral* fue la que dedicó a Marinetti –escriben Lafleur, Provenzano, y Alonso–. Según la tradición, que de boca en boca ha llegado hasta nosotros, el público cubrió la entonces angosta calzada de la calle Corrientes. Y los felices poseedores de un resquicio dentro del salón, asistieron al descomunal entrevero de miles de palabras revoloteando y arremetiéndose en plena vesania futurista, sin dos centavos de sentido, pero espejeantes como esos trapos multicolores que se echa el *clown* sobre los hombros."

Quinquela Martín aporta otro relato pintoresco sobre Marinetti en Buenos Aires: "En ese viaje yo le serví de cicerone en la Boca. Una noche fuimos a comer a un bodegón italiano. Marinetti pidió tallarines al *tucco*. Yo le sugerí que agregara a sus tallarines unas gotas de nafta o querosén, y el pontífice futurista lanzó una carcajada. Pero después se puso serio y me dijo en un aparte:

"–Tengo que seguir la farsa futurista y morir en ella.

"Y después de un silencio, agregó estas palabras terribles y definitivas:

"–Cuando me saluda un futurista, es un *imbecile* que me saluda.

"Marinetti era un clásico... opinando y comiendo tallarines."

[Andrés Muñoz, *Vida novelesca de Quinquela Martín*, 1949. En la "Advertencia preliminar", el pintor anota "esta biografía mía, que he leído desde la primera a la última página, y a la que nada tengo que quitar ni nada indispensable que añadir"].

Fantásticos *cocktails* preparados por un temible alquimista

La inauguración del nuevo local de *Martín Fierro* dio lugar a otra farra memorable. En la fotografía con "algunos de los numerosos asistentes", se cuentan: Sergio Piñero, Leónidas de Vedia, Jorge Luis Borges, Leopoldo Marechal, Lysandro Z. D. Galtier, Oliverio Girondo, Ricardo Güiraldes, el maestro Ansermet, Absalón Rojas, Emilio Pettoruti, Adelina del Carril de Güiraldes y su hermana Delia del Carril, Elena Sansinena de Elizalde, Laura Girondo de Paulín, hijas del pintor Figari, Raquel Adler.

Dice la crónica: "El local de *Martín Fierro*, en [el segundo piso de una casa ubicada en] Florida y Tucumán, quedó finalmente inaugurado el sábado 10 de julio. Un centenar de amigos, puros martinfierristas, fiesta en familia y exclusiva, las más calificadas señoras y niñas que consagran en Buenos Aires su actividad y las mejores dotes de su espíritu al arte y su fomento; varias escritoras, poetisas, pintoras, recitadoras; músicos célebres, pintores y escritores de significación; los camaradas de todas las revistas jóvenes de la Capital y La Plata; la muchachada de *Martín Fierro* en pleno, fueron los invitados.

"Cuatro horas intensas de charla, música, bailes criollos por la compañía de Mauri: cielitos, cuandos, chacareras, canciones; tangos y fox por radio y al espléndida Victrola ortofónica cedida por la casa Breyer que acaparó el interés de la gente más joven; abundante jerez y oporto y fantásticos *cocktails* preparados en el bar por un temible alquimista, el marqués Antonio Mordini, que tuvieron el efecto de convulsionar por la noche todos los centros de reunión más o menos literarios y artísticos de la ciudad.

"Argos Dos ha contado en *Carátula* los curiosos resultados, fuera de toda previsión, que tuvo este aspecto de nuestra fiesta inaugural: la noche criolla –un sábat a puerta cerrada, durante el acto– que presidía el vate Muñoz, la indignación de un joven poeta que se descubrió al día siguiente sin saber cómo transportado a Lomas de Zamora, y el viaje de otros dos escritores a descubrir, trasnochados, la región porteña donde vivió Carriego.

"Fiesta cordialísima, joven y alegre, como son y deber ser todas las de *Martín Fierro*, y que se recordará largo tiempo."

["Inauguración de nuestro local", en *Martín Fierro*, Núm. 32, 4 de agosto de 1926].

Un calificado protagonista, Marechal aporta un testimonio revelador: "Aquella noche, y merced a copiosas libaciones, se produjeron algunas anomalías en la ciudad. Oliverio Girondo se puso a dirigir el tráfico en la esquina de Callao y Corrientes; Francisco Luis Bernárdez, en un editorial injurioso para los oyentes, disolvió la *Revista Oral* que Alberto Hidalgo dirigía en el Royal Keller todos los sábados y del cual los martinfierristas éramos también redactores (o locutores); Evar Méndez, otros y yo, llevando a Norah Lange en una silla confiscada a un café, descendimos al sótano del Tortoni, sede, a nuestro juicio, de todo el *passatismo* local, y disolvimos la reunión poético-declamatoria que allí se celebraba; supe más tarde que Raúl González Tuñón había despertado al día siguiente en una quinta de Adrogué que desconocía y entre almas buenas que lo asistieron en su naufragio. Cuando al revisar aquellos *operativos* tratamos de darles una razón lógica, recordamos cierta mezcla alcohólica, preparada por el marqués de Mordini, a la cual el noble italiano había añadido cierta droga non sancta: el marqués de Mordini era nuestro huésped y había llegado al país con el propósito de cazar elefantes en el Chaco." [Alfredo Andrés (Reportaje y antología), *Palabras con Leopoldo Marechal*].

Otro desborde, según Marechal, tomado de la misma fuente: "Al despedir al director Ernest Ansermet, que usaba una pulcra barba de tipo asirio, lo hicimos con una cena realizada en un bodegón popular y a la cual asistimos con horribles barbas postizas de alquiler."

El viernes 6 de agosto tuvo lugar "el banquete por los poetas y prosistas premiados" por la Municipalidad de Buenos Aires, en el restaurante Al Sibarita. En la cabecera de la mesa central, se ubicó el intendente interino Horacio Casco, ya que Carlos M. Noel se hallaba en Europa.

Las invitaciones que circularon para el convivio llevaban las siguientes firmas: Ministro de Justicia e Instrucción Pública, Antonio Sagarna, Antonio Aíta, Fernán Félix de Amador, Santiago Bequé, Ernesto Mario Barreda, Mariano A. Barrenechea, Alfredo A. Bianchi, Marcos M. Blanco, Carmelo M. Bonet, Jorge Luis Borges, Augusto Bunge, Juan Burghi, Miguel A. Camino, Arturo Capdevila, Alejandro Castiñeiras, Alfredo Colmo, Córdova Iturburu, Nicolás Coronado, Alfredo Costa Rubert, Rafael de Diego, Héctor Díaz Leguizamón, Juan Pablo Echagüe, Fermín Estrella Gutiérrez, Vicente Fatone, Mayorino Ferraría, Manuel Gálvez, Enrique García Velloso, Atilio García Mellid, Roberto F. Giusti, Bernardo González Arrili, González Carballo, Ricardo Gutiérrez, Pedro Henríquez Ureña, Pedro Herreros, Héctor M. Irusta, Alejandro Korn, Arturo Lagorio, Enrique Larreta, Roberto Ledesma, M. López Palmero, Benito Lynch, Arturo Marasso, Luis Matharán, Enrique Méndez Calzada, Carlos Muzio Sáenz Peña, Julio Noé, Carlos Obligado, Roberto A. Ortelli, Alberto Palcos, Aníbal Ponce, Luis Ponce y Gómez, Luis Reissig, Julio A. Rinaldini,

Jorge Max Rohde, Pablo Rojas Paz, Roberto Smith, Ricardo Rojas, Francisco Romero, Alfonsina Storni, Emilio Suárez Galimani, Gastón O. Talamón, Folco Testena, Juan Torrendell, Arturo Vázquez Cey, Mariano de Vedia y Mitre, Carlos Vega Belgrano, C. Villalobos Domínguez, Alberto Williams, Carlos Ibarguren, Francisco López Merino.

"Entre plato y plato, el concurso convival platicó animadamente, hasta que llegó el turno de los cigarros, del champaña y de los discursos". Habló para ofrecer el agasajo el escritor Rojas Paz, contestó agradecido "el prosador Ernesto Morales", y finalmente Casco expresó "su complacencia por hallarse entre un grupo destacado de intelectuales, reunidos para festejar a sus dignos colegas, manifestó que allí estaba la prueba de que no todo en la gran ciudad es utilidad material y utilitaria."

A instancias de los comensales, los poetas Fernández Moreno y Rega Molina recitaron sendas composiciones suyas. Cerró la serie oratoria el concejal Bunge, quien leyó una traducción del fragmento del *Fausto* en que el poeta y el empresario discuten sobre la poesía.

"Al levantarse la sobremesa, muchos de los concurrentes fueron a dar a *La Peña*, donde había ya muchos contertulios." [*Última Hora*, 7 de agosto de 1926].

Conforme *La Razón* (7 de agosto de 1926), el banquete fue "una demostración cariñosa, despojada de todo protocolo".

Otros banquetes memorables de aquel año fueron el realizado en desagravio a quienes no recibieron ningún Premio Municipal (Borges, entre ellos: en el menú firmado por todos los comensales se distingue su letra, escondido bajo el seudónimo "Hipólito Yrigoyen"), y el organizado por Gleizer para los autores de su editorial: Tuñón, Olivari, Krupkin (los menús de ambos banquetes son conservados por Arturo Eiras).

Me voy *sin vuelta*

La Razón, en sus ediciones del 4 de noviembre de 1926, anuncia que en homenaje a Ricardo Güiraldes se realizará el sábado 6, en el restaurante del vivero municipal de Palermo, frente al lago de regatas, un "almuerzo de fraternidad intelectual y artística", organizado por *Martín Fierro* con la cooperación de sus amigos de *Inicial, Revista de América* y *Valoraciones*. "Las orquestas típicas criolla y jazz band del Real Cine, bajo la dirección del maestro Nicolás Verona, amenizarán la reunión, y habrá, además, payadores, concursos de tangos y charleston y otras diversiones al aire libre."

En *Martín Fierro* (segunda época, Año III, Núm. 35, 5 de noviembre de 1926), se publica la invitación y en el número siguiente se incluye una foto y el brindis pronunciado por Macedonio Fernández [*Martín Fierro*, segunda época, Año III, Núm. 36, 12 de diciembre de 1926].

Su amigo Brandán Caraffa dejó una vívida evocación de sus últimos encuentros con Güiraldes: "A medida que pasa el tiempo se agranda para mí, en Güiraldes, más que la figura del escritor, la del hombre. [...] Güiraldes fue uno de los últimos representantes de esa gran especie humana a la que dignificaron Goethe y Beethoven, haciendo de su obra una floración natural de su ser superior y profundo.

[...]

"Fue dos días antes de embarcarse para Europa. Estaba muy enfermo, pero sólo él lo sabía". Brandán Caraffa continúa relatando que del departamento de Güiraldes en el Cecil Hotel salieron a caminar por

Avenida de Mayo, "y después de caminar dos cuadras en silencio, me interrogó:

"–¿Qué pensás, che filósofo, de la Teosofía y el Espiritismo?

"–Que son dos agarradas de los dientes, de un tipo que araña para salir del pozo, –le contesté.

"Él se rió abiertamente, con esa risa franca, viril, tan simpática que le embellecía el rostro. Y comentó:

"–¿Y si no fueran dientes ni uñas, sino picos, palas y escaleras?

"–Peor para él –le dije– porque el pozo es tan hondo que tendría que apoyar la escalera sobre sus propios hombros y ¿cómo subiría entonces?

"Con un suave cachetazo en la espalda me lanzó un –Cayate, leguleyo. No podés negar que sos paisano del cordobés Vélez Sarsfield. Pero ahora, en serio. ¿Sabés adónde vamos? A la Sociedad Constancia. Quiero ver a Cosme Mariño.

"Yo lo miré extrañado; no por lo que me decía, sino por la profundidad que noté en su tono; una seriedad que le brotaba de adentro y que me hizo percibir por primera vez la gran palidez que se había apoderado de su cara.

"Él contestó:

"–Ustedes los filósofos creen tenerlo todo resuelto; y sin embargo la metafísica es para mí el capítulo más gracioso de la filosofía. Es sólo religión o teología vergonzante. Porque pretender superar lo racional con medios racionales me parece una agachada, una prueba de ilusionismo en la que transparenta demasiado el truco...

"A Cosme Mariño le pidió que le anotara los libros fundamentales que él consideraba imprescindibles para conocer la Teosofía. Y después de una charla sin mayor trascendencia salimos. La Sociedad Constancia estaba entonces en un subsuelo frente a la plaza del Congreso."

Concluye Brandán Caraffa, que, trepados con Güiraldes al Monumento a los Dos Congresos le confesó: "Me voy *sin vuelta*, Brandancito, *sin vuelta*, a París. [...] Era yo el único hombre que había llorado a Güiraldes muerto, cuando aún estaba vivo." [Brandán Caraffa, "Güiraldes lo sabía", en *Testigo. Revista de literatura y arte*, Núm. 3, julio-agosto-septiembre de 1966].

La mayor satisfacción que podía esperar

El antropólogo y arqueólogo José Imbelloni publica en 1926 *La esfinge indiana. Antiguos y nuevos aspectos del problema de los orígenes americanos*, por El Ateneo. Advierte en el prólogo: "Este libro se propone tratar la historia del Americanismo, desde los días del descubrimiento hasta hoy. [...] Este libro no es para el especialista."

En la parte final, Imbelloni dice sobre "La nueva escuela argentina": "Personalmente, yo he tenido la mayor satisfacción que podía esperar. La nueva escuela argentina de investigaciones americanas no es una quimera, si, antes de terminar la corrección de las pruebas, el libro ha tenido la suerte de despertar impulsos, indicar direcciones y sugerir derroteros. Es lástima que por razones tipográficas no pueda introducir en el texto mayores noticias respecto al descubrimiento hecho por uno de mis colaboradores, el señor Enrique Palavecino, sobre la naturaleza del idioma quechua."

En el colofón, dice Imbelloni: "Una obra como *La esfinge indiana* no puede considerarse terminada con la palabra final del autor. Las páginas sucesivas serán escritas por el público. El segundo volumen no solamente llevará nuestras investigaciones al día, colmando además las lagunas dejadas por el presente, sino reunirá también objeciones, discusiones, recensiones y polémicas, proponiéndose reflejar, como un espejo fiel, todo el movimiento de ideas provocado por esta publicación. Los escritores tendrán la amabilidad de enviar ejemplares de sus artículos a P. García, para *Esfinge Indiana*, Florida 371, Buenos Aires. El editor entiende abrir un amplio campo de trabajo a la crítica constructiva, invitándola, como es justo, a asumir la responsabilidad de su actuación. Julio de 1926."

Odilia Bregante publica *Ensayo de clasificación de la cerámica del noroeste argentino*, con el sello de Ángel Estrada (publicado originalmente como tesis por la Facultad de Filosofía y Letras de la Universidad de Buenos Aires).

No sobresalimos, precisamente

Ollantay, drama lírico en tres actos y un prólogo, compuesto por Constantino Gaito, fue estrenado en el teatro Colón el 23 de julio de 1926.

Dirigido por el maestro Gabriel Santini, los cantantes principales fueron Aureliano Pertile, Claudia Muzio, Luisa Bertana, Luis Nardi, Ezio Pinza. Los decorados y el vestuario estuvieron a cargo de Rodolfo Franco. Con libreto del pedagogo Víctor Mercante, el argumento se basa en un relato de autor desconocido en lengua quichua, a poco de la conquista del Perú por los españoles. A partir de la tradición oral, la leyenda fue recogida para teatro en prosa por Ricardo Rojas. El libreto de Mercante fue editado en 1922 como parte de una serie de poemas dramáticos titulados *Tetralogía de los Atlantes*. El libreto para la versión en ópera debió ser escrito en italiano, porque italianos habrían de ser sus intérpretes en el estreno.

La obra incluye temas del cancionero del Altiplano andino, particularmente en las invocaciones o intervenciones corales y en algunos números cerrados, entre ellos el yaraví que entonan Salia y Coyllur, la hija del inca Pachacutec, en recuerdo de esa canción que la princesa aprendió de niña en el regazo de su madre.

La escena del segundo acto del Inti Raimi, la fiesta del día del sol, con el canto coral que entona el majestuoso Himno al Inca, da lugar no sólo a escenas espectaculares de conjunto sino también a la utilización de temas y tratamientos, tales como la pentafonía, fuertemente enraizados en la música de la cultura incásica.

El desafío para Gaito debía consistir, más que en el plano escénico de la gran ópera, en el terreno de la textura musical misma, donde se le proponía la exigencia de adherir al ultracromatismo wagneriano y straussiano, la utilización de una pentafonía incaica ineludible.

Gaito estaba preparado para lograrlo. Porque si en una apreciación superficial de Ollantay asciende a primer plano, por su fuerte poder de caracterización, la escala de cinco sonidos, una despierta audición muestra hasta qué punto el músico realiza una sobria y concreta propuesta de síntesis entre el lenguaje europeo y el americano.

A ello se suma la instrumentación, hábilmente dispuesta para crear una ambientación tímbrica adecuada tanto a los pasajes de poética intimidad como al gran espectáculo o al oscuro desenlace de la tragedia [*Caras y Caretas*, Núm. 1.451, 24 de julio de 1926].

El Suplemento (Núm. 155, 26 de mayo de 1926) publicó una interesante nota sobre Isabel Marengo titulada "Cómo llegó hasta el Colón una cantante argentina", por Gabriel Alcázar: "Estamos ante un caso excepcional. En efecto; no es corriente que nos den la noticia de la aparición de una buena cantante argentina. En esa rama del arte, no sobresalimos, precisamente."

Respondiendo a una aspiración oficial

La vida teatral argentina recibió a mediados de aquel año 1926 una noticia resonante: en la tarde del 16 de julio, los martilleros Giménez, Zapiola, Panelo y Cía. procedieron nuevamente a la subasta del Teatro Cervantes, en presencia de las autoridades del Banco Hipotecario Nacional y del numeroso público que se congregó en el local de la institución, atraído por la importancia de esta operación inmobiliaria.

A partir de una base de $900.000, monto del gravamen hipotecario, fue adjudicado en $2.100.000 al Banco de la Nación Argentina, cuyo Presidente era Luis Züberbuhler. El precio obtenido en ese remate excedía en $1.100.000 el alcanzado en la subasta del 26 de abril, cifra que representa exactamente el valor de la segunda hipoteca que gravaba al Cervantes a favor de la Sociedad Caja Territorial de Crédito; pero la circunstancia de ser también el Banco de la Nación Argentina acreedor en tercer término por la suma de $350.000, hizo presumir que con esa operación quedarían conciliados los intereses de ambos acreedores hipotecarios.

Se especulaba que el Banco Nación lo había adquirido para el Gobierno Nacional para constituir en él la Comedia Argentina "respondiendo a una aspiración oficial, coincidente con las sustentadas por numerosas instituciones artísticas, que en diversas oportunidades gestionaron de los Poderes Públicos la adquisición del Cervantes." [*La Nación*, 17 de julio de 1926].

La operación derivó en una minuta presentada en la Cámara de Diputados, que fue respondida por el Ministro de Hacienda.

Tiempos de heroica lucha gaucha

El escritor salteño Juan Carlos Dávalos reedita en 1926 con el sello de Pedro García / El Ateneo sus obras *Cantos agrestes* (la primera, por Monerris & Cía., 1917); *Salta* (la primera, con prólogo de Manuel Gálvez, por Buenos Aires Cooperativa Editorial Limitada, Agencia General de Librería y Publicaciones, 1918); y *El viento blanco* (la primera, también por Buenos Aires Cooperativa, 1922).

El 22 de mayo de 1926, la primera actriz Camila Quiroga estrena en el teatro Ateneo de Buenos Aires *La tierra en armas*, que se refiere a tres episodios de la vida del general Martín Miguel de Güemes, escrita por Dávalos en colaboración con Ramón Serrano, un actor y autor español radicado en Tucumán.

La tierra en armas, subtitulada *Epopeya de Salta* –es obvia su relación con *La guerra gaucha* de Lugones– es un drama escénico, compuesto de tres jornadas: el primer acto, transcurre en 1814; el segundo, en 1816; y el tercero, en 1821 (muerte de Güemes). En verso asonantado –en su mayor parte endecasílabos con algunos fragmentos en romance octosilábico y alejandrinos– incluye prosa en la primera escena del cuadro segundo del tercer acto.

La obra fue publicada en 1935 por Ediciones Argentinas Cóndor (representada por Torrendell), en la colección "Teatro para leer", con el título *La tierra en armas. Epopeya de Salta. Drama en tres jornadas escrito en verso*.

En la jornada primera, escena XII, los autores ponen en labios de Güemes esta arenga:

"Ya pronto en nuestro apoyo los patriotas
"saldrán de Tucumán en fuerte ejército,
"¡para iniciar por fin la acción en grande
"que empuje a los realistas al Pacífico!
"¡Será libre la América, paisanos;

"vuestra hombría será su pedestal;
"y los cardones de nuestras montañas
"darán por siempre a la posteridad
"que hubo aquí brazos fuertes, como ellos
"erguidos hacia Dios, y en ademán
"de robarle la gloria al firmamento,
"si el firmamento niega libertad!"

"Tuvimos oportunidad de conversar unos minutos con Serrano –publica *Última Hora*–. Es un hombre de elevada estatura, de ojos miopes e inteligentes que brillan como ascuas a través de los gruesos cristales. Surge su voz cálida y sonora, plena de tonalidades simpáticas que suenan, no sabemos por qué, a sinceridad...

"–¿*La tierra en armas*?

"–Sí, *La tierra en armas*, tres episodios de la vida de nuestro gran paisano el general Güemes, tres pinturas de aquellos tiempos de gesta, que fueron los que corrieron después del 14, tiempos de heroica lucha gaucha, desinteresada y preñada de oscuros sacrificios.

"–¿En verso?

"–Sí... En espontáneos versos.

"–¿Con que usted también es poeta?

"–De eso, de músico y de loco todos tenemos un poco, pero el verdadero poeta es Dávalos. Quizás sirva esa *Tierra en armas* para que el público se interese en la medida que merece, por la producción toda de este eximio salteño. Nuestra obra habrá de estrenarse en el mes de marzo en El Ateneo. Camila Quiroga encarnará la apasionada figura protagonista y confiamos que sus altas cualidades le darán realce que superarán nuestra concepción.

"Dos largos meses de ensayo necesitará la obra. A las dificultades que encierra el drama en verso en sí, se agregan los inconvenientes que surgen del vestuario y sastrería especialmente.

"–¿Vendrán ustedes con motivo del estreno?

"–Vendremos. Aunque Dávalos, apremiado por sus cátedras y la dirección de la biblioteca que desempeña, no tiene tiempo para nada y yo casi no puedo desatender un minuto mis negocios, que son los que me dan el sudoroso pan de cada día... Pero vendremos y ojalá *La tierra en armas* y nuestro gaucho general lleguen al público como llegó al fondo de nuestras almas..." [*Última Hora*, 4 de febrero de 1926].

[Iris Rossi, *Contribución a la bibliografía de Juan Carlos Dávalos*, Fondo Nacional de las Artes, Bibliografía Argentina de Artes y Letras, Compilaciones especiales Núm. 23, 1961; Amadeo Sirolli, *Juan Carlos Dávalos y su obra*, Salta, Amerindia, 1964; Walter Adet, *Cuatro siglos de literatura salteña (1582-1981)*, Salta, El Tobogán, 1981; Leonor Arias, *La poesía de Juan Carlos Dávalos y el entorno provinciano*, Universidad Nacional de Salta, 1982; Juan José Botelli, *Juan Carlos Dávalos. Testimonios salteños*, Salta, Anacreonte / Fundación Carmen Rosa Urivarri de Etchart, 1987; María Fanny Osán de Pérez Sáez, "Juan Carlos Dávalos y la creación regional", en su obra *Oralidad y escritura en el noroeste argentino. Diez estudios sobre cultura y religión*, Salta, 1999; Susana Martorell de Laconi, *Estudios y ensayos sobre la narrativa y el teatro de Juan Carlos Dávalos*, Salta, segunda edición corregida, 1999, capítulos VII, VIII y IX].

Acusa cifras increíbles

Enrique García Velloso publica *Arte de la lectura y la declamación (con un repertorio universal, clásico y moderno, seleccionado entre los más grandes autores)*, y los tres tomos de *El arte del comediante*, ambos con el sello de la editorial Ángel Estrada.

Otro libro de Enrique García Velloso es *El arte del comediante. Tomo I: Desde sus más remotos orígenes hasta nuestros días. Historia del teatro y antología universal, organizada por E. G. V.* lleva una carta-prólogo del autor "A S.E. el Señor Presidente de la Nación, doctor Marcelo T. de Alvear":

"Ilustre y querido amigo:

"Al inaugurar el 15 de marzo de 1925, en el Conservatorio Nacional de Música y Declamación, los cursos de práctica escénica, puse de relieve el alto significado artístico y docente que para el porvenir de nuestro teatro comporta el decreto por el cual creó vuestro gobierno esa institución cultural de la que me honro en formar parte como vicedirector y maestro. [...] El censo que actualmente estamos a punto de terminar, acusa cifras increíbles: han funcionado en el país y en el exterior durante 1925, 72 compañías locales, dando de vivir a sesenta mil individuos entre actores, autores, músicos, coristas, bailarines, escenógrafos, tramoyistas, sastres y peluqueros, produciendo sus espectáculos muchos millones de pesos que casi todos ellos se ha repartido entre la familia teatral en el país."

Concluye García Velloso: "Quiera V.E. concederme el honor de cobijar tan modesta recopilación bajo los prestigios de su nombre preclaro de mandatario y de amigo respetable."

Los tomos II y III se subtitulan *Historia universal del actor y del teatro. Crónica cronológica de la vida escénica de Buenos Aires desde fines del siglo XVIII hasta nuestros días y repertorio dramático de los más grandes autores modernos y contemporáneos organizado por E. G. V.* El tomo II está dedicado a Juan Pablo Echagüe, "crítico eminente que inauguró las clases de Historia del Teatro en el Conservatorio Nacional de Música y Declamación de Buenos Aires, recuerdo muy cariñoso de su amigo y admirador". Los dos últimos capítulos se refieren a la "llegada de María Guerrero. Revelación deslumbradora del gran teatro español a un público que lo ignoraba", y "El triunfo de la Guerrero restauró el teatro dramático español en América".

El tomo III está dedicado por García Velloso a Carlos López Buchardo, "inspirado artista y primer director del Conservatorio Nacional de Música y Declamación". Al ocuparse de los actores italianos y franceses en la Argentina, destaca la presencia de Sarah Bernhardt, Coquelín y la compañía del teatro Antoine.

También de 1926 se hace la edición del libro de Juan Pablo Echagüe, *Una época del teatro argentino: 1904-1918* (América Unida). "He luchado –declara el autor a un cronista de *Última Hora* (7 de diciembre de 1926)– por apartar a nuestro teatro de la violencia efectista y de la retórica vacía, por alcanzar formas estéticas cada vez más altas, más afinadas, más plenas de sustancia pensante y humana; por conseguir que el arte escénico se nutra de observación y sinceridad. [...] He fustigado la miopía o la mala fe de los autores que caricaturizan sistemáticamente la vida provinciana, reservatorio de virtudes étnicas y troquel de nuestra raza".

"Las *obras completas* del señor Juan Pablo Echagüe serán, para las generaciones venideras, el monumento del *refrito*", escribe Carlos Pirán, en su columna

"Hojeando los últimos libros", de *Mundo Argentino* (Núm. 827, 24 de noviembre de 1926).

Armando Discépolo estrena en 1926 *Patria nueva*; Samuel Eichelbaum, *Nadie la conoció nunca.*

Acerca de la vida teatral porteña en 1926, cabe citar también la siguiente declaración de Defilippis Novoa para la revista semanal *Carátula*: "Cualquier iniciativa innovadora que se tome hoy en Buenos Aires, encontrará amplio apoyo del público, porque hay ansias de novedad. Por esta misma razón, es peligroso engañar. [...] Para reformar un teatro no basta con ofrecer en un escenario obras modernas bajo un título general. Eso es echar vino nuevo en odres viejos. Para reformar un teatro hay que ir a la entraña en todos sus aspectos." [*Última Hora*, 4 de enero de 1926].

Cobran el aspecto de una segunda naturaleza

"Buenos Aires es una de las ciudades más completas del mundo", señala la revista *Atlántida* (Núm. 433, 29 de julio de 1926), en una nota que incluye "Los progresos de la edificación en Buenos Aires", "La contribución de las autoridades al progreso y al embellecimiento de la ciudad", y caricaturas de arquitectos conocidos, por el dibujante Verona.

"Historia de una gran arteria metropolitana. Cómo se ha convertido en centro de actividades nuestra Avenida de Mayo", publica *La Razón* (22 de enero de 1926), comentando las tareas pendientes: "Nueve huecos tenemos en la Avenida de Mayo. ¿Cuándo desaparecerá el último? Ese día podrá decirse que la Avenida de Mayo está terminada. Desde su inauguración oficial, el 9 de julio de 1894, hasta el día, han pasado más de 31 años y sépase el tiempo que pasará todavía hasta que se llenen los nueve claros. [...] La tierra era barata, la mano de obra más barata todavía. Cien pesos por la vara cuadrada sobre la avenida era un precio exorbitante. Los albañiles trabajaban de sol a sol por dos pesos. El ladrillo no costaba casi nada. Lo mismo los demás materiales de construcción. Con poco dinero se podía intentar una obra en la avenida, y así fue como la edificación no se hizo esperar. Hoy ocurre todo lo contrario. Cada nuevo edificio cuesta más que el anteriormente construido y para hacerlo hacen falta millones. ¿Y el valor de la vara cuadrada? ¿Y la mano de obra? Odiosas resultan las comparaciones de una época a otra, pero, a poco que se piense justifican los hechos."

En 1926 se organizan los concursos del Concejo Deliberante y del Banco Hipotecario. Alejandro Virasoro concluye la Casa del Teatro; Alejandro Christophersen, avanza con el edificio para Fernando Estrugamou y en el proyecto para el santuario de Santa Rosa de Lima, obra completada en 1933 (románico bizantino). Héctor Ayerza comienza el 18 de noviembre con la obra del edificio para el Concejo Deliberante de Buenos Aires, inaugurado el 3 de octubre de 1931. Jorge Bunge diseña y construye la fachada para el edificio de la firma importadora H. Grenier, en avenida Leandro N. Alem 621/39.

En julio, se inaugura el monumento a Dorrego, obra de Rogelio Yrurtia. En octubre, el monumento al general Carlos de Alvear, por el escultor francés Antoine Bourdelle.

En 1926 se difunde *Teoría estética*, del arquitecto Martín Noel, quien el año anterior había dirigido el Plan de la Comisión Estética Edilicia de la Ciudad de Buenos Aires. Noel publica en 1926 *Fundamentos para una estética nacional. Contribución a la historia de la arquitectura hispano-americana.*

De esa obra, se imprimieron en los talleres Rodríguez Giles, 1.000 ejemplares: 2 en papel del Japón Shiduotka numerados 1 y 2, y los restantes en papel Chamois especial, cuya numeración es del 3 al 1.000.

El capítulo V, "Sobre el concepto del nacionalismo en el arte. La tradición como fuente de personalidad artística", destaca que "cuando llegamos al mundo de la literatura y particularmente de la arquitectura, la tradición y el nacionalismo *cobran el aspecto de una segunda naturaleza.*"

Sobre *Fundamentos*, de Noel, dijo *La Razón* (13 de septiembre de 1926): "No puede ser más completa y unida esta contribución al estudio de la arquitectura hispano-americana."

No es en ninguna forma una profesión para nadie

El Primer Salón Universitario de Artistas Argentinos, organizado por la Universidad Nacional de La Plata, durante la presidencia de Benito Nazar Anchorena, "alma de la exposición", fue inaugurado a fines de noviembre de 1925 (el grupo de la revista *Valoraciones* participó de la organización). Fueron expuestas 160 telas y 32 esculturas. Entre los artistas participantes se contaron Gutero, Fader, de la Cárcova, Alice, Bermúdez, Butler, Pettoruti, Malanca, Malinverno, Riganelli, Spilimbergo y otros. La muestra fue presentada durante dos semanas en los salones de Amigos del Arte, en Madrid, contando con la visita del Rey Alfonso XIII.

"El 19 de febrero se inaugurará en Madrid, el Salón de Pintura de artistas argentinos", tituló *Última Hora*, en su edición del 29 de enero de 1926, al presentar un reportaje al pintor tucumano Alfredo Gramajo Gutiérrez, en su casa de la calle Perú, en La Plata. El artista presentaba cinco obras: *El bautismo* (tríptico: *La ceremonia, La vuelta de la ceremonia, La fiesta*), *Un entierro en mi pueblo, Los promesantes de la virgen, La Celestina* y *El mercado de Añatuya*.

"El verdadero interés", declara Gramajo Gutiérrez, "reside en el pueblo mismo, en la manera como se desenvuelve con sus costumbres características toda esa multitud de seres pobres y humildes, aferrada a sus tradiciones y que se aparta de quienes no la comprenden como de seres ajenos a su modo de ser. Por eso para mí tienen el encanto de lo realmente autóctono, de lo que con el avance de la civilización irá desapareciendo poco a poco y que solamente así se podrá conservar para el futuro. [...] Hace 19 años que soy empleado de los Ferrocarriles del Estado. Sin ese puesto no hubiera podido nunca hacer nada. Él es el que me ayuda a vivir. Además, como usted sabrá, soy casado y tengo un hijo a quien necesito alimentar. Y la pintura, hoy por hoy, no es en ninguna forma una profesión para nadie. Mi ambición, como la de todo artista, es hacer obra buena. Pero para ello, necesitamos que se nos ayude y aquí desgraciadamente ni el público ni el Estado comprende todo lo que representa para un pintor sincero el dedicarse sin otras preocupaciones al arte de la pintura."

La Razón (25 de marzo de 1926) reproduce una nota del crítico Juan de la Encina, publicada en *La Voz*, de Madrid: "No sé si la Universidad de La Plata ha hecho bien o mal en enviar a Europa la colección de pinturas, esculturas y grabados que expone estos días en el Salón de Los Amigos del Arte; pero de lo que sí estoy seguro es que esta exposición ha debido de producir unas cuantas desilusiones. Los artistas argentinos que anteriormente habían discurrido por Madrid hacían esperar que al aparecer en grupo y patrocinados por un importante organismo oficial argentino, cual es la Universidad de La Plata, presentaran un conjunto de obras de más alta calidad y rango de los que, en términos generales, pueden asignarse a las obras expuestas en el salón de Los Amigos del Arte.
"Cabe, ante estas obras, una pregunta: el arte argentino, ¿está en esta exposición totalmente representado, o faltan aquí autores y zonas importantes de ese arte? No he estado nunca en la Argentina, ni conozco más arte argentino que el que he visto desfilar por Madrid; pero un buen amigo, argentino de nación, me asegura que la exposición de la Universidad de La Plata no da la medida, ni mucho menos, de lo que actualmente significa el arte argentino. Por mi parte, quiero creerlo así, y tengo para ello mis razones. Recuerdo que en los años terribles de la gran guerra se celebró en uno de los locales del Palace una exposición de pintores argentinos que venían de París, y esa exposición, que despertó la vena chancera de algunos

críticos acéfalos, producía un efecto excelente y mostraba más a las claras las inquietudes, propósitos y logros de los artistas del Plata.

"Es muy probable que en la Argentina, país nuevo, suceda ni más ni menos que en los países viejos. Allí, como aquí, como en todas partes, habrá sus luchas y peleas entre antiguos y modernos, entre los que tienen más o menos consolidada su situación y los que van a la busca del vellocino de oro, que con frecuencia no pasa de ser vellocino de humo o de paja; y así, bien pudiera haber sucedido que el criterio inspirador y rector de esta exposición pertenezca al consolidado oficial, y de ahí sus desigualdades, sus achaques y sus quiebras. Por lo menos, creo que puede asegurarse que no ha sido un criterio de selección rigurosa quien ha presidido su formación. De haber acontecido así, la exposición de la Universidad de La Plata se hubiera reducido a una simple sala, y con ello dicho, sea con franqueza, poco o nada tendría que perder. Se reduciría la cantidad considerablemente; pero la calidad ganaría al perder el cotejo de tanta mediocridad.

"Veamos, pues, las obras y autores de esta sala hipotética. Seleccionando en la actual exposición, la formarían: Guttero, Guido, Gramajo Gutiérrez, Riganelli, Butler, Bernareggi, Tapia, Italo Botti, Riccio y dos o tres figuras más. De ese grupo, entresacaría aún cuatro nombres y les daría los lugares predilectos: Guttero, Guido, Gramajo Gutiérrez y el padre Butler. Menos Gramajo, los otros tres han expuesto ya en Madrid antes de la actual exposición."

Juan de la Encina se refiere en particular a todos los artistas mencionados en la "sala hipotética", y concluye: "Los deberes de hospitalidad al hispanoamericanismo que nos visita y nos honra con su gentileza no pueden llevarnos, en casos como este, a suspender nuestra habitual actitud crítica. Consideraría, por mi parte, como una falta de respeto y consideración hacia los artistas argentinos, entre los que tengo buenos amigos, el celarles, en virtud de no sé qué consideraciones de orden político, a las que soy ajeno, mis opiniones favorables o adversas a su arte. La mayor muestra de simpatía y consideración que puedo darles es ésta de mi sinceridad." El diario reproduce las obras *El niño del huaco*, de Jorge Bermúdez; *La niña de la rosa*, de Alfredo Guido; *Tarde*, de Tito Cittadini.

El crítico De José Francés (de la Real Academia de Bellas Artes de San Fernando), escribió especialmente para *La Razón*: "El arte en España. La exposición de artistas argentinos": "Bienvenida sea la exhibición circulante de la Universidad de La Plata, con su valor relativo y no absoluto; con su parcial visión de la totalidad que abarcaremos en un futuro próximo. La Universidad de La Plata ha hecho seguramente cuanto ha podido; pero el reconocerlo hidalgamente no nos impide afirmar que dista de reunir bajo su prestigiosa autoridad, todo cuanto hoy significa el arte argentino. Es el Salón Universitario anual, trasladado a Europa y en tal concepto debe ser entendido. Exigirles más sería injusto e improcedente. Agradecerles, sí, que una institución eminentemente científica demuestre interesarse por las bellas artes hasta el punto que lo hace. [...] Se ve que el argentinismo de estos pintores y escultores traídos por la Universidad de La Plata no está solamente en el carácter nacionalista de temas, ambientes, tipos, costumbres y fondos de naturaleza americano, sino en algo más íntimo, más diluido en la entraña de las aparentemente antagónicas producciones sometidas para una mirada frívola a escuelas francesas, italianas, alemanas o españolas. [...] Los artistas argentinos [...] no se obstinan exclusivamente en los espectáculos, los rostros y los paisajes urbanos o campesinos de su patria. No se someten sistemáticamente al ayer por el ayer, ni aspiran al mañana por la iconoclástica grata a los impacientes de futuro. [...] De la pluralidad producto de tantos fuertes e individuales temperamentos, es de donde deducimos la fe decidida, la que llamaríamos *personalidad jurídica* con derecho a intervenir en el arte de hoy que muestran los pintores, los escultores y los grabadores argentinos." [*La Razón*, 25 de marzo de 1926].

La muestra pasó a París. *La Razón* le dedica entonces una nueva nota, que lleva la firma del crítico Camille Pitollet: "Lo que impera es por cierto una tradición académica de buena ley. [...] El amigo que nos acompañaba en nuestra visita nos afirmó que en Buenos Aires alcanzan los paisajes de don Fernando Fader unos precios que oscilan entre los 100.000 y 150.000 francos. Si resulta verdad tal afirmación, debemos confesar que maravilla no poco aquella predilección de los bonaerenses, pues de seguro en París no se pagarían tan crecidas cantidades en una venta pública para lienzos como los que vimos aquí. Mas en cambio, los *Indios* de don José Antonio Terry; las *Bañadoras* y el *Desnudo* de don Alfredo Guttero –el cual nos ha parecido inspirarse en André Lohte– poseen una virtud de seducción evidente y por lo que al señor Guttero se refiere, están dotados de un bello ritmo de coloración. El que, sin género de duda, lleva la palma, empero, es el señor Gramajo Gutiérrez, verdadero *imagier* del pueblo, pintor costumbrista del campo, que sabe cual nadie hacer cantar los más agudos tonos." Pitollet elogia en la parte final a Quinquela Martín quien había expuesto obras en el Luxemburgo [*La Razón*, 16 de abril de 1926].

Nicolás Besio Moreno informa en la Sociedad de Artistas Argentinos sobre el resultado de la exposición Universidad de La Plata, de la cual operó como comisario general Víctor Torrini: "Dijo que en España, el conjunto obtuvo el más franco de los éxitos, lo mismo que en París y Venecia, donde la manifestación artística argentina encontró un decidido apoyo de parte de nuestros representantes, de la crítica y del público." [*La Razón*, 30 de agosto de 1926].

La brutalidad, para mí, es el símbolo del carácter

"Durante mi permanencia en París –declara Benito Quinquela Martín– frecuenté un tiempo, aunque no mucho, el café de la Rotonde, en Montparnasse, donde se reunía una peña de artistas futuristas. Y como yo tenía curiosidad por conocer de cerca a aquellos proselitistas del futurismo, escuela que todavía gozaba de cierta boga, me hice pasar entre ellos, por futurista. Les hacía dibujos raros, y ellos los encontraban estupendos. Cuanto más absurdos, más estupendos les parecían. [...] Encontraron en mí grandes facultades para pintar hacia adentro, como ellos preconizaban, y no hacia afuera, aunque en realidad la mayor parte de aquellos futuristas de la Rotonde no pintaban ni hacia afuera ni hacia adentro. Descubrí que todos ellos eran víctimas de los museos. Como no se sentían capaces de seguir las huellas de los grandes maestros de la pintura, ni de crear la propia, se refugiaban en la extravagancia y el disparate. La grandeza de los museos los había achicado, destruido, y buscaban otra cosa distinta, que a veces, sin embargo, suelen encontrar los artistas de talento. Unos pocos artistas de esta última clase fueron los que iniciaron el futurismo, que después sólo fue seguido por los incapaces. La muerte del futurismo como escuela fue que no pudo sacar nada de sus discípulos y muy poco de sus maestros. Así se lo dije a Marinetti, cuando me lo encontré en París, y en su viaje a Buenos Aires."

Agrega Quinquela: "Mi exposición en París no fue un *affaire* sensacional [...] pero sí un *sucés d'estime*. [...] Días antes de la inauguración conocí al gran escultor Bourdelle en la Sala Charpentier, que fue donde realicé la muestra de mis cuadros. [...] La exposición tuvo mucha gente y algunos compradores". El Museo de Luxemburgo adquirió el cuadro *Tormenta en el astillero*, y "una dama argentina, doña Juana González de Devoto", adquirió *Día de sol en la Boca*; "otros argentinos ricos en París compraron obras mías, que fueron adquiridas también por distintas personalidades francesas y de otros países europeos y americanos".

Quinquela refiere que durante su estadía en París, se le ofrecieron dos banquetes: uno, "de carácter popular, a seis francos el cubierto", al que asistieron "mis colegas futuristas de Montparnasse y demás bohemios del arte y de las letras, que fui conociendo en París"; el otro, "a sesenta francos per capita", ofrecido por la colectividad argentina en la capital de Francia, encabezada por el embajador Álvarez de Toledo, y con la presencia de Saturnino Unzué y su esposa, Inés Dorrego (quien había sido presidenta de la Sociedad de Beneficencia de Buenos Aires), Silvano Crotto, Luis Bemberg, Leguizamón Pondal, Drago, Saubidet, Bengolea, Quirno Costa... En el discurso de agradecimiento, el maestro boquense dijo: "Mi viaje a Francia se debe al presidente Alvear, que simpatizó con mi obra y quiso que la presentara al juicio de París".

Al respecto, añade Quinquela: "Llegué a Buenos Aires en junio de 1926, y en seguida de mi llegada recibí una tarjeta del presidente Alvear, diciéndome que deseaba verme pronto, para recibir directamente las impresiones de mi triunfo en París". Alvear "reanudó sus visitas a mi estudio, del que era asiduo concurrente." [Andrés Muñoz, *Vida novelesca de Quinquela Martín*, capítulo XVII "La conquista de París"].

La Razón (28 de junio de 1926) publicó "Una conversación con el pintor Quinquela Martín", a poco de su regreso a Buenos Aires. El artista se mostró complacido por sus éxitos en Madrid y París: "Definitiva es mi victoria en París, bien ganada por cierto", declaró, explicando a continuación: "No encontraba atelier ni local donde realizar mi exposición. [...] Fue el ministro argentino, Álvarez de Toledo, quien me consiguió una sala para exhibir mis cuadros, mientras yo me relacionaba con artistas, escritores y miembros de la política y la sociedad francesa, a los cuales poco a poco hice conocer mi arte". Señala que mantuvo trato con el viejo pintor Besnard, y que a la inauguración de su muestra concurrió el escultor Bourdelle "acompañado de dos discípulos, se me acercó para felicitarme calurosamente por mis cuadros, en los que advertía *algo completamente nuevo*". A modo de cierre de esa parte del reportaje, dice Quinquela: "Vendí 20 cuadros por valor de 300.000 francos".

"El movimiento artístico francés –continúa Quinquela– lo forman los extranjeros, en particular los rusos, holandeses y japoneses". Cita al escultor cubista Landoski, y a los pintores Van Dongen y Foujita. Picasso "es un inquieto que sorprende y se aparta de la rutina. [...] Entre los franceses, Matisse, Lucien Simon, Henri Martin y otros cuantos ya dieron lo que podían dar y no figuran en el momento. Son fabricantes de cuadros contratados por empresarios. El estrago actual lo causa la mala influencia de Cézanne. Cézanne no ha traído nada nuevo, *es un cuento*, una verdadera mistificación, un realista vulgar que repite la tonalidad de Pissarro o de Sisley, en masas pesadas y duras; en su obra el aire no existe. En cambio, ¡cómo vivimos en las obras de Manet o en los paisajes de Monet! [...] El futurismo pictórico es una expresión de alucinados. He conocido varios alcoholistas y morfinómanos que *hacían* futurismo [...]. Lo que se impone es el cubismo en escultura, expresión de grandes masas ligada íntimamente con la arquitectura. [...] En las horas de sol existen los contrastes poderosos que me interesan.

[...] Prefiero antes que nada la fuerza, y con ella llego hasta la brutalidad, porque la brutalidad, para mí, es el símbolo del carácter."

En la noche del 19 de julio, la sociedad Estímulo de Bellas Artes, presidida por Eduardo Quintana, quien se ubicó en la cabecera de la mesa con el Ministro de Instrucción Pública, Antonio Sagarna, y el presidente de la Cámara de Diputados de la Nación, Sussini, ofreció una comida a Quinquela Martín en el restaurante Sportman. Entre los comensales se contaron: Fernando Fader, Alberto Lagos, Facio Hébecquer, José León Suárez, Pío Collivadino, Riganelli, Juan de Dios Filiberto, Fausto Coppini, Atilio Chiapori. Se le entregó al ministro Sagarna un libro sobre Quinquela recientemente editado [*La Razón*, 20 de julio de 1926; también *La Razón*, en su edición del 21 de julio de 1926, publicó la nota de André Ibels, "Benito Quinquela Martín. El pintor argentino regresa a Buenos Aires, cargado de laureles franceses y después de recibir *le baiser de París*"].

El pintor Emilio Caraffa, fundador de la Academia de Bellas Artes de Córdoba, a su regreso de Europa (donde visitó Italia, París, Bruselas, Amberes, La Haya, Ámsterdam, Berlín, Viena) respondió a *La Razón* (30 de junio de 1926):

"–¿Triunfan los modernistas?

"–Un fracaso completo, absoluto, indiscutible. Salvo excepciones, los jóvenes modernistas resultan desastrosos. El futurismo, el cubismo, y los demás *ismos* son fuegos artificiales. Son espasmos juveniles que buscan novedad en todo sentido, menos en el más común de los sentidos: el sentido común.

"[De los futuristas] ninguno ha llegado a la belleza de los borrachos de Velázquez, ni a nada del Greco, ni de Goya, ni de Rubens, ni de Tiziano. Como aguafuertistas, ninguno supera a Fortuny... Además, los futuristas no encuentran quien les compre o encargue un cuadro. Cuando se quiere un buen retrato, no se acude a los modernistas sin sentido común. Se busca una paleta serena, noble, basada en las reglas inmortales del arte que no deforma la naturaleza. El futurismo pertenece al reino de la caricatura."

Remata Caraffa: "Quiero contribuir con el clásico granito de arena a pelear contra la corriente malsana que intenta introducir en nuestro ambiente artístico argentino, una atmósfera de manicomio."

Carlos Ocampo presenta en la nota "Una colmena de artistas", a la Escuela Nacional de Bellas Artes, dirigida por Ernesto de la Cárcova, que había sido trasladada por entonces a la zona del balneario municipal. Declara el maestro de *Sin pan y sin trabajo*: "Quiero dotar a mi país de una verdadera escuela superior de arte, a la manera de las existentes en todos los países europeos. Es tan necesario todo esto para el artista de mañana, como su misma vocación." [*El Suplemento*, Núm. 156, 2 de junio de 1926].

A conocer el medio

Antonio Sibellino compuso, en 1926, su obra *Crepúsculo*, considerada la primera escultura abstracta realizada en América [Abelardo Arias, *Ubicación de la escultura argentina en el siglo XX*, Ediciones Culturales Argentinas, 1962].

Fernando Fader expone en la reapertura del Salón Müller. El crítico Julio Payró, en las páginas de *La Nación*, señala que su obra "se contiene en algo que está en el asunto, pero no es el asunto limitado a sus formas descriptivas". Según *La Prensa*: "Como provisto de poderes desconocidos, hace fluir de la superficie del cuadro los elementos invisibles del paisaje [...] dijérase que ha querido pintar el silencio."

Desde su aislamiento en Loza Corral, declara Fader: "Los pintores de la ciudad creen que pintar un paisaje es venir a estos lugares, plantar de inmediato el caballete y ponerse a pintar. La naturaleza no se entrega de inmediato. Y el paisaje no sólo se ve, sino que también se conoce. Para mis cuadros me he dedicado durante años a conocer el medio. [...] Antes de pintar la tierra la he arado: más de una vez he interrumpido mi trabajo de pintor para tomar el arado y removerla. El vapor que se levanta de la tierra recién abierta es también un elemento del paisaje. [...] Nuestra tierra, en su inmensidad, es inmensamente sola y silenciosa. Quien haya andado años de su vida en sus campos y sierras, con una emoción que exceda al nivel común, puede advertirlo. Esa soledad y ese silencio caen en el alma y la nutren. Y ya no se necesita ni la cercanía de gentes ni el sonido de la voz humana. Mi obra pictórica encierra esa característica de nuestra tierra." [Antonio Lascano González, *Fernando Fader*, Ediciones Culturales Argentinas, 1966].

Carlos P. Ripamonte, director de la Academia Nacional preparatoria de Bellas Artes, y miembro de la Comisión Nacional de Bellas Artes, publica *Janus. Consideraciones y reflexiones artísticas* (M. Gleizer, 1926). En "Conclusiones" escribe: "En el espacio que cuenta los cuarenta años del principio de nuestra renovación cultural, entró al país la *Diana sorprendida*, de Lefévre; la *Diana* de Falguiére, que está en el Jockey Club, y *La femme au toureau* de Roll, que es riqueza merecedora de nuestro museo, introducidas por el Dr. Aristóbulo del Valle para recreo superior de su talentoso actuar, exhortando la morada en que nutrió su mente privilegiada. [...] El porvenir está ya en nuestras manos. Es fruto que madura en el árbol de la nacionalidad". Rechaza las actitudes de vanguardia, y elogia la renovación de la pintura académica, destacando la obra de Quinquela, Collivadino, Fader, Quirós.

La Comisión Nacional de Bellas Artes publica *Jorge Bermúdez. Homenaje a la memoria* (Peuser, 1926).

Pedro Figari dicta la conferencia "Hacia el mejor arte de América", dicha el 26 de junio de 1926, en el Instituto Popular de Conferencias, del diario *La Prensa*, a la sazón dirigido por Carlos Ibarguren, quien presentó al orador [Incluida en *Anales del Instituto Popular de Conferencias*, diario *La Prensa*, 1926].

El artista proclama en la parte final: "En este continente, tendidos nuestros puentes recíprocamente a los cuatro vientos, aparecerá un inquieto deseo incognoscitivo, y podremos inaugurar una vida nueva y llena de perspectivas gratas, la que no precisa acudir al *camouflage* de las fiestas para disimular una real indiferencia, porque ésta será sustituida por convicciones, todas superiores como ciertas; por sentimientos, todos sensibles como legítimos. [...] Así como cupo a la Argentina el honor de desempeñar un papel prominente de iniciación y de amplia política continental en los fastos de la epopeya americana, la que va agigantándose en el concepto humano a medida que pasa el tiempo, lo propio que la ínclita figura del gran San Martín, así le correspondería una misión análoga e igualmente gloriosa, a la Argentina, en lo que podríamos llamar la epopeya orgánica, pacífica, tendiente a emancipar la conciencia de América y al plasmarla autónoma: lo cual es también libertad y es dignidad también. Confío en que los que creen en la eficiencia de América, harán prosperar esta iniciativa según merece.

Ernesto Palacio publica "La inspiración y la gracia", en *La Nación*, 31 de octubre de 1926, nota que sería incluida en el libro que bajo ese título publicaría en 1929 con el sello editorial de Gleizer.

José León Pagano se ocupa de "Lo nacional en el arte", en *Revista de Filosofía*, Núm. 7, correspondiente a noviembre de 1926.

Atilio Chiappori traza un deplorable panorama del arte moderno en Buenos Aires en "Consideraciones sobre el movimiento artístico del año", publicada en *Mundo Argentino* (Núm. 831, del 22 de diciembre de 1926).

En materia de crítica de arte, es importante señalar a Alfredo Chiabra Acosta (Atalaya), quien colaboró en el suplemento de *La Protesta* (1924-1928) y en *La campana de palo* (segunda época, septiembre de 1926 a septiembre-octubre de 1927), en la cual publicaron notas Luis Falcini, Carlos Giambiagi, Juan Carlos Paz, Carlos Astrada, Florencio Escardó. Fallecido el 5 de septiembre de 1932, dos años más tarde, sus amigos editaron como homenaje póstumo algunas de sus críticas del período 1920 a 1932.

Benito Marinetti publica en *El Diario* (19 de junio de 1926) la nota "Los cuadros futuristas de Pettoruti". El gobernador de Córdoba, el conservador Ramón Cárcano, adquirió el cuadro *Los bailarines* para el Museo Provincial de Bellas Artes, decisión criticada por el diario pro radical *La Voz del Interior*: "El gobierno ha comprado mil pesos de futurismo [...] esto indica toda una depredación de las revistas del pueblo y una injuria a los jóvenes artistas de Córdoba."

Juan del Prete expuso en Amigos del Arte. También Norah Borges: fue su primera muestra en Buenos Aires, y la comentó Augusto Mario Delfino en *El Diario* (23 de octubre de 1926): "Tiene en sus trabajos claros espejos subjetivos: realiza ante ellos una nueva coquetería: la coquetería del alma."

"La Peña", Agrupación de Gente de Artes y Letras, publica la carpeta *Aguafuertes argentinas*, que contiene obras de: Eduardo Sívori, Emilio C. Abrelo, Alfonso Bosco, Eneas Spilimbergo, Alfredo Guido, Ceferino Carnacini, Raúl C. Prieto, Luis Cordiviola, Mario Corretger, Higinio Montini, Eduardo Sívori, Eduardo Tartaglione, Adolfo Montero, Edro Deluchi, E. Requena Escalada, Esteban Quaintenne, Pío Collivadino, Pablo Molinari, Abraham Vigo, Guillermo Facio Hebecquer, Esteban Mira Cató, Lorenzo Gigli, Adolfo Bellocq, Mario Canale, José Arato, Otilia Guzzeti, Américo Panozzi, Ramón Silva, Benedicto Massino, Catalina

Mórtola de Bianchi, Rodolfo Franco, Pablo Tosto, Higinio Montin.

En la Noticia, ubicada en la página donde se detalla la Nómina de Autores y Trabajos, se dice: "La Agrupación de Gente de Artes y Letras pretende con la edición que el lector tiene ahora en sus manos, prolongar el valor artístico de la exposición de aguafuertes realizada en su salón durante el mes de enero de 1927 y que fue calificada como la más orgánica y completa de cuantas pudo ver en el país el amante de tal procedimiento. El mismo criterio de valoración –artístico e histórico– ha gobernado la presente selección en libro, con lo cual conseguimos mostrar la evolución del aguafuerte en el país, desde los primeros trabajos, hasta las obras llenas de méritos o esperanzas de los artistas últimamente llegados. No nos hubiera sido posible llevar a cabo tan interesante obra de divulgación artística sin la generosa colaboración de nuestro gran diario *La Prensa*, que nos ha proporcionado gratuitamente las planchas necesarias para la impresión de este álbum."

En la carpeta se incluye el ensayo de Daniel Marcos Agrelo, "Los orígenes del aguafuerte en la República Argentina".

Cabe a esta altura apuntar siquiera la relevancia y la calidad que importaba el uso del grabado en las ediciones de los libros y revistas de la época.

Nuevamente enfrentará al campeón del mundo

Charles Chaplin, Rodolfo Valentino, Lon Chaney, Douglas Fairbanks predominaron entre los favoritos del público porteño en materia de cinematografía.

"Chaplin puede ser considerado como el verdadero mimo del cinematógrafo –se cita a modo ejemplo de *Última Hora* (3 de enero de 1926)–. Posee un vocabulario de gestos tan completo, que la ausencia de titulares en sus films no sería ningún obstáculo para la comprensión de las situaciones. [...] Habla con los objetos, con cualquier cosa que le venga a la mano: una flor, un sombrero, un rodillo de pastelería, una horquilla."

En el ámbito de la producción nacional, vale rescatar la apuesta al boxeador Luis Ángel Firpo por la Cinematografía Valle.

"La preocupación principal de los grandes productores ha consistido siempre en lograr la popularización de un hombre, en forma tal, que por sí solo atrajera la atención de las masas. La Cinematografía Valle encontró en Luis Ángel Firpo, diríamos, todo el campo sembrado", señaló *La Razón* (24 de marzo de 1926).

El film se tituló, con cierta obviedad, *La vuelta del Toro Salvaje*. Bajo la dirección del italiano Carlo Campogalliani, actuaron, además de Firpo, Norah Montalbán, James Douglas y el niño Roberto Devita.

El argumento de *La vuelta*, giraba en torno del esperado regreso del púgil a los rings del mundo.

Los Sauces, pintoresca estancia, es el plácido refugio en que Luis Gelán vive en compañía de su bella esposa Isabel, y su pequeño hijo Botija. Gelán no es otro que *El Toro Salvaje*, el célebre pugilista mundial por su rápida y gloriosa carrera. Por amor a Isabel Gelán abandonó el ring y fue a buscar en la paz del campo la felicidad y el olvido.

Bob Jackson, su antiguo sparring, abandonó también su profesión y vive aguardando la oportunidad que obligue a Gelán a calzar los guantes de batalla y de la fama. Mientras llega su hora, Bob promueve peleas con los chiquilines de las chacras vecinas, entre quienes Botija, a pesar de su corta edad, detenta el campeonato. La baja del ganado hace difícil la situación de Gelán. En esas circunstancias, el pequeño pueblo se conmueve ante la llegada de Pedro Arias, que detenta el campeonato sudamericano y que llega a Los Sauces en espera de que algún pobre diablo, por unos pocos pesos, se anime a caer bajos sus fuertes puños.

Acompañan al púgil, Henry Duval, manager, y su dama, antes Margarita Pérez, ahora Margot Duval. Gelán ha perdido casi toda la hacienda. Viendo en esas circunstancias el desafío del campeón que ofrece una fuerte suma a quien le resista tres rounds, en la esperanza de conseguir una prórroga, Gelán se dirige al Banco del lugar en compañía de su mujer y de su pequeño hijo.

Mientras tanto, el pequeño Botija, jugando con la pelota ha provocado la ira de Arias, quien se dedicaba a conquistar a dos chicas, quienes, al ver que el juguete del niño da en pleno rostro al presumido campeón, largan una carcajada. Arias, que ha quedado en ridículo, toma al pequeño Botija de un brazo y lo arroja fuertemente contra el suelo. El rudo golpe ha ocasionado una seria lesión interna al niño. Trasladado al hospital, el médico dice que es necesario llevarlo a Buenos Aires. Recurre en esa situación angustiosa a un antiguo amigo, quien le contesta: "Para el Toro Salvaje tuve mi corazón y mi bolsa; para el mendigo campero, ni lo uno ni lo otro".

Gelán recuerda que ha prometido que no volverá a calzar los guantes, pero es la vida de su hijo y consigue de su esposa la liberación del juramento. Firma con el manager de Arias el contrato de la pelea. Arias, al darse cuenta de la personalidad del contrincante, amenaza matar a Duval si no evita el match, cosa que este último asegura. Contrata entonces a varios maleantes, quienes, momentos antes de la pelea, secuestran al Toro Salvaje. La artimaña da resultado. Empero, Gelán, después de una ruda batalla contra los maleantes, consigue escapar, llegando al ring en el preciso instante en que su contrincante decía que había huido, acobardado, sin duda, por su fuerza.

Obligado a subir al ring, Arias comienza la pelea. A pesar de su cobardía, es un excelente boxeador y derriba dos veces a Gelán, quien falto de entrenamiento, apesadumbrado por los acontecimientos, parece puesto a rendirse de un momento a otro. En esos momentos llega al ring su esposa, quien le dice que Arias es el hombre que malhirió a Botija. Gelán se transforma en el Toro Salvaje. Su rostro adquiere la expresión de la rudeza y decisión características y ferozmente propina una paliza al heridor de su hijo, que se defiende desesperadamente. Varios rounds dura la pelea, hasta que Arias cae pesadamente. Gelán venció.

Mientras tanto, Duval ha pretendido apoderarse del dinero del premio, pero Bob, vigilante, evita el latrocinio. Isabel, mientras tanto, piensa que el box permitirá la salvación de su hijo. Abraza a su esposo, que vuelve a ser el Toro Salvaje, dirigiéndose a Estados Unidos, donde nuevamente enfrentará al campeón del mundo [*Última Hora*, 20 de marzo de 1926].

De *La Película. Semanario Cinematográfico Sudamericano De Paramount Pictures*, vale rescatar tres grande avisos:
"DINERO – DINERO – DINERO – DINERO
"Eso es para todos los exhibidores del país
"Nuestra película
"LA VUELTA DEL TORO SALVAJE
"Cinedrama campero interpretado por el campeón
"LUIS ÁNGEL FIRPO
"La mayor atracción de la temporada de 1926
"Pida Usted fecha y extenderemos un cheque a su orden
"Cinematografía Valle – Suipacha 750 – Buenos Aires"
[*La Película*, Núm. 497, 1º de abril de 1926].

"Con un éxito rotundo se ha estrenado
"en los cines Callao, Mignon, Alvear
"LA VUELTA DEL TORO SALVAJE
"Cinedrama nacional que interpreta
"LUIS ÁNGEL FIRPO
"La mejor producción artística presentada hasta ahora
"SEÑOR EMPRESARIO: Programar *La vuelta del Toro Salvaje* significa hacer obra patriótica, difundiendo la BUENA producción nacional.
"Cinematografía Valle – Suipacha 750 – Buenos Aires."
[*La Película*, Núm. 499, 15 de abril de 1926].

"Firpo...! Ja... ja... ja...!

"No deje de programar el comentario humorístico de la vida, milagros y andanzas del Campeón Máximo, titulada: *Ida y vuelta del Toro*, por el dibujante Cristiani. Tres actos – Media hora de saludable risa. Distribuidores Arco Film – Tucumán 854 – Buenos Aires."
[*La Película*, Núm. 501, 29 de abril de 1926].

En el plano pugilísitico, Firpo parecía seguir soñando con la posibilidad, cada vez más remota, de obtener una nueva oportunidad de combatir por el título mundial de los pesados.

El 3 de abril, Firpo combate contra el campeón de Europa, el italiano Erminio Spalla, en el Parque Romano: triunfo por puntos, en fallo polémico. "Fue una pelea malísima –dice Firpo–, porque yo, por bajar de peso, me debilité mucho. Perdí energías, y fui a pelear sin ninguna de mis dos condiciones que habían sido mis mejores virtudes: la vitalidad y el golpe. Entonces me convencí de que mi peor enemigo iba a ser siempre el peso excesivo y que debía pasar la vida en un entrenamiento perpetuo su quería mantenerme en forma..."
[Horacio Estol, *Vida y combates de Luis Ángel Firpo*, Bell, 1946. Dice en las páginas iniciales: "Y es ésta la verdadera historia de mi vida, tal cual se la relaté a Horacio Estol – L.A.F."]. *Mundo Argentino* (Núm. 795, 14 de abril de 1926) comenta la pelea con un título elocuente: "El derrumbe del ídolo".

A mediados de mayo, el vasco Paulino Uzcudum se consagra nuevo campeón de Europa de los pesos pesados al vencer por puntos a Spalla en la plaza monumental de toros en Barcelona. Esa pelea fue motivo de la segunda transmisión en vivo de la radiofonía española (la primera fue una corrida de toros). Comenzó entonces a especularse con el combate Firpo-Uzcudún en Buenos Aires, en septiembre de 1926.

El campeón Jack Dempsey parecía invencible. En una exhibición realizada en Memphis, el 8 de febrero, noquea a seis oponentes sucesivos en el primer round; en una nueva demostración, el 12 de febrero noquea a cuatro de seis oponentes. Sin embargo, el 23 de septiembre de 1926, luego de siete años de reinado, Dempsey perdió el título ante Gene Tunney, quien lo venció por puntos en 10 rounds. *La Razón* da cuenta de la gran cantidad de público estacionado frente a la sede del diario para seguir por transmisión radiofónica las incidencias del match. Dempsey-Tunney en producción cinematográfica fue un éxito de taquilla en los cines de Buenos Aires.

Además de *La vuelta del Toro Salvaje*, Cinematografía Valle produjo *Entre los hielos de las Orcadas*. Para filmarla hizo entrenar como *cameraman* a un miembro del lejano observatorio, José Manuel Moneta, quien luego de pasar un año en el lugar, volvió con interesante material filmado y con varios relatos sobre los cuales Bustamante montó una simpática historia sobre una familia de pingüinos.

"La misma tarde en que la película quedó completada, en 1926, estalló el incendio que destruyó la Cinematografía Valle. El único comentario de Moneta fue: '¡Zas! Otro año en las Orcadas'. Y, efectivamente, volvió al remoto islote helado y, más experto que antes, trajo un film mejor." [Di Núblila, *Historia del cine argentino I*, Cruz de Malta, 1959].

José Manuel Moneta formó parte de cuatro expediciones argentinas de las que anualmente eran enviadas a las Orcadas australes, actuando como ayudante en 1923, segundo jefe en 1925, y como jefe en 1927 y 1929. En 1927 fue el primer jefe argentino de las expediciones que sin interrupción habían actuado en las Orcadas desde 1904. El 26 de noviembre de 1926 integró la tercera expedición, la primera compuesta totalmente por argentinos nativos.

"Dos años en el Antártico –escribe Moneta en su libro *Cuatro años en las Orcadas del Sur*– habían sido suficientes para curtirme en aquella vida, en la que las únicas novedades que podía hallar estaban supeditadas a la convivencia con mis camaradas criollos, a la absorción de una gran parte de las horas del día por los trabajos de la instalación radiotelegráfica y el arreglo de todo el instrumental de magnetismo terrestre, cuya marcha había sido interrumpida durante el año precedente. En los momentos de descanso, que estaban limitados a los escasos minutos que permanecíamos sentados en torno a la mesa en la que comíamos, refería a mis camaradas todo lo que conocía sobre las Orcadas, y de ese modo, poco a poco, aquéllos adquirieron su experiencia personal."

José Agustín Ferreyra estrenó, en septiembre de 1926, *La costurerita que dio aquel mal paso*, uno de los 25 films mudos que produjo como autor y director. El argumento fue realizado por Leopoldo Torres Ríos, inspirado en el soneto de Evaristo Carriego. Interpretado por María Turgenova y Felipe Farah, se presentó en el cine Paramount [Folleto *J. A. Ferreyra*, editado por el Centro de Investigaciones de la Historia del Cine, Cinemateca Argentina, para el IV Festival Internacional de Mar del Plata, marzo de 1962; Jorge Miguel Couselo, *El negro Ferreyra, un cine por instinto*, Freeland, 1969].

Otros estrenos nacionales del año 1926 fueron: *Muchachita de Chiclana*, producción de José A. Ferreyra y Emilio Peruzzi para Cinematográfica del Plata. También interpretada por María Turgenova, fue estrenada en octubre en el cine Alvear. Se acompañaba con la ejecución del tango *Muchachitas de Chiclana*, letra de José A. Ferreyra, música de Anselmo Aieta, inspirado en el film. También, *La vuelta al bulín*. Interpretado por Álvaro Escobar. Se exhibía integrando un espectáculo de dicho actor, con monólogos y estampas de tango.

Con idéntico sentido de subversión

"Un éxito sin precedentes
"Exhiba en su sala la grandiosa película nacional
"La epopeya del gaucho
"JUAN MOREIRA
"(El último centauro).
"La película que llena todas las salas en estrenos y reprises
"Disponemos de tres copias.
"Distribuidores M. M. Tarizzo – Tucumán 854 – Buenos Aires".

Tal el aviso publicado en *La Película*, Núm. 511, del 18 de julio de 1926.

Alberto Gerchunoff, en *El hombre que habló en la Sorbona*, se refiere al tema en la nota "La vuelta de Juan Moreira": "Juan Moreira ha tenido el destino de todos los héroes legendarios. La imaginación del novelista lo transformó en un tipo heroico al hacer de su vida una fábula distante de lo que fue en el curso de sus hechos ordinarios. Ha sido este el procedimiento con que se transformaron y sublimaron los guerreros de los poemas medioevales."

Gerchunoff lo asocia con los casos de Roland, en Francia; del Cid, en España, para volver al gaucho argentino inmortalizado por Eduardo Gutiérrez: "El escritor que se apoderó del tema, con su instinto profundo del arte popular, optó por modificarlo y por acumular sobre su armazón inconsistente la antipatía que profesaba el pueblo a la Policía de la campaña. Hizo con Juan Moreira un alegato contra el régimen político del interior del país y una protesta contra el espíritu cerril de los que poseían el mando y deprimían con su dominio incontrastable a los que carecían de defensa. El gaucho, desprovisto de apoyo influyente, de privanza ante los que gobernaban, de posición y de riqueza, constituía así el objeto de la expoliación y de la hostilidad, y de eso resultó, no como se cree, una tragedia en que reviven las virtudes sólidas de la tradición y las fuerzas evocadoras del pasado, sino un drama esencialmente anárquico. En efecto, Juan Moreira es un rebelde en una sociedad organizada sobre el privilegio político. Así es como emerge de las distintas situaciones teatralizadas con una ingenuidad bárbara."

Gerchunoff resume las alternativas del argumento y las remata con esta reflexión: "¿En qué se diferencia el drama de Juan Moreira de los dramas actuales de tesis acrática en que se pintan las injusticias del orden político y económico en que vivimos? El mismo asunto, con la simple variación del desarrollo episódico, sirve a los comediógrafos y a los novelistas de Europa y de América para demostrarnos el desequilibrio entre las clases sociales y las desventajas trágicas que presiden la existencia de los que no han sido favorecidos por la fortuna o el prestigio de su nombre. Esos dramas y esas novelas son vituperados sistemáticamente por los que indican el peligro de la propaganda subversiva y quieren llevar la fiscalización de la autoridad a las producciones de la literatura para impedir el advenimiento de las reformas o la expansión del pensamiento activo de los revolucionarios. [...] Juan Moreira se ha convertido así en una creación tendenciosa, adaptada al tipo criollo, y que, en el fondo, oculta el germen de rebeldía y el ímpetu de descontento que extiende la propaganda de acción social. Y si no fuera así carecería en absoluto de competencia para interesar el público."

Concluye Gerchunoff: "¿Qué vinculación tiene ese drama de un rebelde contra la autoridad, que expresa la amarga suerte de los desamparados y de los menesterosos, con el espíritu de la tradición argentina que se ha querido aplaudir en su reaparición en el teatro? Se le da ese significado porque se envuelve la mano en el poncho al sacar su refulgente cuchilla. Es decir, reproduce la desvanecida silueta del gaucho, del antecesor del hombre aluvional de la República que trae al debate el eco de los conflictos universales. ¿Y representa el gaucho, el viejo gaucho de las coplas, una cosa diferente en su esencia? Los poetas que han hallado su inspiración en lo gauchesco han concebido al campesino con idéntico sentido de subversión, o sea de protesta indignada contra la sociedad. El comandante del regimiento llama anarquista a Martín Fierro, el héroe del más admirable poema de América. ¿Y suma el gaucho la tradición argentina, esa tradición que se invoca cada vez que se quiere oponer a la discusión de las cuestiones contemporáneas el ascendiente de la línea ancestral? Los que han construido el país, los que han hecho con su esfuerzo civilizador una norma social, una democracia, un sistema estable, fueron los adversarios continuos del gaucho. Su empeño consistió en despojarlo de sus características de persona inasimilable al progreso. Mitre, Sarmiento, Vicente López, fueron los antigauchos, los europeizantes, los que aspiraban a substituir la anarquía selvática de la montonera con la noción del régimen coordinado. Trajeron a las luchas del país los debates de Europa, las instituciones de los Estados que habían extirpado en su estructura los nervios de la incoherencia anárquica. Y hoy llamamos la atención sobre el gaucho quimérico para distraernos de los conflictos mundiales. Es una tentativa inútil porque la Argentina, que se forma con un designio de civilización universal, no podrá retroceder al gaucho, a lo primitivo, a lo que confina en la confusión, sin renunciar a su porvenir y sin sacrificar la obra de un siglo, que concentra su tradición mejor en la historia de sus varones ejemplares, los que libraron por espacio de media centuria la batalla incesante contra el gauchaje."

La película más grande que se ha hecho hasta la fecha

"EL ACORAZADO POTEMKIN

"Primera película extraordinaria editada por el Soviet Ruso, llega a la Argentina.

"Fue el acontecimiento más sensacional en los cines europeos.

"Una nueva técnica que abrirá rumbos desconocidos al arte cinematográfico mundial.

Distribuida por Juan Probst".

Tales los grandes titulares del aviso a doble página central de *La Película* (Núm. 525, 14 de octubre de 1926).

Dos semanas después, la misma revista informa que después de 22 funciones consecutivas, terminaron las exhibiciones en el Ópera y *El acorazado* "ancló en la rada de los cines del centro, de primera línea".

"Con mucho éxito fue estrenado *El acorazado Potemkin*", señala *Última Hora* (15 de octubre de 1926): "En el teatro de la Ópera fue estrenada ayer la espectacular película *El acorazado Potemkin*, que el señor Juan Probst ofrece al público de esta capital después de haber obtenido la exclusividad para estas interesantes exhibiciones. Desde luego, la película ofrece un aspecto nuevo de la cinematografía, pues *El acorazado Potemkin* no tiene la peculiaridad de presentar artistas previamente consagrados en ases o estrellas. La película que nos ocupa tiene una base altamente histórica. La derrota sufrida por los rusos en la guerra con el Japón." En la parte inferior de la página figura el aviso publicitario del film.

La Razón (16 de octubre de 1926) presentó *El acorazado Potemkin* a toda página con estos titulares: "El acontecimiento artístico del año / Primera gran producción del Soviet / Un reto de Rusia a la Cinematografía Mundial, considerada por la crítica europea como la película más grande que se ha hecho hasta la fecha."

Dicho vespertino dijo, bajo el título "Estrenóse con éxito en la Opera *El acorazado Potemkin*": "Evidentemente, esta cinta está realizada con el propósito de atraer simpatías al nuevo régimen imperante en Rusia, pero hay que reconocer que se ha procedido con gran tacto. No hay en ella nada, a nuestro entender, que pueda chocar los sentimientos patrióticos ni las ideas políticas ni religiosas de nadie; al contrario, es un pueblo, en la cinta, que ama a su patria profundamente y que está cansado de sufrir la tiranía del zarismo.

"La película está plenamente lograda, pues ha sido su propósito el de hacer sentir el dolor de un pueblo, y hay escenas, como la del desfiles de la población de Odesa ante el cadáver del caudillo de la marinería del Potemkin, que es sencillamente formidable, por su grandiosidad escénica, e imponente por la fuerza de su expresión.

"La fotografía es notabilísima, más, si se tiene en cuenta que no ha sido tomada en *studios*, con toda clase de comodidades y recursos técnicos. En la grandiosidad del conjunto surgen los detalles sintéticos, profundamente expresivos. Llevados por su noble afán de hacer vivir al pueblo en la película, cosa como hemos dicho, lograda en conjunto, hay escenas que pierden en intensidad lo que ganan en vastedad, tal por ejemplo, el fusilamiento de la muchedumbre en la monumental escalera de Odesa.

"En resumen, *El acorazado Potemkin* es una película en la que palpita el corazón de un pueblo trágico. Es el mejor elogio que de ella se puede hacer."

El diario *La Argentina* destaca el rol de la fotografía en la realización del gran film soviético: "La labor de los técnicos que han tenido a su cargo la fotografía de la película *El acorazado Potemkin* es simplemente soberbia. No hemos visto nunca fotografía más admirable del mar ni contraluces más perfectos que los usados para presentar la ciudad rusa Odesa. No sólo es buena la fotografía en sí, sino que se la ha usado como un elemento capaz de aumentar las sensaciones que el director se ha propuesto transmitir al público. Alguien ha dicho que el cine es el arte de pintar la luz. Si la definición tiene algo de exacta, cabe afirmar que nunca hasta ahora la fotografía de una película ha tenido la importancia capital que tiene en *El acorazado Potemkin*, que nunca se ha *pintado con luz* como en este film donde para hacer más admirable la labor fotográfica toda la acción transcurre en pleno aire, lo que equivale a decir que no se ha dispuesto de lámparas ni reflectores.

"Si cada escena de *El acorazado Potemkin* es una sorpresa mayor cuando más se entiende la cinematografía, la forma como han trabajado los operadores es tan admirable que merece por sí sola el más caluroso de los aplausos."

El 7 de noviembre de 1926, la Unión de Repúblicas Socialistas Soviéticas entraba en su décimo año de existencia. *La Internacional*, Órgano del Partido Comunista de la Argentina, cuyo lema era "Proletarios de todos los países: ¡uníos!" (se editaba una edición en italiano *Ordine Nuovo*, en dos páginas), en su edición del día 6, afirmaba: "El Estado proletario es hoy imbatible. Su estabilidad y su solidez quedan fuera de duda. Pende siempre, sin duda, la espada damocliana del bloqueo económico o la agresión militar; pero no es menos cierto que la Unión Soviética ha tenido en cuenta lo primero al proponerse la industrialización y que, en cuanto a lo segundo, el pueblo ruso, con la colaboración del proletariado mundial, sabrá defender sus posiciones y resguardar su integridad. En 1917, brotada del fragor de la guerra imperialista, la Unión Soviética fue una esperanza; hoy es la realidad palpable para la clase obrera y campesina rusa y la garantía de la victoria del proletariado internacional. La clase trabajadora de todo el universo festeja alborozada este nuevo aniversario que es el suyo propio, el anticipo del triunfo definitivo en el mundo."

Llevar al espíritu emociones estéticas

El 1º de enero de 1927 apareció la revista *Foto Magazine*, publicación mensual ilustrada consagrada a la fotografía, con la dirección de Gonzalo Pardo, y con la redacción de Blas Giangrestiani. Más tarde se convertiría en el órgano oficial de la Sección Fotográfica de la Sociedad Estímulo de Bellas Artes. La nueva publicación, según dice al presentarse, tras la frustrada experiencia de *Foto Revista*, que había comenzado a publicarse en 1924 "viene, pues, a llenar un vacío, a satisfacer una necesidad".

La fotografía se había abierto camino y había logrado amplia difusión, en particular, mediante los rotograbados incluidos en las secciones dominicales de *La Prensa* y *La Nación*.

De allí, el contenido de la nota "Una idea original. Un concurso femenino de fotografía en Buenos Aires", que refiere el suplemento de *La Prensa*, del 21 de noviembre de 1926. Dedica una página entera a reproducir seis fotografías tomadas en los paseos que realizaron al efecto alumnas inscriptas en el curso de Fotografía de la Escuela de Artes y Oficios Nº 6 de Buenos Aires, a cargo de la profesora Anita C. de Herrera Ocampo (la directora de la Escuela era Dolores Alazet y Rocamora).

Dice la referida nota de *La Prensa*, reproducida en su número inicial por *Foto Magazine*: "Los laboratorios fotográficos no han ejercido hasta el presente una mayor atracción entre las jóvenes que frecuentan las aulas de las escuelas profesionales.

"La ignorancia de la utilidad que en la vida, como medio de subsistencia, tiene el conocimiento del arte fotográfico, es causa del escaso número de alumnas que se inscriben en los cursos respectivos, en los cuales se las prepara para desempeñar con buen éxito todas las tareas inherentes a un fotógrafo.

"Al margen de este aspecto utilitario, brindan estos cursos, cuando se los encara con acierto, elementos capaces de llevar al espíritu emociones estéticas. Porque el fotógrafo que siente su arte y se consagra a él, no se limita a reproducir un motivo; desea interpretarlo, y al conseguirlo pone en las imágenes esa exquisitez artística, esa belleza del contraste de la luz y de la sombra que sorprende en la fotografía moderna."

Buenos Aires contaba por entonces con dos grandes estudios de fotografía, ambos en la calle Florida: Witcomb, y el de Frans van Riel. Galería de Arte y sede de Amigos del Arte.

¡Si aquí ni Dios rescata lo perdido!

En 1906 Almafuerte se aproxima al tema del tango con sus *Milongas criollas*. La saga continúa con la alusión a *La morocha* en "El alma del suburbio", que integra *Misas herejes*, de Evaristo Carriego (1908). En 1910, Marcelo del Mazo, un poeta modernista, más influido por Santos Chocano que por Darío o Lugones, da un tríptico tanguero en la segunda serie de *Los vencidos*. Güiraldes, en 1911, escribe un poema con valor literario que incluye referencia al tango. En 1921, Fernán Silva Valdés publica *Agua del tiempo*, en el cual incluye el poema "El tango".

En 1926, Borges publica "Soneto para un tango en la nochecita" y se refiere al tango en *El tamaño de mi esperanza*; Miguel A. Camino, en *Cháquiras*, incluye "El tango"; Nicolás Olivari, "Tango", en *La musa de la mala pata*; Enrique González Tuñón, el poema "Langosta", en *Tangos*: Raúl González Tuñón, en *El violín del diablo*, "Maipú Pigall". Gustavo Riccio incluye "Palabras a Milonguita" en *Un poeta en la ciudad* [Tomás de Lara, *El tema del tango en la literatura argentina*].

A modo de referencia general, cabe citar la conferencia de José Gobello, *La deslupanarización del tango* (pronunciada en el Ateneo Popular de La Boca, el 20 de abril de 1996; publicada en folleto por la Academia Porteña del Lunfardo, el mismo año), en la cual, apunta: "En 1926 ya no suena el tango –ni aun cuando la partitura sea la misma– como sonaba en los pequeños conjuntos de Greco, de Berto, de Bernstein; en la orquesta de Pécora o del que fuera. El ritmo se había aquietado, la coreografía había reorganizado sus figuras y todo se prestaba en el baile para expresar con la mirada, quizá con el susurro, aquellos sentimientos cuya manifestación se había confiado a la elocuencia guaranga de las piernas.

[...]

"En 1926 había terminado la llamada guardia vieja, aquella de las cuatro notas lloronas que dijo Enrique Delfino. [...] Hacía ya más de diez años, en 1926, que profesionales de formación musical muy sólida, como Juan Carlos Cobián, no sólo creaban sino que también escribían; hacía por lo menos un bienio de las innovaciones de Julio De Caro, pionero de un tango que sonara musicalmente sin mengua de su bailabilidad. [...] Entonces el tango ha madurado ya lo bastante como para que Lucio Demare pueda crear piezas tan bellas, tan finas, tan exquisitas, como *Dandy* y *Mañanitas de Montmartre*.

[...]

"En 1926 ocurren tres acontecimientos decisivos para la deslupanarización de la letra del tango": el triunfo tanguístico de Coria Peñaloza con *Caminito* ("que nació abucheada y vivió durante setenta años aplaudida en por los menos tres continentes"); el estreno de *Qué vachaché*, de Enrique Santos Discépolo ("era un tango totalmente distinto a todos, ajeno a las normas y pautas vigentes de la tangología, atípico"); la presentación de *Viejo ciego*, con letra de Homero Manzi, música de Cátulo Castillo y Sebastián Piana ("vista en escorzo, la poética de Manzi parece unir a Carriego con su segundo biógrafo, Borges").

"El año 1926 ha sido muy rico para el tango. Florecían entonces las orquestas, los cantores nacionales, los bailarines. La difusión masiva de la radiofonía produciría un nuevo *boom* del tango en la primera mitad de la década del 30. Pero 1926 no fue menos importante para el tango que 1913, cuando el barón

De Marchi lo introdujo en los salones, o 1917 cuando Gardel le dio su voz, o 1924, cuando los De Caro lo convirtieron definitivamente en música. Tal vez en 1926 la letra del tango haya comenzado a convertirse en un género literario."

La composición de tangos define en 1926 ciertas notas distintivas, en particular, una nueva mirada sobre la ciudad: *Oro muerto*, *Puente Alsina*, *Bajo Belgrano*; o una utilización novedosa del lenguaje: *El ciruja*.

Desde el punto de vista cualitativo, basta citar que Carlos Gardel grabó aquel año 89 temas, de los cuales 75 fueron primera versión [Julián y Osvaldo Barsky, *Gardel. La biografía*, Taurus, 2004].

A continuación se ensaya un examen temático de los principales tangos estrenados en 1926:

Ciclo de la vida

Gorriones (de las ilusiones juveniles a
los desengaños de la madurez).

"La vida fulera, tan mistonga y maula,
"nos talló rebeldes como los gorriones
"que mueren de rabia dentro de la jaula
"y llenan la panza de alegres canciones."

Letra de Celedonio Esteban Flores y música de Eduardo Pereyra. Presentada en el teatro Buenos Aires el 8 de julio de 1926. Carlos Gardel lo grabó el 31 de diciembre de 1926.

Pan comido (advertencias de un veterano
a un novato en las lides de la vida).

"Lo que uno sabe de viejo, a vos te falta, botija."

Letra de Enrique Dizeo. Música de Ismael Florentino Gómez. Estrenado en el café El Nacional el 1926 por Pablo Eduardo Gómez, hermano del autor de la música. Carlos Gardel lo grabó el 18 de febrero de 1927.

Abuelito (canto de una nieta para el ocaso de una vida, seguido de un relato del abuelo a esa nieta).
Letra de Eduardo Trongé y Carlos Cabral. Música de Alberto Laporte. Lo cantó Lea Conti en el sainete *El rincón de la alegría*, de Trongé y Cabral. Gardel lo grabó con los guitarristas Barbieri y Ricardo el 31 de diciembre de 1926.

Calavera viejo

"¡Sos, hermano, un calavera que al dolor
"vos siempre le encontrás remedio en el amor!"

Letra y música de Gardel y Razzano. Grabado por Gardel con los guitarristas Barbieri y Ricardo, el 26 de noviembre de 1926.

BARRIOS

Bajo Belgrano (descripción costumbrista de los personajes del barrio, de ambiente turfístico del hipódromo del Bajo, que competía con el de Palermo).

"¡Y en el delirio de los domingos
"tenés reunidos frente a la cancha,
"gritando el nombre de tus cien pingos,
"los veinte barrios de la ciudad!"

Letra de Francisco García Jiménez. Música de Anselmo Aieta. Tercer premio del concurso Max Glücksmann 1926. Carlos Gardel lo grabó el 17 de diciembre de 1926.

Aquella cantina de la ribera (ambiente de bruma, alcohol, mujeres, nostalgia por constante partida).
Letra de José González Castillo y música de su hijo, Cátulo Castillo. Grabado por Carlos Gardel el 30 de noviembre de 1926.

Caferata (reproche de mujeres a un galán
pobretón de la zona de Chiclana y Boedo).

"Caferata, allá en Chiclana, donde tengo mis amores..."

Letra de Pascual Contursi. Música de Antonio Scatasso, cantado por Azucena Maizani y Sofía Bozán en la revista *Saltó la bola*, el 12 de marzo de 1926.

Garabita (muchacha de la zona del arroyo
Maldonado, zona insalubre y marginal).

"contemplando el agua mansa,
"muchas veces has pensado
"en tu vieja la finada
"y en tu viejo el curdelón."

Letra de Pascual Contursi. Música de Bernardino Terés. Cantado por Sofía Bozán en la revista *Vengan todos a oír esa milonga*, el 27 de mayo de 1926.

Puente Alsina (evocación de la zona ante la llegada del progreso, entre Nueva Pompeya y Valentín Alsina).

"Porque me lo llevan, mi barro, mi lodo,
"yo, el hijo del lodo lo vengo a llorar...
"Mi barrio es mi madre que ya no responde...
"¡Que digan adónde lo han ido a enterrar!".

Letra y música de Benjamín Tagle Lara. Grabada por Rosita Quiroga, a fines de 1926.
"Puente Alsina es el escenario de un poema malevo", titula *Última Hora* (24 de enero de 1926) un comentario, a propósito del lugar: "Puente Alsina no conoce el progreso de nuestra urbe. Es más: no conoce a ésta, sino de oídas. Sabe que más allá de la avenida Sáenz, donde ha paseado su aliento y su cuchillo; y más allá de Boedo y Parque Patricios, adonde baja para las grandes fiestas o cuando huye de la *gayola*, existe una ciudad de vida multiforme y de colorido policromo."
Caminito. Versos de Gabino Coria Peñaloza. Música de Juan de Dios Filiberto. Nota de Gobello: "El verdadero *caminito* que inspiró al poeta no estaba en la Boca. *¿Cómo quiere que hubiese*

allí cardos y juncos en flor?, argüía Coria. Filiberto y Coria que en 1920 habían compuesto *El pañuelito*, en 1921 *La cartita*, en 1923 *El ramito*, en 1924 *La tacuarita* y *El besito*, en 1925 compusieron *Caminito*. Lo presentaron en un concurso de canciones en 1926 y obtuvo el primer premio, pero parte del público lo silbó. Canaro creyó en ese tango y lo grabó. También Gardel lo estudió y lo grabó. Pero el tango no entraba... El 5 de mayo de 1927, Alberto Novión estrenó en el teatro Cómico su sainete *Facha tosta*. En ese sainete, Ignacio Corsini cantó *Caminito* y obtuvo un éxito clamoroso. Gardel autorizó entonces a Corsini a grabar *Caminito*, del cual él tenía los derechos.

DUELO

El ciruja (duelo criollo a cuchillo)
"Como con bronca y junando..."
Letra de Francisco Alfredo Marino, música de Ernesto de la Cruz. Lo estrenó Pablo Eduardo Gómez (compañero de dúo de Marino) en el café El Nacional, el 12 de agosto de 1926.

Mandria (duelo criollo entre varones que
se disputan el amor de una mujer).
"Pa' matar o pa' morir
"viene a pelear y el hombre ha de cumplir."
Versos de Francisco Brancatti y Juan M. Velich. Música del pianista Juan Carlos Rodríguez. De 1926 es la incomparable versión de Rosita Quiroga, que lo estrenó.

Pobre corazón mío (abandono de la mujer, duelo a
cuchillo para lograr su amor, detención policial).
Letra de Pascual Contursi. Música de Antonio Scatasso. Estrenado por Ignacio Corsini en la representación del sainete *El barrio de los tachos*, del mismo Contursi, el 30 de julio de 1926.

Cárcel

Ladrillo (cuitas de un preso en la Penitenciaría Nacional, ubicada en Las Heras entre Coronel Díaz y Salguero).

Versos de Juan Andrés Caruso, música de Juan de Dios Filiberto. Ignacio Corsini lo grabó el 14 de mayo de 1927.

La gayola (cuitas al salir de la cárcel de un varón que mató por el amor de una mujer infiel). Concluye:

> "Te lo juro; estoy contento que la dicha a vos te sobre...
> "Voy a yugar muy lejos... a juntar algunos cobres
> "pa'que no me falten flores cuando esté dentro el cajón."

Música de Rafael Tuegols. Letra de Armando José Tagini, quien lo grabó en 1926. Gardel, al año siguiente.

Abandono de la mujer

Amurado (abandono por la mujer, tristeza, soledad, borrachera).

> "pilchas viejas, unas flores y mi alma atormentada,
> "eso es todo lo que queda desde que se fue de aquí.
> "arregló su bagayito y amurado me dejó."

Letra de José de Granis, con música de Pedro Maffia y Pedro Laurenz, a la sazón bandoneonístas de la orquesta de Julio De Caro. Agustín Magaldi lo grabó el 10 de septiembre de 1927.

Tus besos fueron míos

> "Se fue contigo, de mi novela,
> "la última risa de la juventud."

Letra de Francisco García Jiménez. Música de Anselmo Aieta. Grabado por Gardel en 1926.

Mocosita

> "Mocosita,
> "no me dejes morir, volvé al cotorro,

"que no puedo vivir..."

Letra de Víctor Soliño. Música de Gerardo Matos Rodríguez. Compuesto para Rosita Quiroga, quien lo grabó para la casa Victor en 1926. Ese mismo año, Gardel lo grabó para Odeón, pero su versión no pudo circular comercialmente, porque Rosita reclamó y obtuvo la exclusividad.

La he visto con otro

"al verla con otro pasar a mi lado
"en vez de matarla, me pongo a llorar."

Letra de Pascual Contursi. Música de Antonio Scatasso. Cantado en el sainete *Los distinguidos reos*, del mismo Contursi, el 8 de abril de 1926.

Noches de Colón (un varón llora por su fortuna perdida en el hipódromo junto a una mujer; el Colón como lugar de ostentación de riqueza).

Letra de Roberto Cayol. Música de Raúl de los Hoyos. Con el título *Mis noches de Colón* lo cantó Vicente Climent, en la revista *En el Maipo no hace frío*, el 24 de septiembre de 1926.

Anoche a las dos (varón seducido por una mujer fatal: degradación y crimen).

Letra de Roberto Cayol. Música de Raúl de los Hoyos. Cantado por Vicente Climent en *¡Viva la revista!*, estrenada en el Maipo el 13 de julio de 1926. Carlos Gardel lo grabó el 17 de octubre de 1930.

Te doy lo que tengo

"Todito lo que tengo pa'vos es alma mía,
"el mate, la bombilla y hasta el calentador..."

Letra de Pascual Contursi. Música de Antonio Scatasso. Éxito de Azucena Maizani en 1926.

No te engañes, corazón (un amigo le advierte
sobre la falsedad del amor de una mujer).

"Me apena verte con ella del brazo...
"Si a mí me dio el esquinazo, a vos, ¿qué no te dará?"

Letra de José María Caffaro Rossi y música de Rodolfo Sciamarella. Estrenado por Ignacio Corsini, quien lo grabó el 13 de noviembre de 1926. La grabación de Gardel es del 6 de junio de 1928.

Calandria (un cantor, despechado por una
mujer, va a París, donde, por defender el honor
de una mujer, termina asesinado).

"Mas, antes de morir, vio pasar
"su barrio como dulce visión..."

Letra de Juan Caruso y música de Luis Teisseire, celebrada dupla autoral de la década de 1920. Grabado por Carlos Gardel con los guitarristas Barbieri y Ricardo en 1926.

LA MUJER

Íntimas (una mujer quebrada por los años
y las decepciones amorosas).

"has cambiado, ya no eres tan coqueta
"cual las flores primorosas de un altar".

Letra de Ricardo Luis Brignolo (el famoso autor de *Chiqué*) y música de Alfonso Lacueva. Carlos Gardel lo grabó en 1926 y en 1930.

Sonsa (cuitas de una mujer de fortuna
perdidamente enamorada).

"Dejé el chalet, dejé el buldog
"y el auto regio todo de un color
"por seguir loca, al hombre que yo quiero,
"que con un gesto robó mi corazón.

"Lejos con él quiero vivir
"con mi tapera sola en el lugar,
"que una tapera, a la luz de las estrellas,

"de noche es plata y oro al despertar."

Letra de Emilio Fresedo y música de Raúl de los Hoyos. Estrenada por Iris Marga en la revista *Las alegres chicas del Maipo*, estrenada en 1926.

Marchetta (tristezas de una cabaretera en decadencia).

"Su vieja se pasa la noche
"acunando al pebete pa hacerlo dormir."

Letra de Pascual Contursi. Música de autor anónimo, que Gobello atribuye a Antonio Scatasso. Fue estrenado en el sainete *¡Maldito cabaret!* del mismo Contursi en colaboración con Pablo Suero, el 21 de agosto de 1926.

Normiña (la decadencia de una mujer originaria de Chiclana).

"... porque el placer ya se esfumó
"y tu virtud se disipó..."

Letra de Francisco Antonio Capone, música del violinista, jazzman y tanguista Eduardo Armani. Carlos Gardel lo grabó, acompañado por las guitarras de Barbieri y Ricardo, el 24 de abril de 1926.

AÑORANZAS DEL PASADO

Tiempos viejos

"¿Te acordás, hermano? ¡Qué tiempos aquellos!".

Letra de Manuel Romero. Música de Francisco Canaro. Cantado por José Muñiz en el sainete *Los muchachos de antes no usaban gomina*, de Manuel Romero y Mario Benard, presentado el 21 de octubre de 1926.

Viejo tango (evocación de los antiguos bailes de tango).

"Yo te recuerdo cuando en Puente Alsina
"los viejos tauras en tu dulce son
"se columpiaban repartiendo cortes..."

Letra de Francisco Alfredo Marino y música de Juan Arcuri. Estrenado por Pablo Eduardo Gómez cuando en 1926 se desempeñaba con Marino, el poeta de *El ciruja*, en el café El Nacional, cantando con la orquesta de Ernesto de la Cruz.

Qué vachaché

¿Qué vachaché?

"¿Te creés que al mundo lo vas a arreglar vos?
"¡Si aquí ni Dios rescata lo perdido!".

Letra y música de Enrique Santos Discépolo. Fracasó estruendosamente cuando Mecha Delgado lo estrenó en Montevideo, mientras formaba parte de la Compañía Rioplatense de Sainetes, dirigida por Ulises Favaro. Tampoco pudo imponerlo Tita Merello en Buenos Aires, cuando lo cantó en la revista *Así da gusto vivir*, en el Apolo. Sólo después del éxito de la Maizani con *Esta noche me emborracho*, en 1928, pudo imponerse *¿Qué vachaché?*
Dante Sierra, en el libro biográfico *Discépolo*, comenta: "El estreno de *Qué vachaché* -contaba el propio Discépolo- fue ¡un desastre!... ¡una catástrofe!... ¡se cayó el teatro!... ¡un terremoto!... ¡se hundió el escenario!... Todo lo que diga de aquello es poco. Yo, francamente, pensaba que el tango estaba bien. Que estaba clara su intención y su sentido. [...]. El público no entendía aquello y, como siempre, cuando algo no se entiende, se rechaza. Para el público, aquello no era un tango. No era lo que estaba acostumbrado a escuchar. [...] Era distinto de todo lo que se había escuchado hasta entonces como tango. Miraba por otras ventanas el tremendo panorama de la humanidad. Con ese tango comenzaba una producción en la cual iban a tener cabida otras formas de expresión."

Esa expresión del alma que canta

Acerca de algunas características del influjo del tango sobre diversos ambientes porteños dan cuenta algunas notas, tomadas de los materiales hemerográficos que se han ido utilizando en el curso de esta investigación.

"La *minuit* porteña, signo de los tiempos, no le va en zaga a la parisiense. Reflexiones de un tanguista apasionado que va al *dancing* no por *snob*, sino por necesidad", titula *Última Hora* (3 de enero de 1926) el siguiente comentario: "¡Lo que va de ayer a hoy! Veinticinco años atrás íbamos medio *a la sordina* a ver cómo se hundían los tacos en lo de Hansen, Tarana, El Tambo, ese Palermo típico de aquel Buenos Aires que pujaba por arrebatar el cetro de la *Ville Lumiere* sin dejar de admirarla hasta en su vida *apache*. Hoy, en cambio, en pleno centro tenemos aquel inocente entretenimiento de mover las tabas al compás de una musiquilla que se nos mete en los oídos y se va hasta el corazón...

"En tierra firme, vamos... en el rellenado terreno ganado al río, donde se sostenían a duras penas los medios litros de cerveza, las parejas giraban con cortes y quebradas del tango en su primitiva forma. Ahora, en el asfalto, champaña y muchas luces, *parquets* y todo el encanto femenino sin reparos. No hacen falta quebradas y cortes, las medias lunas, y demás triquiñuelas del tango que nació casi en tiempos de polizón...

"Todavía en aquel tiempo las mujeres rellenaban sus cabellos de bananas capitales. Se remangaban la cola, que empezaba a ser cortona. El corsé tenía menos ballenas. Las mangas eran de *volié*, transparente. Los escotes, pequeños en la generalidad, avanzaban algunos centímetros...

"¡Ayer y hoy! *Cambean los tiempos* –dice el paisano– *Ansina no es pa pior*... ¿Y cómo lo va a ser? Buenos Aires *a giorno* en sus medianoches tiene una vida placentera para los que una sola no les alcanza. Alegría, dicha, quintaesencia del placer. Poco cuesta para el que tiene necesidad de ella. El hombre que tiene que vérselas con muchos encastillados de números, con infinidad de problemas a resolver en contadas horas, tal vez minutos, ha de necesitar una expansión más eficaz que la plaza pública o la brisa del río.

"Por eso triunfa el tango, esa expresión del alma que canta, que endulza, alegra, subyuga... Habla al corazón para confortarlo. Dice al que sufre que es un tonto, porque la vida hay que vivirla de la mejor manera si no se es loco. Cuenta añoranzas, nostalgias y pesares, recónditas alegrías, en un tintineo que halaga para no estar de rodillas orando. Mueve a la dulzura, olvidando lo que pasó, para el que tuvo o tiene un quítame allá, y al feliz le sonríe entero, le muestra cómo alguien tiene penas que sufrir, pero vale la pena sorberlas a tragos dulcarados."

"Lujosos o *reos*, los cafés de camareras tienen la común semejanza de fomentar la degeneración y el vicio. Lo que fueron, lo que son y lo que llegarán a ser los célebres bares *served by girls*." Se refiere al proyecto de un bar de esas características en el centro de Buenos Aires, por el empresario Jacobo Lunesky, quien visitó la redacción de *Última Hora* para exponerlo (31 de enero de 1926).

La nota "El imán *bataclanesco*. Las muchachas porteñas abandonan el trabajo de las oficinas, para dedicarse al *bataclán*", por Abel Martínez, publicada en *La Novela Semanal* (Núm. 439, 12 de abril), señala: "Es tradicional, entre las chicas porteñas, de modesta condición, el deseo de vestir bien, usar medias de seda y zapatitos correctos, a la última moda; en invierno los tapados de piel están a la orden del día. Pero es el caso que los vestidos elegantes, los sombreros graciosos, los zapatos correctos, las medias de seda y los tapados lujosos cuestan mucha plata.

"En Buenos Aires, el trabajo femenino adquirió grandes proporciones; muchas familias, que antes de la guerra consideraron casi bochornoso el trabajo de sus hijas, hoy viven tranquilamente, a su costa. Los prejuicios han ido desapareciendo y hoy es corriente, en todo hogar donde los ingresos de los hombres no son suficientes, que las mujeres ayuden con su trabajo.

"Pero he aquí el *bataclán* ha comenzado a revolucionar a las jóvenes empleadas de oficinas, fábricas, grandes almacenes, bazares y tiendas. La mayoría de ellas sueñan con el escenario luminoso, donde podrán ganar fácilmente la vida y los aplausos, luciendo sus juveniles encantos.

"Muchas de las simpáticas *bataclanas* porteñas han abandonado la máquina de escribir o las prendas femeninas que vendían en una tienda, por su actual situación de coristas y bailarinas. Algunos establecimientos que contaban con bonitas vendedoras, comienzan a sufrir las consecuencias del desbande que se inicia."

Desde las páginas de *El Hogar* (Núm. 874, 16 de julio de 1926), el periodista Enrique M. Rúas, en la nota que titula "El tango y la nueva sociedad", escribe: "No sería exacto que lo más argentino fuese lo más regional, curioso, desconocido y autóctono del interior. Lo más argentino es lo más común a todos los argentinos, lo que más se ha universalizado entre ellos: el tango, por ejemplo. [...] El tango se ha generalizado entre los argentinos, fortuna que no tuvieron las danzas rústicas de la campaña bonaerense y del interior, y ha sido sancionado por la sociedad elegante. Esta generalización del tango, ¿no es un fenómeno social? Pero el éxito del tango no es solamente argentino, sino también francés, y poco menos que europeo. Se trata de un fenómeno social de proporciones occidentales. [...] La sociedad romántica tuvo un baile: tuvo el baile del romanticismo; tuvo el vals. A las notas de un antiguo vals reviven todas las cosas románticas del romanticismo; dentro de la niebla del pasado oscilan luces veladas, se mueven figuras vacilantes, y suena un viejo teclado, oprimido por los dedos de una musa melancólica. Nuestra sociedad tiene también su baile: el tango. ¿Qué habrá en el fondo del tango que rime con la nueva sensibilidad social? Cuando se escucha un tango, se escucha como un eco lejano de simpatía humana."

Va disipándose la fantasía

En la nota de *La Razón* (12 de febrero de 1926), titulada "Las orquestas típicas de París", se lee: "No se concibe ya en París, un lugar alegre de reunión, *cabaret, dancing,* o lujoso hotel, sin su correspondiente orquesta típica argentina. Así se han multiplicado ellas. Y así, también, ha surgido la industria de las *orchestres typiques humoristiques argentines,* designación que no es preciso traducir y que en la mayor parte de los casos sirve de etiqueta a núcleos de ejecutantes *gabachos,* que decían los porteños clásicos. Pero hay orquestas típicas argentinas, y más de una. Sus componentes llevan genuino sello de nuestra calle Corrientes. [...] La orquesta Bianco-Bachicha toca diariamente durante las siguientes horas: de 17 a 19, en el Washington Palace; de 22 a 23.30, en la Michoidiere; y de las 24 a las 4 de la madrugada, en el Palermo, lujoso *dancing* inaugurado en las vecindades del Garrón. Todo ello sin contar la impresión de discos. Detalle que viene a desvirtuar un poco la leyenda de una vida fácil y divertida, que se atribuye a los industriosos muchachos que dejan nuestra calle Corrientes por los *cabarets* de París."

En lo que respecta a la difusión internacional, cabe remitir al libro de Francisco Canaro, *Mis bodas de oro con el tango y mis memorias. 1906-1956* (Buenos Aires, 1957, con prólogo de Ivo Pelay), en el cual se refiere a "El traje de gaucho en París", a partir de su debut en el *dancing* Florida, en abril de 1925; y al capítulo VIII, titulado "En el país de los rascacielos", donde describe sus actuaciones en los Estados Unidos, especialmente en Nueva York durante el año 1926.

"El gaucho y el tango van a conquistar a Nueva York", tituló *Última Hora* (29 de agosto de 1926): "Canaro y sus hermanos llevan guitarras y bandoneones con un completo bagaje de tangos y milongas"; "Casimiro Aín, el decano de los bailarines porteños y campeón mundial de danzas, vuelve a Estados Unidos [con la cantante Ada Falcón]".

"En París y en Nueva York, como próximamente el Londres, Tango-Canaro es la señal de legitimidad de la verdadera música porteña", volvió *Última Hora* sobre el tema (12 de noviembre de 1926). La nota incluye el facsímil de un pedido de Raquel Meller a Canaro durante una de sus actuaciones en Nueva York: "'¡Por Dios! Toqueis *Milonguita*'".

Responde Canaro al cronista del vespertino:

"-¿Hace furor la música porteña?

"-No solamente mi orquesta. Otras, en París, se lucen. Hay campo de acción para buenos conjuntos. Va disipándose la fantasía que se proporcionaba con el nombre de tango, aunque llegara a creaciones como la de Valentino, por cierto admirable espectáculo coreográfico.

"-¿Siempre la orquesta luce indumentaria gaucha?

"-Es una imposición. Se sabe así que es argentina. Por otra parte, fue exigido por los sindicatos de profesionales, y especialmente por la *Union des Combattents*, colectividad de veteranos de la guerra que el gobierno protege, quienes evitan en lo posible que los extranjeros los suplanten en cualquier trabajo. En abril de 1925, cuando la orquesta debía presentarse, hubo que pedir al Ministerio de Trabajo la correspondiente autorización. Llamado *Attration Artistique Canaro*, el conjunto podía actuar en forma de espectáculo regional. A tal efecto, los funcionarios aprobaron la indumentaria elegida y aceptaron que la interpretación de los tangos, música y canto, los aires nativos en guitarra, etc., eran libres de toda sospecha. No se quitaba nada a nadie.

"Por lo demás, no hicimos el ridículo, como pudiera pensarse ni mal papel. A mucha honra lucimos lo que va quedando de tradicional, que distingue a nuestro nacionalismo.

[...]

"Debutamos el 12 de octubre en Nueva York y el 30 nos hallamos en la inauguración del pabellón argentino en la Exposición de Filadelfia. Nos invitó especialmente el señor Felipe Espil, representante del embajador argentino y los caballeros Achával Rodríguez y Carlos Acuña. Fue un día memorable. Al izarse el pabellón se quebró la regla de preferencia para el de franjas y estrellas. La bandera argentina llegó al tope a un mismo tiempo que la norteamericana. La banda militar entonó el himno de López y Parera y se hacía salvas de 21 cañonazos. Hubo discursos, desfile militar y actos de confraternidad. A nosotros nos reservó el número de tangos que gustó mucho. Hallamos allí productos argentinos corrientes: Bilz, galletitas Canale, etc. Había un piano de construcción argentina que llamaba justamente la atención."

Concluye Canaro: "A Cobián. Le va bien. Actúa con un cuadro de varietés y números diversos. Autor consagrado como él, merece seguir en su puesto. Traigo ocho tangos de él para dar a publicidad."

Respecto de Raquel Meller, vale rescatar de *Atlántida* (Núm. 441, 23 de septiembre de 1926), la publicación de su retrato con este epígrafe: "Retrato de la genial cantante que se supone sea la de mejor parecido. Ha sido hecho en Nueva York donde actualmente trabaja y percibe derechos superiores a los que artista alguno haya cobrado jamás. Se la ve muy a menudo con Carlitos Chaplin, y se comenta la posibilidad del matrimonio entre ellos."

José Bohr, afamado autor de *Pero hay una melena...*, fue oro personaje del tango en gira por Nueva York durante 1926. Por radio, "sus *Noches argentinas* hicieron furor", afirmó *Última Hora* (24 de enero de 1926): "En los salones aristocráticos de multimillonarios a Bohr se le asignó mil dólares semanales por la dirección de cuadros escénicos en que se cantaban y bailaban nuestras canciones populares. Las *Escenas argentinas* de Bohr tuvieron un éxito extraordinario."

Otra noticia de *Última Hora* (27 de diciembre de 1926): "Bohr y sus gauchos fueron recibidos por el intendente de Nueva York".

"El príncipe de Gales aguarda en Londres las veladas de música criolla a cargo de la orquesta De Caro"; "El notable conjunto emprenderá viaje en breve con un magnífico contrato para recorrer varios países"; "Irán a hacer música popular argentina tal como lo hacen aquí sin indumentaria teatral". Acaba de dar a publicidad el tango *Guardia Vieja*, en homenaje al presidente Alvear, quien "en una reciente entrevista expresó su simpatía por los autores y compositores de música." [*Última Hora*, 10 de noviembre de 1926].

En venideros siglos, con máquinas soberbias

La llegada a Buenos Aires del avión *Plus Ultra*, comandado por Ramón Franco, y el raid aéreo Nueva York-Buenos Aires por el *Buenos Aires*, piloteado por Eduardo Olivero y Bernardo Duggan, conmovieron a la población de la capital Argentina, que les prodigó incesantes homenajes.

En su edición del 10 de febrero de 1926, *Última Hora* publicó con grandes titulares en primera plana: "El Plus Ultra acuatizó a las 12.28, meciéndose majestuosamente sobre las aguas, entre el entusiasta aplauso de 100.000 personas". En la página siguiente, comenta el vespertino: "Y acaso algún día, el Plus Ultra suscite las mismas meditaciones que hoy sugieren las carabelas, cuando la navegación por los aires se realice –en venideros siglos– con máquinas soberbias, con verdaderos palacios aéreos, dotados de todas las comodidades y lujos que hoy poseen los transatlánticos: alcobas suntuosas, bares y comedores espléndidos, enormes salones de baile, piletas de natación, jardines, salones de armas y de juegos, campos de deportes, bibliotecas..."

Otros hechos de la incipiente aviación en la Argentina: durante la tarde del 9 de julio de 1926, el avión del diario *La Prensa* (piloteado por los mecánicos Arzeno y Hassett) "evolucionó sobre Río de Janeiro y arrojó desde la altura cien mil volantes con el mensaje de *La Prensa* al pueblo del Brasil". Los pilotos fueron agasajados por el embajador Mora y Araujo, en el palacio de la representación diplomática argentina. El mensaje comenzaba "con voz timbrada por el sentimiento cordial de la Argentina, enviamos un saludo al Brasil..."

El ministro de Guerra, general Agustín P. Justo, realizó una gira aérea de inspección sobre las ciudades y poblaciones en que se encontraban de guarnición los cuerpos y unidades de la quinta división de Ejército. Partió en la madrugada del domingo 11 de julio, desde la Escuela de Aviación de El Palomar hacia Tucumán. La máquina empleó entre 7 y media y 8 horas para cubrir un trayecto de 1.156 kilómetros. El martes 13 continuó hacia Jujuy, empleando dos horas para 351 kilómetros. El viaje continuó hacia Salta, y sucesivamente recalarían en Catamarca, Santiago del Estero, Resistencia, Formosa, Paraná, para regresar finalmente a Buenos Aires, cubriendo en total unos 4.500 kilómetros y aproximadamente 30 horas de vuelo.

Las unidades empleadas fueron aparatos tipo Breguet XIX A 2, motor Lorraine-Dietrich de 450 HP, piloteados por el mayor Pedro Zanni, los tenientes José F. Bergamini y Claudio A. Mejía y el sargento primero José Rodríguez, llevando como pasajeros, además del ministro Justo, a su secretario, el mayor José María Sarobe; su ayudante de campo, mayor Santos V. Rossi, y al mecánico Alfredo Rassetto. Aceptando una invitación del Ministro de Guerra del Paraguay, Justo extendió su gira a la ciudad de Asunción, partiendo en vuelo desde Formosa.

La Nación, en uno de los editoriales del 27 de julio titulado "La gira del Ministro de Guerra", dijo que el raid "demuestra que la aviación militar ha llegado, en su organización, a la justeza necesaria que permite su empleo en cualquier circunstancia, con la certidumbre de la regularidad, hasta donde ello es posible. Vale decir, la aviación del Ejército constituye, tanto por la pericia de los pilotos como por el material de que se dispone, un servicio corriente, cuyo uso ya no comporta un fenómeno excepcional y llamativo."

La Razón, en la última edición del jueves 9 de septiembre de 1926, publica en su primera plana una noticia que, dada su repercusión, ampliaría en sus ediciones siguientes: "Es el tema del día el rapto de dos menores en aeroplano descubierto ayer por *La Razón*. La policía brasileña intervino, pero después que el señor Meier declaró, lo dejó continuar el viaje."

La señora Lucía Clutterbuck de Meier, que vivía hasta hacía poco más de cuatro años en compañía de su esposo, Federico Meier, y de sus seis hijos, dos mayores y los menores Margarita, Irene, Otto Dietrich, y Heriberto, inició en junio un juicio de insania contra su esposo, Federico Ernesto Meier, que tiene una considerable fortuna, pues aparte de varios inmuebles, en un solo banco de esta ciudad tiene depositados dos millones de pesos en efectivo. Así las cosas, el señor Meier, que según se asegura, estaba impedido de ver a sus dos hijos varones, a los que quería entrañablemente, cortó el pleito con su esposa por lo más sano, sacando a los niños del colegio donde se educaban y trasladándolos fuera del país. Se presentó en el Colegio de la calle José Hernández 2247 a primera hora del miércoles 8 y pidió hablar con los niños, que acababan de llegar para asistir a las clases del día. En un descuido del celador, que se retiró dejando a los chicos confiadamente, pues se dio cuenta por la conversación de que en realidad se trataba del padre, éste los hizo subir a un automóvil que los esperaba en una puerta que da a otra calle y en el cual se marchó con los menores Otto Friedrich y Heriberto. Tres cuartos de hora más tarde, el automóvil llegó al aeródromo Presidente Rivadavia, en Morón, el piloto Franz Kneer, un mecánico, el padre y sus dos hijos, ocuparon sus respectivos puestos en el avión, que se puso en marcha hacia el Brasil. El día anterior, Meier había firmado un contrato con la empresa Junkers, pagando $4.000

por el vuelo, y haciéndose responsable de cualquier percance que pudiera ocurrir. Bajaron en Río Grande del Sur y desde allí se embarcaron rumbo a Río de Janeiro [Nota gráfica "Sensacional rapto de niños en aeroplano", en *Caras y Caretas*, Núm. 1.459, 18 de septiembre de 1926].

Una deliciosa pieza del vehículo

El 28 de enero de 1926 se inicia el Gran Premio Nacional de Automovilismo, organizado por el Automóvil Club Argentino, del cual participaron 17 coches. El primer premio lo obtuvo Tomás Roatta, con coche Hudson; el segundo, Ángel Marelli, con Studebacker; el tercero, Antonio Gaudino, con Oldsmobile.

En la edición del 4 de febrero de 1926, *Última Hora* incluye gran aviso publicitario:

"*HUDSON, la gran marca americana, anuncia nuevos precios como consecuencia de su programa de producir durante el año actual 400.000 coches, lo que le permite reducir el costo por unidad sin detener el proceso constante de perfeccionamiento que ha llevado a sus marcas HUDSON-ESSEX a ser los coches más populares de sus respectivas categorías*".

Los precios, a regir desde el 1º de febrero de 1926, oscilaban en el caso de los Hudson, de 5.400 a 8.300 pesos, y de los Essex, de 3.400 a 3.700 pesos.

El año se cierra con la inauguración del Noveno Salón del Automóvil, realizada la noche del 7 de diciembre en el Pabellón de las Rosas, con la presencia del presidente Alvear, los ministros Sagarna, Justo y Roberto M. Ortiz, y del popularísimo Luis Ángel Firpo, quien por entonces tenía una agencia de automóviles en la calle Cerrito.

En nota titulada "Automóviles porteños", incluye Enrique Amorín estas viñetas: "Cafetera": "*Cafetera, en tu refugio dieron sus últimos besos los viejos* románticos de ley. En tus lerdos viajes hacías florecer los labios de palabras lindas. Y servías hasta para cómodamente llorar en los entierros".

"Autos lujosos aguardando la salida de los cines": "Los hay rojos como con libreas palaciegas; negros como esclavos; cerradas como cofres. Si procuramos curiosear en ellos nos sorprende la intimidad de un tarjetero o la negligencia que delata un reloj marcando una hora imposible." [*Caras y Caretas*, Núm. 1.453, 7 de agosto de 1926].

"Un sábado en Florida", por Enrique Amorín, es el relato de un ejercicio de seducción entre dos peatones varones y dos chicas en automóvil, o sea, de un tema clásico relacionado con los vehículos de moda: "Sorel mira el Lincoln; su amigo, el Citröen. La mujer que gobierna el segundo vehículo va metida en él como una pepita en un carozo. La elegida de Sorel va tan compenetrada de su viaje que se diría forma parte del automóvil. Sacándola de su asiento, el Lincoln se detendrá fatalmente. Ella es una pieza, una deliciosa pieza del vehículo. Sorel vuelve a contemplar a su criatura adorable. Pero, para gozar más del espectáculo, comienza a observar los faros, el capot, el parabrisas, el chofer, la dirección, ella, la capota, el número, la cubierta de repuesto... y termina por comprender que algo le ha desconcertado. En cambio, su amigo, por cada mirada de su preferida le da un apretón en el brazo." [*El Hogar*, Núm. 887, 15 de octubre de 1926].

Conrado Eggers-Lecour da cuenta de una muy interesante visita [*La Razón*, 17 de agosto de 1926]:

"Tres horas en Fordlandia"

"Ya al acercarnos a Detroit, los mismos miembros norteamericanos de nuestra comitiva, algunos de ellos fabricantes o vendedores de otras fábricas de automóviles, nos hablaban con elogio de Ford, y nos anticipaban que su fábrica era lo más maravilloso que íbamos a ver el más grande centro del mundo de esa industria, y cuando llegamos a la ciudad pudimos observar el respeto y la admiración que todos sus habitantes sienten por él. Todos están de acuerdo en reírse de Ford, pero todos están de acuerdo asimismo en considerar a Ford como un orgullo nacional.

[...]

"Allá, en el piso central de la usina eléctrica, junto a los aparatos automáticos que registran todo el movimiento de cada una de las instalaciones de la inmensa fábrica, estaba de pie Henry Ford. Igual que el presidente Coolidge, este hombre que todos nosotros habíamos deseado conocer más vivamente que al presidente mismo, tenía a la izquierda a su secretario, que preguntaba a cada delegado su nombre y el de su diario y su país, para repetirlo al oído del ilustre personaje, y a la derecha, un alto empleado, que se presentaba solo y añadía algunas frases amables a las de aquél. Por último, un tercer secretario brindaba a los visitantes un ejemplar del folleto descriptivo de las fábricas y las propiedades de la empresa, encuadernado en cuero, ostentando en la tapa el nombre de su destinatario con letras de oro y en su frontispicio una salutación, verdadero cántico a la carretera y al automóvil, con la firma autógrafa de Ford."

Eggers-Lecour describe las distintas áreas de la fábrica y de la empresa, y concluye: "No es extraño que se admire y se respete a Henry Ford, que es el animador y el nervio vital de una organización tan admirable".

Otro medio de transporte fascinante en la época: el viaje a Europa en transatlántico. A modo de ejemplo, puede citarse el gran titular de primera plana de *La Razón*, del 21 de abril de 1926: "La partida del *Conte Verde* congregó en el Puerto a una extraordinaria concurrencia"; "Se ausentaron, entre otros, los doctores Carlos Noel, Gregorio Aráoz Alfaro, Atilio Dell'Oro Maini, Manuel Carbonell, Pedro de Toledo y don Pablo Masllorens y familia".

Entretanto, el ya legendario navegante solitario Vito Dumas ensayaba nuevas hazañas deportivas [*Última Hora*, 24 de enero de 1926].

No he pergeñado la copla

A modo de cierre de aquel gran año para las letras (y la cultura en general) argentinas, el 26 de noviembre de 1926 se realizó la Fiesta de la Poesía, en el Teatro Nacional Cervantes, con la presencia del presidente Alvear y su esposa Regina Paccini. Fue organizado por una comisión de damas en beneficio de la obra de beneficencia desarrollada en los Talleres y Escuela Santa Filomena. [*La Razón*, 3 de diciembre de 1926; *El Suplemento*, Núm. 184, 15 de diciembre de 1926].

Las obras leídas por sus autores fueron incluidas en el libro *Antología de poetas argentinos. Composiciones recitadas por sus autores en la fiesta de la poesía. Realizada en el Teatro Cervantes, el 26 de noviembre de 1926. A beneficio de las Escuelas y Talleres de Santa Filomena* (Imprenta Mercatalli, 1926).

La Fiesta cubrió el siguiente programa:

I parte
"Mi hermana", por Alfonsina Storni
"Las muchachas de los andenes" y "La duda", por Carlos Gutiérrez Larreta
"Milagro" y "Hormiguita", por Enrique Amorín
"Sobre una rosa blanca" y "Visión", por Héctor Díaz Leguizamón
"Canto de amor, de luz y de agua" y "A un señor muy rico para que nos regale una casa", por Baldomero Fernández Moreno
Cerró con "Soleares", recitado por Blanca de la Vega:

"Igual que una herida abierta
"es la guitarra y la copla
"derrama su sangre negra.

"¡Abrazadita conmigo
"hasta que la luna ruede
"sobre la margen del río!

"Adentro de la vihuela
"caben la noche de fiesta
"y mi querer, noche negra.

"Si tus ojos la acarician
"la noche se resplandece
"y es de colores la brisa.

"No he pergeñado la copla,
"dieron con ella mi anhelo
"y la tarde que me ronda.

"La copla es un corazón
"que nos dio con su querer
"y así le suena el dolor.

"¡Coplas en el olivar!
"Bajo la poquita sombra
"la dulzura de cantar.

"Anda de estrella en estrella
"un pájaro por el cielo.
"Mi querer, de pena en pena.

"Copla nueva, copla nueva:
"Hoy eres verde y jugosa,
"mañana, ¡qué triste y seca!

"La guitarra es una herida
"por donde vierte la copla
"su sangre, que es negra y viva.

"¡Orilla de Andalucía!
"Un aroma de alhucemas
"domeña la mar bravía.

¿Su autor? Jorge Luis Borges.

II parte:
"La lluvia no dice nada..." e "Incertidumbre", por Pedro Miguel Obligado
"El sueño" y "La preferida", por Rafael Alberto Arrieta
"Balada de otoño" y "La carta frívola", por Ricardo del Campo
"Soledad" y "La puerta", por Margarita Abella Caprile
"Fides", por Sara Montes de Oca de Cárdenas
"Reunión en lo de Escalada" y "El cuento de la abuelita", por Enrique Méndez Calzada.

III parte:
"Infidelidad de Don Quijote", "Capricho telefónico" y "El sueño de la pampa", por Roque C. Otamendi
"La serenata de un unitario" y "Amalia", por Héctor Pedro Blomberg
"Canción de la fácil popularidad" y "Canción de las sombra del caminante", por Arturo Capdevila
"Esdena aún no vivida", por Ernesto Morales
"La sexta vara del lirio", por Carlos Alberto Leuman
"Al hombre que pasó", por Ricardo Güiraldes
"Los dos monaguillos" y "La monjita", por Laura Holmberg de Bracht
"Frente a la vida", por Beatriz Eguía Muñoz.

Podrá ser mejor todavía, mucho mejor...

Al descorrer el telón sobre el escenario de la cultura occidental durante 1926, se encuentran: Franz Kafka, *The Schloss*; D. H. Lawrence publica *The Plummed Serpent*, y William Butler Yeats, *A Vision*. En español: Ramón del Valle Inclán, *Tirano banderas*, y Federico García Lorca, "Oda a Salvador Dalí" y "Romance de la Guardia Civil Española". En lengua francesa: Georges Bernanos, *Sous le soleil de Satan*; André Malraux, *La tentation de l'Occident*; Louis Aragon, *Le paysan de Paris*; Jules Supervielle, *Le voleur d'enfants*; Paul Morand, *Rien que la terre: Voyage*. En teatro, Luigi Pirandello, *Uno, nessuno e centomila*; Jean Cocteau, *Orphée. Tragédie en un acte*; Bertold Brecht, *Mann ist Mann*, y sus sonetos "Die Opiumraucherin" y "Sonett für Trinker". Continuando: Walter Benjamin, *Eibahnstrasse* y *Moskauer Tagenbuch*; Ernest Hemingway, *The Sun also Rises*; T. E. Lawrence, *The Seven Pillars of Wisdom*; Emil Ludwig, *Bismarck*; Maurice Meterlinck, *La vie des termites*.

Georges Bernard Shaw obtiene el Premio Nobel de Literatura. Y en Buenos Aires, Jorge Luis Borges, en "Saint Joan: A Chronicle Play", incluido en *El tamaño de mi esperanza*, tras arremeter contra Flaubert por su *Salambó* – "a fuerza de arcaísmos y cachivaches mintió un Cartado que se nos cae a pedazos" – lo hace contra Shaw por su *Santa Juana*: "Sin vidrieras ni antiguallas y en un inglés que es contemporáneo de Dempsey, inventa la Edad Media".

Se estrena *Metrópolis*, de Fritz Lang. El español Vicente Blasco Ibáñez impone en Hollywood la versión cinematográfica de *Los cuatro jinetes del Apocalipsis*, con Rodolfo Valentino, y la incipiente Greta Garbo se luce a partir de sus guiones para *The Torrent* y *The Temptress*. Alfred Hitchcock obtiene su primer éxito: *The Lodger*.

Maria Curie, Leni Riefenstahl, Gertrude Stein, Josephine Baker, se cuentan entre las muchas mujeres que a su talento agregan la fama. Ramón Franco deja impresa su hazaña aeronáutica en *De Palos al Plata*; A. Milne inicia un suceso mundial: *The World of Pooh*.

A modo de culminación, vale recordar que Martin Heidegger escribe durante 1926 su *Sein und Zeit*; que Thomas Mann y Sigmund Freud estaban plenamente activos; que se publica el definitorio ensayo de John Maynard Keynes: *The End of Laissez-Faire* [Hans Ulrich Gumbrecht, *In 1926: Living at the Edge of Time*, Cambridge, Massachusetts, Harvard University Press, 1997].

Pedro Henríquez Ureña, establecido en la Argentina hacia fines de junio de 1924, a la sazón profesor en el Colegio Nacional de la Universidad de La Plata, contando con el apoyo y la amistad de Arnaldo Orfila Reynal y Rafael Alberto Arrieta, le escribe a Alfonso Reyes en enero de 1927: "Con viejos y con maduros y con muchachos, en la Argentina hay una actividad intelectual mejor que en el resto de América. Que podrá ser mejor todavía, mucho mejor...".

[Enrique Zuleta Álvarez, *Pedro Henríquez Ureña y su tiempo. Vida de un hispanoamericano universal*, Catálogos, 1997; Pedro Henríquez Ureña y Alfonso Reyes, *Epistolario íntimo (1906-1946)*, Recopilación de Juan Jacobo de Lara, Santo Domingo, Universidad Nacional "Pedro Henríquez Ureña", 1981, tomo III; Pedro Luis Barcia, *Pedro Henríquez Ureña y la Argentina*, Santo Domingo, República Dominicana, Secretaría de Estado de Educación, Bellas Artes y Cultos, Universidad Nacional "Pedro Henríquez Ureña", 1994; "Homenaje a Pedro Henríquez Ureña", en *Cursos y Conferencias*, año XVI, volumen XXXI, Núms. 181-182-183, abril-mayo-junio de 1947; Diversas notas de José Luis Romero, en su libro *La experiencia argentina*, Editorial de Belgrano, 1980: "En la muerte de un testigo del mundo: Pedro Henríquez Ureña", "Pedro Henríquez Ureña: una voz", "Pedro Henríquez Ureña y la cultura hispanoamericana"].

Índice

BREVE NOTICIA PRELIMINAR 7

ESTUDIO PRELIMINAR. VICTORIOSOS, DERROTADOS Y
NEUTRALIZADOS: DEBATES CULTURALES EN 1926.
POR GABRIELA GARCÍA CEDRO

Antologías de poesía: campos de batalla simbólicos..........9
Noé, un joven patriarca de las letras...................................10
El acusador índice de Hidalgo 13
Ni antología ni índice, exposición 16
La *eterna* polémica entre Boedo y Florida 19
La polémica soslayada...20
El enfrentamiento deja de ser sólo porteño 24
Lo nacional y el folklore..26
Continuidades de una polémica
que excede el plano literario...29
Una conclusión que debe revisarse 31
Diferentes abordajes, el mismo planteo............................32
Cine para todos 33
Fragmentos para seguir armando......................................34
Bibliografía...35

EL VIENTO DE LAS CIRCUNSTANCIAS.
INVESTIGACIÓN Y EDICIÓN POR GUILLERMO GASIÓ

Era una fiesta *[La literatura argentina en 1926. Testimonios de la Argentina ilusionada]*..................39

Las posibilidades aún casi vírgenes del espíritu americano *[Ricardo Rojas, rector reformista]*..................44

Las mejores son las de los generales *[Leopoldo Lugones: su única novela; su insistente militarismo]*..........50

Una inmensa alegría intelectual *[Enrique Larreta: Zogoibi]*..................59

Su vista ya estaba muy deteriorada *[Paul Groussac: operación y homenaje en París]*..................64

Los catorce *[Baldomero Fernández Moreno. Benito Lynch. Arturo Capdevila. Héctor Pedro Blomberg]*..............66

Leyes cargadas de viejas telarañas *[Artículos de Alfonsina Storni en Mundo Argentino]*..................71

Lector habituado a manejar su instrumento *[Rafael Alberto Arrieta]*..................75

Su reputación no se conmueve *[Hugo Wast: El jinete de fuego; Myriam la conspiradora]*..................81

Beberse el alma del ambiente *[Manuel Gálvez: La pampa y su pasión]*..................83

Para bien de nuestras letras *[Tres libros de Alberto Gerchunoff]*..................86

Puro bicarbonato *[Dos novelas de Juan José de Soiza Reilly] [La generación de 1925]*..................89

Imposible pedir más criollismo *[Ricardo Güiraldes y Don Segundo Sombra]*..................94

Las palabras están esperando su destino *[Pablo Rojas Paz sobre la metáfora]*..................98

La anchura de su visión será el universo *[Jorge Luis Borges]*..................101

Su primer libro *[Roberto Arlt, Raúl González Tuñón, Eduardo Mallea, Carlos Mastronardi. Breve noticia sobre el ambiente editorial de primeras ediciones]*............112
Motivo de orgullo *[La Antología de Noé. Polémica de Gálvez y Cané. Soto y Calvo]*..114
Los americanos formamos una raza aparte *[Alberto Hidalgo. Obras de 1919 a 1923]* 121
Ese poeta soy yo mismo *[Alberto Hidalgo. Simplismos, 1925; Diario de mi sentimiento, 1937]*......................133
Más tarde dio vigorosas páginas *[Libros de poesías. Clara Beter = César Tiempo. Norah Lange. Jacobo Fijman. Francisco López Merino. "Poetisas de América"]*..136
Los últimos hombres felices *[Carlos Mastronardi: Tierra amanecida]*..144
Físico menudo, lirismo permanente *[Raúl González Tuñón: El violín del diablo]*..146
Un movimiento más vital que literario *[Leopoldo Marechal: Días como flechas. Viaje a París]*.......................149
Aquí en Buenos Aires, madre Naturaleza *[Gustavo Riccio: Un poeta en la ciudad]*...153
La confraternidad más perfecta *[Las dos orillas del Plata]* 156
Vejez y novedad *[Ficciones, 1926. Victoria Ocampo. Fermín Estrella Gutiérrez. Carlos Alberto Leumann. Enrique Méndez Calzada. Boy. Lucas Ayarragaray]*..........159
Saber estar solo sin apartarse de nadie *[Horacio Quiroga]* 166
Se lee con placer y se comenta con interés *[Roberto Arlt: El juguete rabioso]* 170
Aparece la clase trabajadora *[La generación de Boedo]*...174
Anticipó el renacimiento argentino *[Boedo. Antonio Zamora]*..179

Algún violinista *[Elías Castelnuovo]*..................................183
Y haciendo un violento esfuerzo, hablaron sinceramente *[Leónidas Barletta]*......................................185
Quieres un perpetuo temblor. Juegas con el fuego *[Roberto Mariani]*..189
Todas las escuelas, menos la primaria *[Salomón Wapnir contra los mantinfierristas]*......................193
Un puesto de inferioridad *[Salomón Wapnir: elogio de Boedo y crítica de Florida]*...............................198
El primer barrio de la capital que se sintió independiente *[Crónicas sobre Boedo, en Última Hora]*................205
La calle de la aristocracia tradicional *[Un par de crónicas sobre Florida]*..208
Un porvenir en la urbe metropolitana *[Buenos Aires en letras de 1929. Enrique Cadícamo]*...................209
Para los que amamos las cosas de la tierra natal *[Autores de provincias en 1926. Mateo Booz. Luis Franco. Julio Díaz Usandivaras. Emilio Berisso. Cornelio Gutiérrez]*..212
El criollo mismo ha dicho *[Carlos B. Quiroga]*..................217
Es obra de buen nacionalismo *[Juan Alfonso Carrizo: Antiguos cantos populares argentinos. Cancionero de Catamarca]*......................................220
Un maestro de las nuevas generaciones *[Libros de ensayos. Ernesto Quesada sobre Rosas. José Gabriel: Vindicación de las artes. Reedición de Evaristo Carriego]*...224
Cuánto falta por hacer *[Relaciones literarias entre Argentina y España. Eduardo Schiaffino]*...........................234
La contemporánea del hombre primitivo *[Delfina Bunge de Gálvez]*..238
Aquí no lo tiene *[Balance del año literario, por Carlos Pirán, en Mundo Argentino]*..................................241

No se ha inventado cosa más humana *[El Pombo, de Madrid. Café arquetípico]*..243
Una suerte de literatura celebratoria *[Cafés y peñas literarias en Buenos Aires]*..245
Qué rumbo había tomado desde el primer día *[La Peña del Tortoni]*..248
La admiración y el tributo consagratorio de maestro *[Macedonio Fernández]*...................................250
En poco tiempo un verdadero ejército de línea *[La buhardilla de Castelnuovo]*...254
Somos hombres de fe jurada *[Alberto Hidalgo: La Revista Oral]*..256
Representamos el ala que está del lado del corazón *[Alberto Hidalgo: Índice de la nueva poesía americana]*...263
El más bibliófilo *[Sociedad de Bibliófilos Argentinos. Curiosidades bibliográficas del año. Biblioteca del Consejo Nacional de Mujeres. Comisión Protectora de Bibliotecas Populares. Sobre bibliotecas y bibliotecarios]*...266
El juego de los intereses conjuntos *[Sobre la protección de los derechos de autor]*.................................270
Un fascista sin carnet *[Filippo Marinetti en Buenos Aires]*....272
Merece el agradecimiento de *Martín Fierro* *[Marinetti en una célebre comida]*...280
Un clásico... opinando y comiendo tallarines *[Quinquela Martín sobre Marinetti]*...282
Fantásticos *cocktails* preparados por un temible alquimista *[Inauguración del nuevo local de Martín Fierro]*..283
Me voy *sin vuelta* *[Ricardo Güiraldes hacia París, hacia la muerte]*...287
La mayor satisfacción que podía esperar *[José Imbeloni: La esfinge indiana]*...290

No sobresalimos, precisamente *[Ollantay, de
Constantino Gaito]* 292

Respondiendo a una aspiración oficial 294

Tiempos de heroica lucha gaucha *[La tierra en
armas, de Juan Carlos Dávalos]*..295

Acusa cifras increíbles *[El arte del comediante, de
Enrique García Velloso. Juan Pablo Echagüe]*.....................298

Cobran el aspecto de una segunda naturaleza
*[Crónicas sobre la arquitectura de Buenos Aires.
Martín Noel: Fundamentos para una estética nacional]*...301

No es en ninguna forma una profesión para nadie
[Primer Salón Universitario de Artistas Argentinos]..........303

La brutalidad, para mí, es el símbolo del carácter
[Quinquela Martín. Emilio Caraffa. Ernesto de la Cárcova]..308

A conocer el medio *[Apuntes sobre artes plásticas]*...........313

Nuevamente enfrentará al campeón del mundo
[Luis Ángel Firpo: La vuelta del Toro Salvaje].....................318

Con idéntico sentido de subversión *[Juan Moreira
en el cine]*...324

**La película más grande que se ha hecho hasta la
fecha** *[El Acorazado Potemkin en Buenos Aires]*.................328

Llevar al espíritu emociones estéticas *[Apuntes
sobre fotografía]* 332

¡Si aquí ni Dios rescata lo perdido! *[Letras de tango]*........334

Esa expresión del alma que canta *[Crónicas sobre tango]*...345

Va disipándose la fantasía *[El tango en París y Nueva
York. Francisco Canaro]* 349

En venideros siglos, con máquinas soberbias
[Crónicas sobre la aviación]..353

Una deliciosa pieza del vehículo *[Apuntes sobre
automovilismo. Enrique Amorín. Eggers Lecour en la Ford]*..357

No he pergeñado la copla *[Fiesta de la Poesía en el Teatro Cervantes]*..361
Podrá ser mejor todavía, mucho mejor... *[1926 en el mundo. Cierre de Pedro Henríquez Ureña]*.........................364

www.ingramcontent.com/pod-product-compliance
Lightning Source LLC
Chambersburg PA
CBHW031249230426
43670CB00005B/105